Simon Kelly, Paul Johnston e Stacey Danheiser

MARKETING:

COMO DIFERENCIAR SUA ORGANIZAÇÃO EM UM MAR DE MESMICE

TRADUÇÃO
UBK Publishing House

ubook ubk Publishing House

Publicado mediante acordo com a Kogan Page. Edição traduzida o livro *Stand-Out Marketing: How to differentiate your organization in a Sea of Sameness* publicado pela Kogan Page.

ubook UbK Publishing House

COORDENAÇÃO Alessandra Brito
EDIÇÃO Ana Paula Pinho
COPIDESQUE Christian Danniel
REVISÃO Emerson Luiz Xavier e Vivian Sbravatti
CAPA Clarissa Duarte
PROJETO GRÁFICO Studio Oorka
IMAGEM DE CAPA phototechno/ iStock

Dados Internacionais de Catalogação na Publicação (CIP)
(Câmara Brasileira do Livro, SP, Brasil)

Kelly, Simon
Marketing : como diferenciar sua organização em um mar de mesmice / Simon Kelly, Paul Johnston, Stacey Danheiser ; [tradução UBK Publishing House]. -- Rio de Janeiro : Ubook Editora, 2021.

Título original: Stand-Out Marketing: How to differentiate your organization in a Sea of Sameness
ISBN 978-65-5875-588-3

1. Comportamento do consumidor 2. Marketing 3. Marketing - Administração 4. Organização 5. Planejamento estratégico 6. Vendas I. Johnston, Paul. II. Danheiser, Stacey. III. Título.

21-69872 CDD-658.8

Ubook Editora S.A
Av. das Américas, 500, Bloco 12, Salas 303/304,
Barra da Tijuca, Rio de Janeiro/RJ.
Cep.: 22.640-100
Tel.: (21) 3570-8150

A nossas mães, Mary Kelly, June Johnston e Phyllis Ekstrom — por incutir em nós o amor pelo aprendizado e nos inspirar a experimentar coisas novas.

SUMÁRIO

LISTA DE FIGURAS E TABELAS

FIGURAS

TABELAS

PRÓLOGO

Todos os produtos hoje são excelentes, um fato confirmado por milhares de participantes em minhas conferências nos últimos anos (utilizando sistemas computadorizados de resposta do público para garantir a confidencialidade e respostas honestas). Sejamos realistas, os produtos precisam ser excelentes hoje em dia para que sejam considerados pelos clientes. É, portanto, altamente improvável que a funcionalidade seja o fator decisivo.

Isso, entretanto, representa um grande desafio para os fornecedores, e eles têm que encontrar alguma forma de se diferenciar.

Os autores deste livro explicam este dilema de forma inteligente usando a expressão "Mar de Mesmice". No domínio dos bens de consumo de rápida movimentação, que eu conhecia bem como diretor de marketing e vendas da Canada Dry, os grandes supermercados costumavam se referir a tais produtos como "mais do mesmo" e adivinhe? Sim, eles costumavam baixar os preços desses produtos.

A verdade, é claro, é que o profundo conhecimento que o fornecedor tem de seus clientes e seus negócios é o que importa hoje, pois eles são então capazes de construir relações de confiança que não apenas os ajudam a evitar desvantagens, mas que criam vantagens para seus clientes.

Vale a pena fazer o que os autores chamam de "marketing de destaque"?

Posso lhes dizer que, depois de uma longa carreira no marketing B2B e especialmente de minha experiência com meu clube de pesquisa de Melhores Práticas Globais de Gestão de Contas na Cranfield University School of Management (patrocinado por empresas como 3M, Siemens, Rolls-Royce e muitas outras, e que ainda está em funcionamento), com certeza vale. Durante os 23 anos de vida do clube de pesquisa, os diretores de compras sempre confirmam que é apenas uma pequena porcentagem dos fornecedores que criam vantagens para os compradores, e estes estão dispostos a pagar um preço premium até 25 por cento maior por eles e, com frequência, muito mais. Todos os outros estão sujeitos a um rigoroso desconto.

Existem, é claro, outros livros que prometem alcançar o mesmo que este. Este, no entanto, é diferente e está à altura de sua promessa.

Em um mundo onde muitos veem o destino do marketing como o uso operacional da tecnologia digital e das habilidades de aplicação de softwares, *Marketing: como diferenciar sua organização em um mar de mesmice* é uma obra bem-vinda para redirecionar a atenção de gestores para as competências estratégicas de marketing vitais para alcançar vantagem competitiva sustentável e o aumento do valor para os acionistas.

Recomendo-o a você.

Professor Malcolm McDonald MA (Oxon) MSc PhD DLitt DSc
Professor Emérito, Cranfield University School of Management

PREFÁCIO

Por que ler este livro

Em 19 de agosto de 2019, 181 CEOs se reuniram na Mesa Redonda de Negócios liderada pelo Fórum Econômico Mundial em Davos, Suíça, para assinar formalmente uma declaração para reconhecer que o papel de uma empresa evoluiu. Esta declaração de uma página diz:

> Cada um de nossos stakeholders é essencial. Comprometemo-nos a oferecer valor a todos eles, para o sucesso futuro de nossas empresas, nossas comunidades e nosso país (Fórum Econômico Mundial, 2019).

Esta é uma grande mudança, pois rejeita a antiga crença popular estabelecida por Milton Friedman em 1970 que é conhecida como "teoria dos *shareholders*" que afirma que uma empresa só existe para gerar dinheiro a seus acionistas. Esta nova carta reconhece que os acionistas são apenas UM dos grupos de stakeholders pelos quais as empresas são responsáveis e lembra às organizações que não devem ignorar seus clientes, funcionários, fornecedores e comunidades.

Concordamos inteiramente com esta nova afirmação, mas há uma coisa da qual você pode sutilmente sentir falta quando ler a nova declaração. A palavra "valor" pressupõe que as empresas sabem o que seus stakeholders valorizam e como entregar isso a eles. Mas, como revimos em profundidade em nosso livro anterior, *Value-ology*, "valor" é muitas vezes mal definido e mal interpretado. Gostamos de dizer que o valor está nos olhos de quem vê, porque cada um decide por si mesmo exatamente o que valoriza — e posteriormente como dedica seu tempo, seus talentos e seu dinheiro.

Nossa última pesquisa constatou que, enquanto 83 por cento dos líderes de marketing e vendas B2B que entrevistamos disseram que era "extremamente importante" ser capaz de articular claramente o que torna sua solução diferente para clientes potenciais, apenas 24 por cento das organizações afirmam ser "eficazes ou extremamente eficazes" em se diferenciar.

Nossa crença é que muitas organizações estão falhando em se diferenciar porque:

- elas não compreendem totalmente a importância de ter uma proposta única de valor;
- elas têm uma visão apenas interna do que os clientes querem.

E talvez a maior descoberta que fizemos:

- as equipes de marketing e vendas das empresas não têm as competências necessárias para desenvolver e comunicar valor.

Uma das perguntas mais comuns que os líderes empresariais de hoje enfrentam é "Como fazer com que os clientes nos escolham em vez de escolher os nossos concorrentes?" Em uma época em que apenas 54,3 por cento dos profissionais de vendas estão atingindo suas metas (CSO Insights, 2018), e apenas 11 por cento dos compradores B2B acreditam que os representantes de vendas são confiáveis (TrustRadius, 2019), é necessário demonstrar e comunicar que você entende o que seus clientes valorizam e como a sua solução é melhor do que a de qualquer outra empresa do mercado.

Este livro foi escrito para você, líder empresarial, profissional de vendas e de marketing, com o objetivo de ajudá-lo a desenvolver as competências para diferenciar sua organização, fazer sua carreira progredir e ter satisfação no trabalho ao invés de frustração. Nós o escrevemos porque, em nossa experiência, e pela pesquisa que fizemos, sabemos que as organizações não são tão boas em inovar de forma a impactar os clientes. Cópias de programas de marketing e vendas não são apenas ineficazes como também deixam seus clientes sem inspiração, entediados e desmotivados para agir.

Embora muitos livros tenham sido escritos sobre *como* aprimorar suas habilidades técnicas de marketing e vendas, não há muitos livros focados no que você, como indivíduo, pode fazer para desenvolver a si mesmo e sua equipe para construir o sucesso de longo prazo em marketing e vendas — independentemente de qualquer nova tecnologia ou técnica que surja no mercado.

As competências que descobrimos e estamos prestes a compartilhar não são algo que rapidamente perderá a relevância ou será substituído.

Sobre a pesquisa

Quando escrevemos nosso último livro *Value-ology: Aligning sales and marketing to shape and deliver profitable customer value propositions* [Ciência do valor: alinhando vendas e marketing para montar e entregar propostas únicas de valor lucrativas] (Kelly, Johnston e Danheiser, 2017), queríamos dar aos líderes empresariais, profissionais de marketing e profissionais de vendas uma estrutura e algumas ferramentas que lhes permitissem impactar os clientes, ajustando-se ao que é valorizado por eles.

A pesquisa detalhada que fizemos para *Value-ology* incluiu entrevistas aprofundadas com profissionais de marketing e vendas, aplicação de questionário com profissionais ativos no mercado e muitas análises de pesquisas confiáveis de terceiros. Nós descobrimos que as organizações B2B estavam claramente tendo dificuldade em estar à altura de nossa definição de uma proposta de valor — "Uma promessa de valor futuro esperado, ilustrando que os benefícios futuros relevantes e distintos superarão o custo total de propriedade" — e estava custando-lhes em perda de vendas, propostas recusadas e marketing infrutífero.

Sentimos que havia muita "mesmice" por aí e vimos que muitas organizações estavam dizendo as mesmas coisas que as outras, dificultando a escolha para os clientes, e levando-os a preferir não fazer nada. A fim de testar esta suposição, desenvolvemos um novo programa de pesquisa.

Marketing: como diferenciar sua organização em um mar de mesmice é baseado em pesquisas que realizamos de 2017 a 2019. Nós buscamos compreender:

- a situação atual de como as organizações estão comunicando sua proposta única de valor;
- por que parece haver um problema de "mesmice" nas comunicações voltadas para o cliente;
- lacunas de competência e prioridades dentro das funções de marketing e vendas.

Na primeira fase, comparamos sites e feeds do Twitter das maiores organizações em três setores da indústria: telecomunicações, centros de processamento de dados e ensino superior. Nossa pesquisa mostrou que os clientes ficam nadando em um "Mar de Mesmice" onde todas as empresas estão dizendo exatamente a mesma coisa para eles. Exploramos em profundidade os resultados da pesquisa "Mar de Mesmice" nos Capítulos 1 e 2.

Na segunda fase, realizamos entrevistas individuais com mais de vinte líderes empresariais e de vendas e marketing em uma variedade de indústrias. A experiência combinada dos indivíduos que entrevistamos abrangeu 119 empresas e 54 setores. Discutimos as lacunas de competência que existem nos profissionais de marketing e vendas de hoje e o que as organizações estão fazendo para se diferenciar e se destacar da concorrência. Também realizamos uma pesquisa on-line que consiste em mais de cinquenta respostas globais para compreender melhor as lacunas de competência e as prioridades organizacionais. Nossa pesquisa foi conduzida utilizando protocolos de pesquisa ética acadêmica para garantir o anonimato dos participantes e o consentimento para o uso de citações de entrevistas.

Tirando o máximo proveito deste livro

Por meio de uma mistura de explicações, estudos de caso de nossas entrevistas, perguntas provocadoras de pensamento e muitos conselhos práticos e exercícios para implementar, este livro foi escrito para ajudar você a:

1. diagnosticar onde/se sua organização está presa no "Mar de Mesmice";
2. entender as implicações de não fazer uma mudança;
3. fornecer uma estrutura de competência com ideias e estratégias que você pode usar para sair do mar de mesmice e diferenciar seu negócio.

Como a maior parte do livro detalha as competências que você, como indivíduo, pode desenvolver e priorizar para sua equipe e empresa, vamos deixar claro que uma competência é muito mais do que uma habilidade. A habilidade é algo facilmente treinável e focado em aprender como fazer uma tarefa específica, como criar anúncios no Facebook. A competência, por outro lado, requer a habilidade de extrair do conhecimento e da experiência, mesclar pensamentos, sentimentos e ações para dar sentido às situações e agir com eficiência. A competência é uma prova de discernimento e sabedoria profissional e envolve demonstrar um alto nível de habilidade em interpretação, pragmatismo, julgamento e tomada de decisões.

Uma competência de alto nível é sua fonte de diferenciação competitiva. Sem ela, sua busca por uma vantagem competitiva sustentada será, na melhor das hipóteses, imprevisível e, na pior das hipóteses, uma jornada miserável e contínua de desempenho abaixo da média. As pessoas certas com as habilidades certas, trabalhando juntas na cultura certa é o único caminho para um desempenho sustentado de sucesso: afinal de contas, os negócios são e sempre serão sobre pessoas.

Finalmente, este livro está aqui para ajudá-lo a responder a duas perguntas:

1. Nossos líderes empresariais, profissionais de vendas e de marketing têm a competência para ajudar sua organização a se destacar?
2. Se você é um profissional de marketing ou de vendas, esta é uma pergunta muito mais pessoal: *você* tem a competência para ajudar sua organização a se destacar?

Boa sorte em sua busca de ser significativamente diferente para seus clientes e sua própria empresa.

Referências

CSO Insights. *Selling in the Age of Ceaseless Change: The 2018–2019 Sales Performance Report,* 2018.

Fórum Econômico Mundial (2019) Davos Manifesto 2020: The universal purpose of a company in the fourth industrial revolution, 2 dez. 2020. Disponível em: <www.weforum.org/agenda/2019/12/davos-manifesto-2020-the-universalpurpose-of-a-company-in-the-fourth-industrial-revolution/>. Arquivado em: <perma.cc/8QSL-SB22>. Acesso em: 21 fev. 2020.

Kelly, S., Johnston, P. e Danheiser, S. *Value-ology: Aligning sales and marketing to shape and deliver profitable customer value propositions.* Londres: Palgrave Macmillan, 2017.

McClelland, D. C. Test for competency rather than intelligence, *American Psychologist*, 28 (1), pp 1-14, 1973.

Sanghi, S. *The Handbook of Competency Mapping*, 3ª edição, 2016.

TrustRadius. The 2019 B2B Buying Disconnect: An in-depth study on buying preferences, vendor impact, and the persistent trust gap in B2B technology, 2019. Disponível em: <go.trustradius.com/2019-B2B-Disconnect.html>. Arquivado em: <perma.cc/6L6T-LGK8>.

01

Organizações B2B estão presas em um Mar de Mesmice

Neste capítulo, vamos abordar:

- o problema que as organizações B2B[1] de hoje enfrentam em relação a como elas estão comunicando seu valor único aos clientes;
- os resultados de nossa pesquisa original que nos levaram a concluir que os clientes B2B estão "Perdidos em um Mar de Mesmice" porque os profissionais de vendas estão dizendo a eles a mesma coisa, não fornecendo nenhum valor evidente.

Por que um cliente deve escolher VOCÊ?

Imagine que você é um cliente em potencial para o produto ou serviço de sua empresa. Como a maioria dos compradores B2B, você conduziu uma extensa pesquisa on-line para descobrir quais são suas opções e tem uma ideia muito boa sobre o que deseja. O Google refere-se a isso como o "momento zero da verdade" [em inglês, *Zero Moment of Truth*, ou a sigla ZMOT] — o momento em que as pessoas pesquisam um produto ou serviço antes de comprar algo. Munido com esta nova inteligência, você reuniu uma lista de fornecedores potenciais, mas está confuso sobre qual deles será a "resposta" para sua situação e para resolver o seu problema (Lecinski,

1. Organizações B2B (ou Business-to-Business) são empresas que vendem diretamente para outras empresas. [N.E.]

2014). Bem, todos os fornecedores são virtualmente promissores em fornecer exatamente a mesma coisa: produtos inovadores, acesso às pessoas mais experientes e soluções personalizadas a um preço acessível.

Então, como uma empresa pode se diferenciar aos olhos do comprador?

Este é o problema enfrentado hoje pela maioria das empresas B2B. Em primeiro lugar, os compradores B2B são confrontados com uma quantidade imensa de escolhas, o que acaba levando a uma sobrecarga de opções. Os economistas comportamentais referem-se a isso como "excesso de escolhas", quando há muitas opções disponíveis para os consumidores, tornando a decisão mais difícil (Toman, Adamson e Gomez, 2017).

Como Sheena Iyengar fala em seu TED Talk, "Como facilitar o processo de escolha" (TEDSalon NY, 2011), apesar de gostarmos de ser apresentados a uma variedade de opções, escolhas *demais* nos levam a ficar rapidamente sobrecarregados quando se trata de tomar uma decisão... o que significa que é mais provável que nós:

- atrasemos uma escolha, mesmo que seja do nosso melhor interesse;
- tomemos decisões piores;
- escolhamos coisas que nos deixem menos satisfeitos.

O excesso de escolhas tem efeitos colaterais negativos, como a infelicidade, porque acabamos perdendo tempo pesquisando todas as nossas opções e eventualmente desistindo se não vemos uma solução óbvia (Schwartz, 2004).

Você consegue lembrar de uma decisão de compra que adiou ou em uma situação em que não fez uma compra por "excesso de escolhas"?

Em segundo lugar, a compra B2B tem se tornado cada vez mais complexa ao longo dos anos. Seu cliente não só tem que ser convencido a comprar sua solução, como também tem que envolver até seis outras pessoas de diferentes funções, departamentos e localidades para obter a aprovação de compra. A CEB Research aponta que as empresas estão passando mais tempo avaliando as compras, mas, apesar deste tempo extra sendo investido, mais de quarenta por cento duvidam de sua decisão após terem feito uma compra.

Finalmente, embora seja vital para sua organização comunicar o valor sem-igual que você fornece aos clientes, sabemos que "proposta de valor" é um conceito amplamente mal compreendido (Payne, Frow e Eggert, 2017). Introduzido pela primeira vez nos anos 1970 por Hanan et al (1970) em *Consultative Selling*, e conceituado pela consultoria McKinsey no início dos anos 1980, ainda há muita confusão sobre o que é uma proposta de valor e como as empresas deveriam comunicá-la (Goldring 2017:1).

> A definição de proposta de valor que gostamos de utilizar é:
>
> Uma promessa de valor futuro, ilustrando que benefícios futuros relevantes e benefícios distintos superarão o custo total de propriedade (Kelly, Johnston e Danheiser, 2017, p. 30).

Mas muitas empresas simplesmente não dizem ao cliente por que são diferentes ou melhores do que uma solução concorrente, deixando ao cliente a tarefa de vasculhar o seu site e tentar descobrir por conta própria. Por exemplo, a pesquisa da Goldring sobre 24 empresas de planejamento financeiro em uma grande cidade dos EUA descobriu que:

> 16 das 24 não tinham uma proposta de valor de marca identificável. A maioria de suas afirmações estava focada na própria empresa, usando navegação em páginas como "Nossa Empresa", "Nossa Filosofia", "Nossos Serviços", "Quem Somos" ou "Nossa Equipe".

Então pergunte a si mesmo — você está tornando fácil ou difícil para um cliente escolher sua solução em vez da oferecida pela concorrência?

Pesquisas revelam que os clientes estão presos em um Mar de Mesmice

"Mesmice", de acordo com o dictionary.com, é definida como a falta de variedade; uniformidade ou monotonia.

Como na maioria das coisas na vida, há tanto prós quanto contras de ser "o mesmo". No lado positivo, pode-se argumentar que é fundamental para as empresas fornecer um produto e uma experiência do cliente consistentes ao se lançar em novas cidades ou indústrias. Peguemos o café da Starbucks, por exemplo. Você pode entrar em uma cafeteria Starbucks na Alemanha e obter a mesma xícara de café que você obteria em Nova York. Este nível de consistência e "mesmice" levou a uma base de fãs fiéis e a ações com preços estáveis.

Por outro lado, a "mesmice" tem impactos negativos nos negócios quando você a utiliza para descrever os produtos, serviços e experiências que uma organização fornece em comparação com seus concorrentes. Quando os clientes percebem que você está basicamente oferecendo o mesmo tipo de produtos/soluções/experiências que seus concorrentes, sem valor real de diferenciação, eles o veem como uma mercadoria. Quando isso acontece, os clientes não veem nenhuma diferença significativa entre as opções, exceto o preço, e, geralmente, eles simplesmente escolhem a solução com o preço mais baixo. Além disso, a forma como os produtos são comercializados em muitas indústrias também é igual — usando as mesmas promessas, descrições e declarações.

Este problema de "mesmice" na comunicação é o que estávamos interessados em investigar depois de passar anos tratando disso nas corporações para as quais trabalhamos e mais tarde com nossos clientes. Conduzimos estudos de caso sobre como as principais organizações estão comunicando seu valor em três setores distintos: telecomunicações, data centers e educação superior.

Também conversamos com muitos profissionais de várias indústrias diferentes, e nossa conclusão foi a seguinte: as empresas estão comunicando seu valor da mesma maneira, usando a mesma linguagem técnica, as mesmas promessas e as mesmas razões sobre o que torna sua empresa diferente.

Nossa análise destes setores revelou, para a nossa surpresa, que o que as empresas estão comunicando como seu maior diferencial não corresponde à ideia e ao propósito originais de qual deve ser um valor e uma proposta de marca. Constatamos que quase todas as empresas cometem os seguintes erros:

- **"Sobre Nós" — muitas declarações com "nós" que não explicam claramente o benefício para um consumidor**
  Exemplos: *"Nós temos anos de experiência"* e *"Nós temos uma abordagem única e inovadora"*.
- **Declarações genéricas — falta de pontos de comprovação**
  Exemplos: *"Nós ajudamos seu negócio a crescer"* e *"Nós poupamos o dinheiro do seu negócio"*.
- **Replicação de marketing — dizer a mesma coisa que seus concorrentes**
  Exemplo: *"Nossas soluções são feitas sob medida para você"*.

O problema de comunicar *exatamente* a mesma história, benefícios e promessas que todos em sua indústria é que você está colocando toda a responsabilidade sobre o cliente para descobrir o que torna a sua empresa diferente. Quando cada companhia parece a mesma, seus clientes ficam totalmente confusos quanto à solução que melhor atenderá às suas necessidades. Eles podem simplesmente evitar tomar uma decisão (ou seja, continuar com o status quo), escolher aquela com o preço mais baixo, ou pior, escolher uma solução que seja inadequada ou mal-adaptada à sua situação. Acreditamos que esta é uma das principais razões pelas quais a CSO Insights informa que mais de cinquenta por cento dos negócios previstos não são fechados, e o motivo pelo qual apenas 56,9 por cento dos representantes de vendas estão cumprindo sua meta (CSO Insights, 2019).

Portanto, ao ler os seguintes estudos de caso, nós o desafiamos a pensar se você está cometendo os mesmos erros em suas comunicações de marketing e vendas.

ESTUDO DE CASO Nº 1

A mesmice no marketing telecom B2B

Uma grande parte de nossa história profissional e de trabalho com clientes veio da indústria de telecomunicações, onde notamos uma tendência na comunicação de marketing e vendas. Se você não está muito familiarizado com a indústria de telecomunicações, estas são as empresas que fornecem conexão à internet, celular, telefone e vídeo tanto para sua casa quanto para sua empresa. A indústria existe desde 1830 com a invenção do telégrafo e continua evoluindo à medida que novas tecnologias são introduzidas: telefone, rádio, TV, computador e dispositivos móveis.

Como telefones e computadores precisam ser capazes de falar uns com os outros, é também uma indústria muito baseada em padrões. Como resultado, os produtos de telecomunicações em sua essência não são muito diferentes de uma empresa para a outra.

Nós estávamos interessados principalmente em como as empresas de telecomunicações estavam comunicando seus negócios ou proposta de valor empresarial, já que palavras como "transformação digital" e "escalabilidade" começaram a aparecer em todos os lugares em sites, feeds de mídias sociais, e-mails de vendas e relatórios de analistas. Não importava quão grande ou pequena era uma empresa, se ela fazia parte da indústria de telecomunicações, parecia que estava contando exatamente a mesma história e usando a mesma linguagem técnica sem sentido que todas as outras usavam para comunicar o que fazia e vendia. É quase como se os profissionais de marketing de cada empresa se reunissem e criassem uma maneira universal de descrever sua oferta, proposta de valor e a história do "por que nos escolher"!

Assim, nós decidimos mergulhar mais profundamente nesta questão e realizamos uma análise minuciosa dos trinta principais sites de empresas globais de telecomunicações e seus respectivos feeds do Twitter para ver o que estava acontecendo. Pegamos uma amostra do texto de marketing usado pelas empresas e o analisamos através de uma ferramenta de análise de dados para ver se havia algum padrão.

Os resultados foram surpreendentes. Eles não apenas confirmaram nossa impressão de que as mesmas palavras estavam sendo usadas repetidas vezes na comunicação com os clientes, mas também notamos alguns outros detalhes relacionados à natureza das palavras que estavam sendo usadas (veja Figura 1.1).

Publicamos nossas descobertas em um *white paper* intitulado *"Lost in a Sea of Sameness: Lack of differentiation dominates the telecommunications industry"* (2018) [Perdido em um Mar de Mesmice: A falta de diferenciação domina a indústria das telecomunicações], e compartilhamos os pontos-chave aqui.

Principais conclusões

Termos genéricos de negócios e tecnologia dominam as comunicações de marketing

Sessenta por cento das dez palavras mais frequentemente usadas nos sites das empresas de telecomunicações e feeds do Twitter eram termos comerciais genéricos, tais como "serviços", "negócios" e "soluções". Os quarenta por cento restantes eram compostos por palavras relacionadas à tecnologia geral, tais como "redes", "nuvem" e "segurança".

O que isso nos diz?

Primeiro, nenhum desses termos se relaciona a benefícios específicos do cliente e eles não provocam uma reação emocional. Em vez disso, são descritivos comuns dos produtos, serviços e tecnologia que a organização oferece. Na verdade, a palavra "clientes" vem em décimo lugar.

Segundo, considerando que 48 por cento das decisões de compra de TI são atualmente tomadas fora do departamento de TI (IDC), as empresas de telecomunicações estão perdendo o foco ao usar terminologias tecnológicas, e não se dirigem ao executivo e ao tomador de decisões comerciais com declarações orientadas a benefícios que explicam *por que* suas soluções são ideais para o cliente. Esta abordagem coloca uma carga extra no comprador técnico para essencialmente traduzir e comunicar como uma nova solução de telecomunicações terá impacto em seus negócios em termos que ressoarão com o CEO, CFO e COO.

FIGURA 1.1 Palavras usadas em excesso nos sites de empresas de telecomunicações

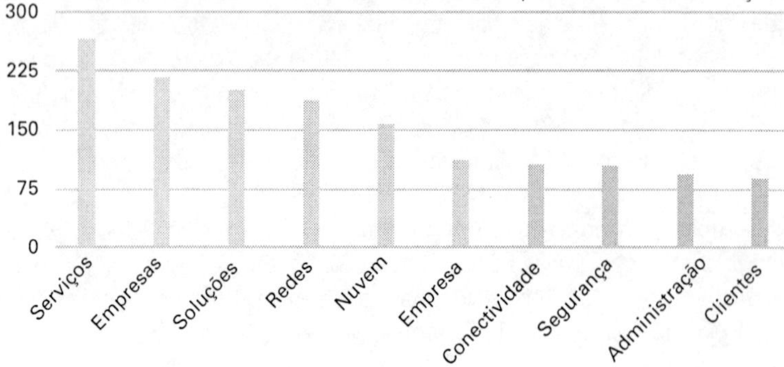

Além disso, certas palavras como "redes", "segurança", "digitalização" e "nuvem" são tão comuns e frequentemente usadas na indústria de telecomunicações, que se supõe a existência de uma definição e interpretação padrão, ao invés de uma frase abrangente. Esta suposição só leva à confusão do cliente, pois todas as partes pensam que estão falando a mesma língua, quando na realidade podem estar desalinhadas. Tomemos a palavra "nuvem", por exemplo. Uma rápida busca por "o que é nuvem" no Google produz mais de 4,2 bilhões de resultados de busca, fornecendo uma ampla variedade de explicações.

É tudo sobre a empresa!

Ao tentar se diferenciar e explicar "por que comprar de nós?", nós descobrimos que o conteúdo de marketing está repleto de declarações com "nós" e "nosso" centradas na empresa, em vez de declarações com "'você" e "seu" orientadas ao cliente.

Os exemplos a seguir removem completamente o cliente da história e não explicam os benefícios práticos que ele receberia se optasse por comprar produtos/serviços daquele fornecedor:

> *"Nós temos um grande serviço de fibra"*
> *"Nós temos um alcance geográfico realmente amplo"*

"Nós oferecemos preços transparentes"
"Nós não limitamos os serviços de internet"
"Nós fornecemos uma infraestrutura de primeira classe"
"Nós contamos com uma equipe de especialistas"
"Nós fornecemos suporte em tempo integral"
"Nós temos vasta experiência tanto no setor público quanto no privado"

Em outras palavras, os fornecedores estão deixando para o cliente a tarefa de decifrar como sua afirmação de que "nós temos um alcance geográfico realmente amplo" se traduz no problema que o cliente está procurando resolver ou no benefício que ele espera obter.

Além disso, descobrimos que, em todos os sites das empresas, a narrativa que embasava o "por que nos escolher?" normalmente se resumia a três coisas:

- **Custo:** *"Nós entendemos sua necessidade de controlar os custos"; "Nós oferecemos soluções escaláveis para corresponder ao seu orçamento e às mudanças de demanda"; "Nós podemos economizar seu dinheiro racionalizando sua estrutura de TI".*
- **Produto:** *"Nós oferecemos soluções sob medida e personalizadas"; "Nós oferecemos soluções robustas e confiáveis que garantem um ótimo tempo de atividade"; "Nós fornecemos nuvem, nuvem híbrida, VOIP, rede, conectividade e serviços gerenciados"; "Nós fornecemos soluções que ajudam você a colaborar e dar um ótimo atendimento ao cliente".*
- **Público:** *"Nós temos ampla experiência nos setores privado e público"; "Nós temos alcance global e amplos recursos"; "Nós seremos um grande parceiro"; "Nós temos uma equipe incrível de especialistas".*

Quando cada empresa do setor afirma ter a mesma abordagem "única" de fornecer "soluções sob medida... a um custo razoável... desenvolvido por especialistas", isso não é, de modo algum, diferenciar-se, e os clientes começam a se desinteressar.

Promessas vazias e nenhuma prova real

A maioria das empresas que analisamos tenta explicar como o produto ou serviço que oferecem afetará o desempenho comercial de seus clientes em um nível elevado.

Como você pode ver com as declarações a seguir, no entanto, estas alegações são extremamente genéricas e carecem de evidências e provas reais de que a empresa pode cumprir com suas nobres promessas.

"Nós ajudaremos seu negócio a crescer"
"Nós oferecemos soluções customizadas que são escaláveis"
"Nós podemos reduzir seus custos"
"Nós podemos reduzir as ameaças cibernéticas e aumentar sua segurança"
"Nós fornecemos soluções comerciais integradas"
"Nossa tecnologia pode transformar seu negócio"
"Nós podemos ajudá-lo a transformar"
"Nós apoiamos sua transformação digital"
"Nós ajudamos você a acelerar seu crescimento comercial"
"Nós aceleramos sua transformação digital"

Por exemplo, "Nós podemos reduzir as ameaças cibernéticas e aumentar sua segurança" deixa o cliente se perguntando "por quanto?" e "você já fez isso antes para outras empresas como a minha?"

Nossa afirmação favorita, "nossa tecnologia pode transformar seu negócio", se apresenta como uma declaração arrogante quando você descobre que o "como" por trás desta declaração é simplesmente "comprar nossos produtos". Como uma empresa de telecomunicações pode alegar uma mudança tão significativa na vida de uma empresa simplesmente implementando uma nova conexão de fibra óptica? Isso é um absurdo, e os clientes conseguem perceber isso!

Chamamos este tipo de declarações de "insight de baunilha" — insight do cliente que é tão generalizado que poderia se aplicar a quase qualquer negócio em vez de mostrar uma compreensão real das necessidades comerciais de seu cliente ideal. É claro que todas as empresas querem "reduzir custos", "aumentar a receita" e "melhorar a experiência do cliente", mas nossa pergunta é — qual desses objetivos é a prioridade máxima para o seu cliente ideal? Muitas empresas simplesmente não sabem como responder a essa pergunta, por isso incluem uma lista enorme de benefícios em seu site na internet, esperando que um deles chame a atenção de um cliente em potencial.

Quando nossos colegas de marketing e vendas no setor de telecomunicações revisaram a versão inicial do nosso *white paper*, o feedback que recebemos reforçou que a questão da "mesmice" não só prevalecia no setor, mas também era de certa maneira aceita como norma:

Quando eu era um profissional de vendas de telecomunicações não havia diferenciadores. Era tudo a mesma coisa, e nós nos concentrávamos até demais nas características do produto. Nunca foi: "Eis como resolvemos seu problema específico, sr. Cliente em potencial." Mas, por um lado, é aí que entram as vendas. O trabalho deles é entender a empresa individual. O trabalho de um profissional de marketing é (esperamos) entender as aplicações específicas do setor (Tina, ex-diretora de contas de telecomunicações).

Parece que há um monte de pessoas criativas trabalhando em telecomunicações :-) (diretor de contas, provedor global de telecomunicações).

Com muita frequência, a estratégia de marketing e a de comunicação trabalham bem as características e vantagens, mas NÃO o benefício de utilizar a tecnologia/produto. Talvez pudéssemos aprender como usar melhor nossos olhos e ouvidos, quando estamos na frente de nossos clientes, para entender exatamente o que o consumidor/comprador realmente pensa que precisa (consultor de vendas B2B).

O que achamos particularmente interessante é que estes comentários foram feitos por empresas ranqueadas na Fortune 500 que possuem grandes departamentos de marketing interno e acesso significativo a recursos. Apesar de tudo isso, elas ainda não conseguem explicar efetivamente o que torna sua organização diferente de todos os outros players do setor.

TABELA 1.1 Resumo da pesquisa Mar de Mesmice

Indústria	Visão geral da indústria	Mar de Mesmice?	Principais descobertas	Nosso aprendizado:
Telecomunicações	• Indústria com 150 anos de existência • Orientada por padrões	Sim	1 Termos genéricos de negócios e tecnologia dominam a comunicação 2 O foco é a empresa, não o cliente 3 Promessas vazias sem comprovação	A indústria de telecomunicações se reinventou diversas vezes à medida que novas tecnologias entraram no mercado. Dito isso, seus players parecem esquecer que não se trata da tecnologia, mas do que a tecnologia vai permitir e preparar alguém para fazer.
Centro de processamento de dados	• Indústria com vinte anos de existência • Experimentou um crescimento rápido e significativo • Como a tecnologia muda rapidamente, as empresas estão em uma encruzilhada para inovar	Sim	1 Apaixonadas por seus produtos 2 Apenas aborda o tomador de decisão de TI 3 A mesma história de "por que nos escolher" em todos os lugares	A indústria de centros de processamento de dados está desfrutando de uma curva de crescimento e a necessidade de inovação em marketing/vendas tem sido inexistente. Conforme as preferências e demandas dos clientes mudam, a indústria precisa acordar de sua complacência.
Educação Superior	• Indústria com mais de quinhentos anos passando por uma reinvenção	Sim	1 Promete de forma excessiva um clichê de necessidades humanas 2 Falta o que é verdadeiramente exclusivo de sua universidade 3 Falar apenas para um público	As universidades estão em uma encruzilhada para restabelecer o valor que oferecem aos futuros estudantes.

Não é apenas um problema da indústria de telecomunicações

Depois de publicarmos nossas descobertas, queríamos saber — este era um fenômeno que acontecia apenas na indústria de telecomunicações? Ou outras indústrias também estavam sendo afetadas?

Realizamos a mesma análise na indústria de centros de processamento de dados, focando os trinta principais *players* globais, e o campo da educação superior, pesquisando sobre 38 universidades no Reino Unido. Nossa pesquisa descobriu que, sim, esta questão está acontecendo em outros setores, mas com algumas leves diferenças, como descrito na Tabela 1.1.

ESTUDO DE CASO Nº 2

Principais conclusões na indústria de centros de processamento de dados

Vamos começar com um pequeno contexto sobre o que está acontecendo na indústria de centros de processamento de dados, ou data centers. Eles são, basicamente, instalações físicas que ajudam as empresas a conectar seus servidores (físicos e virtuais) em um local centralizado para suportar aplicações comerciais como e-mail, CRM, serviços de colaboração etc. Os centros de processamento de dados fornecem às empresas de todos os tamanhos os bens imóveis, infraestrutura, energia, sistemas de resfriamento, geradores de backup e conexões com a "nuvem". A indústria atual é relativamente nova, nascida de uma necessidade de conectividade constante com a internet nos anos 1990 e início dos anos 2000.

Como tanto consumidores quanto empresas continuam a consumir grandes quantidades de dados, a indústria está passando por um imenso crescimento subsequente. Por exemplo, o último Cisco Visual Networking Index indica que o tráfego IP global anual atingirá 3,3 zettabytes até 2021, uma taxa de crescimento de três vezes ao longo de cinco anos. Este aumento impressionante no consumo de dados contribuiu para um crescimento de quarenta por cento na infraestrutura de nuvem, no valor de doze bilhões de dólares somente em 2018 (Danheiser, Johnston e Kelly, 2019).

Então, com todo esse rápido crescimento, você pode estar se perguntando por que as empresas de processamento de dados devem se preocupar em ver como elas entregam e comunicam valor aos clientes?

Como a PricewaterhouseCoopers (PwC) resume em seu relatório, "Enterprise Data Centre Buyer Survey and Interview Insights" (2017) [Insights da pesquisa e entrevistas com compradores empresariais dos centros de processamento de dados], "o papel do data center agora mudou de fornecedor de infraestrutura para fornecedor do serviço certo no momento certo e pelo preço certo".

Isso significa que as empresas desse setor não podem mais se sentar e esperar que os negócios caiam em seu colo, mas devem preparar-se ativamente para as mudanças nas exigências dos clientes.

Nossa pesquisa sobre a indústria dos data centers, que foi publicada em nosso *white paper, "Caught in the Calms of Complacency: Why data centre companies need to get ahead of the next wave now"* (2019) [Preso na calmaria da complacência: por que as empresas de processamento de dados precisam se antecipar à nova onda agora mesmo] descobriu três importantes aprendizados:

1 Os data centers estão experimentando uma falsa sensação de segurança

Descobrimos que as dez palavras mais usadas nos sites das empresas do segmento e feeds do Twitter eram termos cem por cento focados em produtos, tais como "nuvem", "híbrido", "segurança" e "redes". Semelhante à análise da indústria de telecomunicações, estas palavras não fazem nada para explicar os benefícios do uso de tais soluções.

Isso parece com o que Ted Levitt, em seu artigo seminal da *Harvard Business Review* (1960), chamou de "*Marketing Myopia*" — quando as empresas se apaixonam por seu produto, em vez de focarem a comunicação no problema que elas resolvem para os clientes. Sears, Blockbuster e Kodak são exemplos de empresas que sofreram e acabaram fracassando porque perderam a noção de qual necessidade de seus clientes elas atendiam.

Cheryl, diretora de marketing de produto de uma grande empresa de processamento de dados, afirmou: "Se há uma coisa que conhecemos, são nossos produtos. Adoramos falar sobre eles e, honestamente, é muito mais fácil destacar as características do que falar sobre os benefícios para o cliente."

O que Cheryl apontou é que é preciso muito trabalho para entender o que os clientes realmente valorizam. Quando você está comendo, vivendo e respirando seu produto todos os dias, você pode ficar cego ao pensar que todos os outros têm o mesmo nível de obsessão por ele que você.

2 Fale sobre negócios. Não apenas sobre tecnologia

Também semelhante à indústria de telecomunicações, as empresas de processamento de dados têm como alvo principal o tomador de decisão de TI. Enquanto os departamentos de tecnologia da informação sem dúvida exercem influência significativa quando se trata destes tipos de compras, as organizações do setor estão se esquecendo de abordar outros grupos influentes dentro das empresas, tais como Operações, Engenharia, Desenvolvimento de Negócios, Desenvolvimento de Produtos, Finanças e mais.

Leia as declarações a seguir e você verá que elas estão cheias de linguagem técnica que não acendem bem a paixão pela mudança! Lembre-se: os data centers estão vendendo soluções complexas de TI para clientes empresariais de vários tamanhos. Mas estas palavras sem brilho não ajudam a quantificar o valor que o parceiro certo de processamento de dados poderia trazer para você:

> "Quando seu negócio exige agilidade, escalabilidade, confiabilidade e desempenho inigualáveis, (nosso produto) muda a forma como as redes de processamento de dados operam."
>
> "O crescimento do Big Data está aumentando a demanda por computação de alto desempenho baseada em nuvem."
>
> "Da latência à acessibilidade, os benefícios de ter seu centro de processamento de dados por perto são muitos."
>
> "Arquitetamos data centers considerando as necessidades críticas — capacidade de resposta, agilidade, sustentabilidade e automação — com escalabilidade futura."

3 Uma história idêntica

As empresas estão alegando que fornecem o mesmo valor aos clientes potenciais usando declarações genéricas, não fundamentadas e apáticas.

A Figura 1.2 mostra a história que vimos em quase todas as empresas. No lado esquerdo, a empresa de processamento de dados promete ajudar seus clientes externamente — o que significa como ela o ajudará a servir melhor *seus* clientes finais e acionistas. Do lado direito, o data center se compromete a atender às preocupações operacionais internas do cliente e de seus funcionários. A coluna do meio explica por que a empresa é unicamente qualificada para poder fornecer tais resultados.

Infelizmente, a história não é única, pois apareceu de alguma forma em todos os sites que revisamos.

FIGURA 1.2 Declarações de marketing dos centros de processamento de dados

FONTE Danheiser, Johnston e Kelly (2019)

ESTUDO DE CASO Nº 3

A comunicação do setor universitário sofre com a mesmice

Neste estudo de caso, investigamos 38 universidades no mercado do ensino superior do Reino Unido.

A universidade como a conhecemos atualmente remonta aos anos 1080, com Oxford e Cambridge entre as instituições de ensino superior mais antigas do mundo. Nos últimos anos, o setor universitário no Reino Unido tem se concentrado em fluxos crescentes de receita cobrando mensalidades mais caras para quem estuda em tempo integral e oferecendo cursos rápidos, seminários e workshops destinados a pequenos empresários e funcionários de empresas. Identificando o poder de escolha dos estudantes, os gastos das universidades com marketing de diferenciação e branding subiram na tentativa de atrair mais estudantes. O motor que proporcionou o aumento da escolha dos universitários foi a revisão do financiamento do ensino superior em 2012, um processo que ainda está em andamento à medida que os governos procuram garantir uma boa relação custo-benefício para quem entrar na faculdade. Hoje as universidades britânicas dependem das mensalidades, com até 47 por cento da renda proveniente das taxas cobradas dos alunos e menos de um quinto vindo de apoio governamental (Universities UK, 2016). Os centros universitários competem pelo dinheiro das mensalidades a nível local, nacional e global. Hoje, mais do que nunca, a escolha dos estudantes é influenciada por classificações explícitas e independentes de satisfação e excelência que não estavam disponíveis para eles no passado.

Além disso, as críticas pela relevância e aplicabilidade no mundo real fazem com que os alunos em potencial parem e se perguntem: *esta aula/programa realmente vale a pena?*

As universidades também competem por projetos de pesquisa e consultoria. Elas estão posicionadas de forma única para ajudar a definir não apenas a vida de seus alunos, mas as comunidades em que operam, para formar parcerias comerciais e formular políticas públicas. Desta forma, elas têm em mãos um complexo problema de marketing que é conseguir comunicar valor a uma variedade de públicos com necessidades e critérios diferentes.

Veja a seguir as principais conclusões de nossa análise.

1 Grandes promessas de transformar vidas e cumprir o potencial pessoal

Não há dúvida de que a vida de um estudante parece completamente diferente do momento em que ele entra na universidade até o momento de sua graduação.

A narrativa focada em "transformar vidas" destes sites parece atingir todas as necessidades e desejos humanos essenciais! Descobrimos que isso é um clichê, pois as universidades fazem promessas genéricas e de altas expectativas de que seriam as responsáveis por forjar os líderes de amanhã, prometendo mundos e fundos a seus estudantes.

Por exemplo:

"Nós nos preocupamos com a saúde e o bem-estar"
"Nós proporcionamos uma ótima experiência estudantil"
"Nós temos instalações de última geração, espaços de aprendizagem e recursos"
"Você desenvolverá ideias e pensamentos originais"
"Você fará parte de algo maior"
"Nós temos uma vibrante comunidade estudantil"
"Você será inspirado e desafiado"
"Você atingirá todo o seu potencial"

Um pequeno grupo focal de estudantes que nós reunimos, no entanto, não se importou ou se identificou fortemente com autoatualização e, em vez disso, se concentrou mais na necessidade funcional básica de se qualificar para um emprego/carreira após a graduação. Pesquisas demonstraram que os cérebros humanos não ficam totalmente formados até os 25 anos de idade, portanto, estas mensagens nobres e racionais sobre transformação e autorrealização provavelmente estão equivocadas.

2 Universidades falam demais de si mesmas

Tanto as empresas quanto as universidades geralmente tentam se diferenciar com base em seus produtos e equipes. Mas muito pouco é feito para mostrar o que os torna tão especiais. No caso das universidades, encontramos vários sites destacando seus campi usando fotos semelhantes e visitas virtuais. Embora isso dê uma ideia de como é a vista ao redor do campus, a conexão com a comunidade maior na qual eles residem parece ser fraca e artificial.

"Cada universidade tem que vender a cidade em que está localizada e mostrar como o estudante estará empregado quando se formar", disse Siobhan, diretora de marketing universitário. Mostrar as instalações, o guia do curso e o ambiente do campus é considerado o básico do marketing universitário. "Cada uma das universidades administra cursos que são interessantes para as pessoas. É apenas o prédio que é diferente, e os acadêmicos são pessoas diferentes. Mas o produto ou serviço que estamos vendendo não é necessariamente diferente."

A frase "É apenas o..." é reveladora, pois estas podem ser as mesmas coisas que diferenciam uma universidade da outra aos olhos dos estudantes. Certamente, são os "acadêmicos" e outras pessoas com quem os estudantes entrarão em contato e podem ser o que faz com que uma universidade se destaque de outra.

3 Foco na vida estudantil

Tweets usando os termos "Estudante" e "Universidade" são focados em interesses estudantis de uma forma que difere da generalidade e do amplo escopo de informações fornecidas nos principais sites.

Como ilustrado na Figura 1.3, a grande maioria dos tweets são conversas sobre a vida e os eventos em andamento no campus, pesquisas que a instituição está fazendo e a atividade dos professores. Curiosamente, há três termos relativos a valores que se destacam, são os relacionados ao respeito, à saúde e ao mundo. O "respeito" se alinha com o desejo de retratar uma imagem de marca apreciada e acolhedora, a "saúde" ressoa com uma preocupação crescente com o bem-estar dos estudantes e funcionários, e o "mundo" reforça as aspirações globalmente conectadas da instituição.

Temas de tweets indicam um livro didático, controle cuidadoso pelo marketing central para refletir uma impressão consistente de que a universidade deseja "desprender-se". Embora cada tweet possa ser único, a impressão temática genérica significa que as universidades estão falando amplamente sobre as mesmas coisas; não há diferença entre uma e outra.

Além disso, enquanto algumas universidades têm subpáginas dedicadas a servir outros públicos, como as empresas locais, estas páginas tentam falar com todos os públicos sobre todos os assuntos de uma só vez. Como profissional de negócios, você teria essencialmente que "ter sorte" de ir ao Twitter e encontrar algo relevante para você.

FIGURA 1.3 Palavras mais frequentemente usadas em marketing universitário

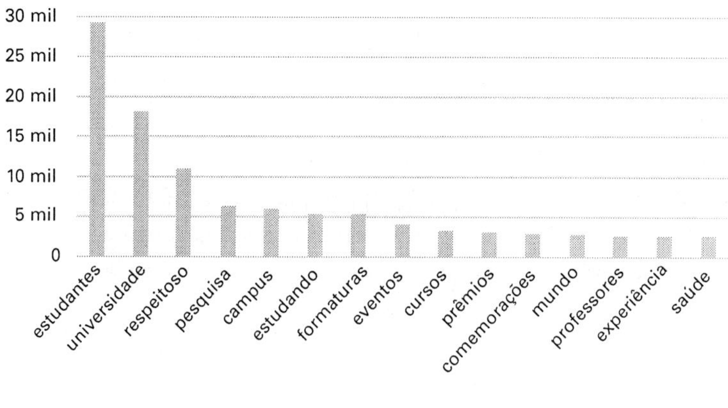

Reconhecendo que o Mar de Mesmice está por toda parte

Uma vez que começamos a reconhecer que este padrão existe em vários mercados, procuramos obter feedbacks dos líderes empresariais, de marketing e de vendas em vários setores através de entrevistas e questionários aprofundados para melhor entender:

1. se as empresas percebem que este é um problema em seu setor; e
2. quão bem elas pensam que estão se diferenciando.

Pelo lado positivo, os líderes comerciais, de marketing e de vendas não estão alheios ao problema da mesmice que acontece em suas indústrias.

Algo que nós ouvimos é que a questão da mesmice parece ser mais prevalente entre as grandes empresas que operam em muitos mercados, com as mais diferentes linhas de produtos, em comparação com os players menores, mais "nichados", que são capazes de se aperfeiçoar e fornecer muito bem um produto. Robson, ex-presidente de uma grande empresa de telecomunicações, observou que: "Grandes empresas que têm uma série de segmentos e mercados para servir — de bancos a governos e hospitais — têm dificuldades com o 'Mar de Mesmice' porque elas não são tão focadas quanto os players menores, que atuam mais regionalmente."

Isso faz sentido; à medida que as empresas expandem sua carteira de serviços e entram em novos segmentos de clientes, elas correm o risco de se tornarem "pau para toda obra, mas mestre de nada".

Empresas que competem em mercados mais comoditizados, como telecomunicações, produtos financeiros e serviços de TI, reconhecem o valor de serem capazes de diferenciar sua organização da concorrência.

Oitenta e um por cento dos entrevistados da pesquisa pensaram que era "extremamente importante" que sua organização fosse capaz de articular claramente o que torna sua solução diferente para clientes potenciais.

Assim, embora a diferenciação seja reconhecida como um fator importante nos negócios, muitos líderes admitem que têm dificuldades em COMO se diferenciar.

Siobhan, gestora de marketing estratégico de uma universidade, notou que existem prioridades concorrentes que tornam isso ainda mais difícil: "Tem havido tantas iniciativas que tornam a instituição cada vez mais comercial, que, em vez de seguir o rebanho, acho que cada universidade quer desesperadamente ser diferente. Mas nós simplesmente não sabemos como."

Apenas 5,4 por cento dos entrevistados da pesquisa afirmam ser "extremamente eficazes" em diferenciar sua organização de seus concorrentes, com a maioria (54 por cento) afirmando que eles são apenas "um pouco eficazes".

Como Kristen, CMO de uma empresa de serviços financeiros, resumiu:

> O Mar de Mesmice é uma questão não apenas do lado da comunicação, que é a forma como acabamos usando as palavras em nossos materiais de marketing e vendas, mas também do lado do próprio produto. Portanto, nossa empresa está levando a sério a inclusão de algo que torna o próprio produto completamente diferente já na fase de desenvolvimento do produto, de modo que acabamos usando esse ponto de diferenciação em nossas mensagens.

MARKETING IMITADOR

Recentemente, Jennifer, vice-presidente de marketing na indústria de tecnologia, foi abordada por seu diretor de geração de receita [*Chief Revenue Officer*, CRO na sigla em inglês] com um pedido para atualizar o site da empresa. Eles tinham acabado de passar por uma aquisição e precisavam atualizar a página para refletir sua nova marca e o que a empresa oferece.

Quando ela perguntou para quando, ele disse "o mais rápido possível". Ele estava sendo pressionado pela diretoria para aumentar a receita da empresa recém-fundida, e achava que o site certamente não estava ajudando a atrair clientes potenciais.

Agora, se você já passou por uma reformulação de site, você sabe que isso pode levar meses de idas e vindas antes que a nova página esteja pronta para ser lançada.

Brincando, Jennifer disse a seu chefe que a única maneira de conseguir criar algo rapidamente era "copiar e colar" o que estava nos sites de seus concorrentes, já que todos no setor dizem a mesma coisa!

Seguindo o rebanho

O núcleo deste livro visa abordar a questão: por que o "Mar de Mesmice" ocorre em todos os lugares? O que as organizações podem fazer para resolver isso? De modo crucial, vamos explorar se existe um problema humano que está gerando o fenômeno do Mar de Mesmice.

Procuramos na bibliografia inicial sobre o tema "mentalidade de rebanho" para ajudar a lançar alguma luz sobre o tema. Mentalidade de rebanho foi um termo popularizado pela primeira vez por Wilfred Trotter, um cirurgião e psicólogo social inglês, durante a Primeira Guerra Mundial (1914-1918). Trotter explicou este fenômeno em seu livro, *Instincts of the Herd in Peace and War*. Ele descobriu que os humanos, como os rebanhos de animais, podem ser influenciados pela maioria.

Você provavelmente já viu um "pensamento de grupo" ocorrer em reuniões de equipe ou em grupos focais — quando as pessoas colocam de lado suas próprias crenças pessoais em um esforço para alcançar a paz e o consenso dentro de um grupo. Quando este princípio psicológico é aplicado à arte subjetiva da comunicação de marketing, que muitas vezes pode se tornar um exercício disputado sobre o que dizer e como, você pode entender por que alguns líderes podem simplesmente "ceder" para perpetuar a paz dentro do grupo e ajudar a levar seus projetos adiante, em vez de se erguer e lutar a favor de seu ponto de vista.

A conclusão é que nós, como humanos, temos um desejo profundamente arraigado de sermos incluídos — e isso não afeta apenas a forma como nos comportamos em situações pessoais, mas também nos negócios.

Como disse Tom, CMO de uma agência de publicidade: "Há um alto grau de segurança em copiar seus concorrentes... Afinal, quem vai discutir com sua mensagem se seus concorrentes também estão dizendo a mesma coisa?"

> O instinto de rebanho é uma mentalidade caracterizada pela falta de tomada de decisão individual ou de consideração, fazendo com que as pessoas pensem e ajam da mesma forma que a maioria das pessoas ao seu redor.

Mas ser diferente não é para os fracos. Há um risco significativo em se destacar da multidão, e outra teoria psicológica está operando aqui: a *teoria da perspectiva*. Isso ocorre quando as decisões precisam ser tomadas e os indivíduos avaliam "eu vou ganhar mais do que vou perder?". Como Herbert, ex-vice-presidente de vendas de uma empresa de telefonia móvel, observou sabiamente: "A bravura e o desejo de ser diferente podem ser vencidos pela gerência intermediária (devido ao medo)."

Então, os líderes de marketing e vendas de hoje não têm coragem e bravura quando se trata de arriscar em que valor entregar aos clientes e como? *Ou faltam-lhes as competências necessárias para ajudar sua organização a se destacar dos concorrentes de uma forma que seja significativa e valiosa para os clientes?*

No próximo capítulo, analisaremos mais a fundo o motivo pelo qual o Mar de Mesmice parece estar ocorrendo.

DESAFIO

Você deixa os clientes nadarem em um Mar de Mesmice?

Através de nossas pesquisas formais, conversas com profissionais e experiência em uma ampla variedade de indústrias, temos um forte palpite de que você e sua organização deixam seus clientes nadarem em um Mar de Mesmice, tornando difícil para eles fazer uma escolha significativa entre você e seus concorrentes.
Dê uma olhada em seu próprio site e nas páginas de seus três principais concorrentes e responda às seguintes questões:

1. Dizemos claramente aos clientes os benefícios que eles obterão ao comprar nossos produtos/serviços?
2. Será que nossa história de "por que nos escolher" explica por que um cliente deve escolher nossa solução em vez da oferecida pela concorrência?
3. Quão semelhante é nossa história de "por que nos escolher" em relação à de nossos concorrentes?
4. Usamos linguagem técnica e palavras-chave da indústria para explicar o que fazemos?
5. Dirigimo-nos a todos os tomadores de decisão envolvidos na compra?

Referências e leituras adicionais

CSO Insights. All that glitters is not gold: key findings from the CSO Insights 2019 World-Class Sales Practices Study, 2019. Disponível em:

<www.csoinsights.com/wp-content/uploads/sites/5/2019/06/2019-World-Class-Sales-Practices-Study.pdf>. Arquivado em: <perma.cc/8XXT-ZU2M>.

DANHEISER, S., JOHNSTON, P. e KELLY, S. Lost in a Sea of Sameness: lack of differentiation dominates the telecoms industry, white paper, 2018. Disponível em: <www.shakemktg.com>. Arquivado em: <perma.cc/4KV5-Z2KB>.

DANHEISER, S., JOHNSTON, P. e KELLY, S. Caught in the calms of complacency: why data centre companies need to get ahead of the next wave now, white paper, 2019. Disponível em: <www.shakemktg.com>. Arquivado em: <perma.cc/GN5V-X2BS>.

GOLDRING, D. Constructing brand value proposition statements: a systematic literature review, *Journal of Marketing Analytics*, 5 (2), pp 57-67, 2017. Disponível em: <doi.org/10.1057/s41270-017-0014-6>. Arquivado em: <perma.cc/RHE4-JS6C>.

HANAN, M., CRIBBIN, J. e HEISER, H. Consultative Selling, Amacon, 1973.

IYENGAR, S. e LEPPER, M. When choice is demotivating: can one desire too much of a good thing? *Journal of Personality and Social Psychology*, 79, pp 995-1006, 2000.

KELLY, S., JOHNSTON, P. e DANHEISER, S. *Value-ology: Aligning sales and marketing to shape and deliver profitable customer value propositions*. Londres: Palgrave Macmillan, 2017.

LECINSKI, J. ZMOT: why it matters now more than ever, Think with Google, 2014. Disponível em: <www.thinkwithgoogle.com/marketing-resources/micro-moments/zmot-why-it-matters-now-more-than-ever/>. Arquivado em: <perma.cc/L4GD-VRA5>.

LEVITT, T. Marketing myopia, *Harvard Business Review*, 38 (4), pp 45-56, 1960.

PAYNE A., FROW, P. e EGGERT, A. The customer value proposition: evolution, development, and application in marketing, *Journal of the Academy of Marketing Science*, 45, pp 467-89, 2017.

PRICEWATERHOUSECOOPERS. Enterprise Data Centre Buyer Survey and Interview Insight, 2017. Disponível em: <junipernetworks.lookbookhq.

com/c/Smart-Cloud-IntegrationEducation-ea4?x=Y3HmgD>. Arquivado em: <perma.cc/R24N-MG4U>.

SCHWARTZ, B. *O Paradoxo da Escolha: Por que menos é mais*. São Paulo: Ed. A Girafa, 2004.

TEDSalon NY 2011. How to make choosing easier with Sheila Iyengar, 2011. Disponível em: <www.ted.com/talks/sheena_iyengar_choosing_what_to_choose?language=en>. Arquivado em: <perma.cc/UAM2-REFP>.

TOMAN, N., ADAMSON, B. e GOMEZ, C. The new sales imperative: B2B purchasing has become too complicated. You need to make it easy for your customers to buy, *Harvard Business Review*, 95 (2), 2017.

TROTTER, W. *Instincts of the Herd in Peace and War*, Project Gutenberg Universities UK. University Funding Explained, p 4, 2016.

02

Por que a mesmice ocorre no marketing B2B?

Neste capítulo, nós vamos:

- examinar por que a mesmice ocorre mesmo quando as empresas estão tentando ser diferentes;
- explicar como distinguir diferenciação e distintividade e por que isso é importante para você;
- compartilhar o que profissionais experientes nos contam sobre suas experiências de criação de diferenciação na prática.

Introdução

O Capítulo 1 mostrou como a mesmice é um fator-chave que leva a 58 por cento das negociações B2B terminarem em "nenhuma decisão". Os clientes claramente acham difícil escolher entre um fornecedor e outro quando todas as ofertas parecem iguais. Para chegar ao cerne da questão, tivemos que descobrir o que os profissionais de vendas e marketing realmente queriam dizer quando falavam sobre diferenciação. Nós queríamos saber se *diferenciação* era um termo comumente utilizado. Por exemplo, será que ele significava a mesma coisa para todos? Como a ideia de diferenciação influenciou e definiu a prática de vendas e marketing?

Por que a mesmice ocorre?

O Mar de Mesmice é a consequência da falta de uma diferença significativa percebida entre suas propostas de valor e a marca em comparação com seus concorrentes. Uma característica-chave da mesmice é a mentalidade de rebanho das organizações fornecedoras em um setor. Com o desenvolvimento dos mercados, as ofertas da empresa convergem ao longo do tempo e começam a se tornar parecidas em termos de produtos e serviços, e a soarem iguais em suas comunicações de marketing. Por exemplo, a Apple foi a primeira no mercado com seu design exclusivo de iPhone, e agora a maioria dos telefones segue o estilo de design da Apple. Algo semelhante aconteceu com o carro Audi A5, quando praticamente todos os principais fabricantes seguiram o visual do modelo. A semelhança entre oferta e comunicação foi observada por Chris West (2020), CEO da Verbal Identity, em seu *white paper "What happens now that neo-banks aren't new"* [O que acontece agora que os neobancos não são novidade], no qual ele discute a semelhança de novas fintechs como Revolute e Monzo. A melhor prática logo se torna uma prática sem identidade. De fato, há uma verdadeira desvantagem comercial na mesmice, com várias pesquisas como as realizadas por Banker, Mushruwala e Tripathy (2014) e Parnell e Brady (2019) mostrando que só através de estratégias de diferenciação é que um efeito positivo e duradouro no desempenho pode ser alcançado.

Então por que a mesmice e o comportamento de rebanho acontecem? As pessoas que entrevistamos nos disseram que há seis razões principais que impulsionam a mesmice e a mentalidade de rebanho:

- A zona de conforto do sucesso.
- A aversão ao risco de tentar algo novo.
- Gestão inexperiente.
- Executivos autocentrados.

- Estar preso na mentalidade da organização.
- Preguiça.

O que se percebe de todos esses fatores é que se trata de competência pessoal e não do desempenho de produtos e serviços no mercado. Todos eles se referem a coisas que se relacionam com a maneira como as pessoas pensam e fazem escolhas comerciais. Vamos olhar mais de perto para cada um deles e ter em mente que cada um pode aparecer como uma combinação em sua organização.

A zona de conforto do sucesso

Esta é uma reação empresarial típica observada em mercados maduros, onde a concorrência inicial foi sobrepujada ou adquirida, deixando alguns poucos fornecedores dominantes. Herbert, sócio-gestor de uma consultoria, vê isso como um lugar-comum:

> [...] chegamos a um ponto agora, no qual, em muitos mercados, é difícil saber a diferença porque os mercados estão muito maduros [...] embora eu ache que você pode ser muito diferenciado quando está entrando em um novo mercado.

O sucesso enfraquece o senso de coleta de informações de mercado e do consumidor e incentiva uma sensação de confiança equivocada na capacidade da empresa de continuar ganhando. A zona de conforto do sucesso cria condições em que os executivos acreditam estar no topo, de modo que eles esperam poucas ou nenhumas surpresas da concorrência e da forma como os clientes compram. Norman, líder de marketing, reconhece isso como um problema muito comum:

> Todas as lições são aprendidas da maneira mais difícil, porque, quando as coisas estão indo bem, as pessoas simplesmente seguem em frente

e não se perguntam por que tudo está indo bem; membros seniores só se perguntam o porquê quando as coisas vão muito mal.

A aversão ao risco de tentar algo novo

Jerry, dono de uma consultoria de marketing, disse que a mesmice indica aversão ao risco, e vê o ato de agir de forma segura como:

> Apenas nos atermos ao que os executivos de marketing sabem rotineiramente e ao que a escola de marketing lhes disse que era necessário saber.

Naturalmente, todos nós temos atitudes diferentes em relação ao risco e nossa atitude para com o risco também é influenciada pela situação em que a empresa se encontra. Um negócio que tenha recursos ilimitados e uma cultura de experimentação e não culpabilização por falhas muito provavelmente vai assumir mais riscos.

Outro efeito paradoxal do sucesso é que as marcas de sucesso dominam a distribuição, o que significa que os compradores odeiam assumir riscos de compra em algo novo, e assim tudo segue este sucesso, e a mesmice se torna autossustentável. Embora os compradores possam achar a ideia de algo novo e inovador atraente, suas decisões de compra são, na verdade, avessas ao risco e isso incentiva ainda mais a mesmice.

Da mesma forma, fornecedores bem-sucedidos operam com uma atitude de "em time que está ganhando não se mexe", preferindo o desenvolvimento incremental em vez do desenvolvimento revolucionário de produtos e serviços. Isso os deixa vulneráveis aos desafiadores que trazem formas radicalmente novas de fazer as coisas. Assim como a Uber mudou o negócio dos táxis, ou quando a Rolls-Royce mudou a indústria aeronáutica ao trocar seu negócio da venda única de motores de aeronaves individuais para os fabricantes de aeronaves para o de leasing de motores de aeronaves com seu modelo de negócio de "voar por hora". A abordagem "voar por hora" significava que os fabricantes de aeronaves economizavam no desembolso de capital e só pagavam pelo tempo em que o motor estava em uso. Ambas as partes se beneficiaram de um pacote de serviços baseado no monitoramento contínuo em tempo real do desempenho do motor. Em um círculo virtuoso, os fabricantes obtiveram motores mais confiáveis e a Rolls-Royce obteve dados para suportar melhorias contínuas no projeto.

Gestão inexperiente

Este item está relacionado à aversão ao risco, embora seja mais prevalente com profissionais em início de carreira. O mantra de operação é "siga com o que funciona". O mindset é aquele que pensa: "Se funciona para a concorrência, funciona para mim." Dito isso, a falta geral de capacidade mesmo no nível de liderança também desempenha seu papel, como explica o presidente de uma empresa de telecomunicações (telecom), Robson:

> Se a liderança em vendas e marketing não tem os meios para realmente dar corpo a um *storyboard* diferenciado, então o padrão mais fácil é garantir que você tenha pelo menos uma mensagem de paridade competitiva.

Executivos autocentrados

Todos na mesa executiva devem ser orientados para o cliente. Quando este não é o caso, é provável que haja problemas. Quando a função do marketing (a quem se espera que seja muito focado no cliente) não está orientada para o consumidor, o problema se torna muito pior. Observou-se que alguns profissionais de marketing julgavam seu sucesso pelo quão bem eles gerenciavam sua agência de marketing em vez de quão bem eles entendiam diretamente o que os clientes precisavam. Esses chamados "gestores de marketing" raramente se envolviam diretamente com suas equipes de vendas e raramente passavam tempo interagindo com os clientes. A necessidade dos profissionais de marketing de dedicar tempo e energia para olhar para fora da organização é essencial na opinião de Norman, líder de marketing:

> Se vamos falar de "diferenciação", vamos fazê-lo com substância, e apoiar seu uso com uma enorme dose de realidade bem pesquisada e confiável.

Estar preso na mentalidade da organização

Estar preso a uma mentalidade organizacional é quando lhe falta a capacidade de escapar das crenças e suposições que você tem sobre mercados, clientes e concorrentes e a maneira como seu negócio funciona. Gareth Morgan (2006), em seu livro *Images of Organization* [Imagens da Organização], chamou isso de Prisão Psíquica. É o paradigma dominante em empresas e é tipicamente estabelecido pelo CEO e pela equipe de liderança. Refere-se à ideia de que as pessoas podem ficar presas às formas tradicionais de pensar sobre seus negócios e achar difícil, senão impossível, assumir novas ideias e pontos de vista. Tudo é justificado pela frase "sempre fizemos desta maneira". Christine, vice-presidente de vendas e marketing no setor de telecomunicações, apresenta uma imagem vívida disso:

> Basicamente, todos os principais provedores de telecomunicações são derivados do Bell System[2]. Eles têm essas raízes comuns, ancestralidade,

---

2. O Bell System era um grupo de companhias liderado pela Companhia de Telefonia Bell, que monopolizou o mercado por mais de cem anos na América do Norte e foi desfeito pela lei de competitividade, que visava assegurar a concorrência nos mercados e evitar a monopolização. [N.E.]

mentalidade e instalações físicas, rede, coisas assim. Isso significa que você tem muitas pessoas com a mesma mentalidade e isso leva também à comoditização dos conjuntos de produtos.

Uma observação semelhante foi feita por Herbert, sócio-gestor de uma consultoria, que comentou:

> Eu acho que as pessoas acabam se institucionalizando. Quanto mais você trabalha em um determinado ambiente, mais você se torna parte dele.

Recrutar e manter as pessoas à sua imagem é uma faca de dois gumes e contribui para reforçar a visão tradicional do mundo dos negócios. Claro, você obtém pessoas que têm valores e abordagens semelhantes, mas o lado negativo é a falta de um ponto de vista crítico e uma reverência indevida aos costumes e práticas atuais. O recrutamento fora do grupo convencional de candidatos estimula o pensamento crítico porque introduz perspectivas diversas (Amabile, 1996; Rigby, Gruver e Allen, 2009; Reid, de Brentani e Kleinschmidt, 2014).

Preguiça

Comportamento de rebanho é simplesmente preguiça. A atitude aqui é: "Vou copiar a concorrência e apenas modificar um pouco." É uma atitude do tipo "eu me importo o mínimo possível" que busca atalhos e ganhos fáceis. Robson, um presidente de telecomunicações, foi altamente crítico em relação ao que ele chamou de abordagem de "recortar e colar":

> As pessoas dedicam um nanosegundo para definir o que deve ser uma proposta valiosa e diferenciada. Elas passam muito mais tempo trabalhando em materiais de divulgação com muitas características

técnicas. Há uma falta de tempo dedicado para articular a verdadeira proposta de valor. As pessoas simplesmente recortam e colam o que todos os outros estão dizendo.

Comportamento de rebanho significa que os fornecedores estão competindo pelo mesmo espaço de mercado, o chamado oceano vermelho descrito por Chan Kim e Renée Mauborgne — um espaço onde "os produtos se tornam commodities, e a concorrência feroz torna-se o oceano vermelho sangrento", um espaço onde 86 por cento dos lançamentos de produtos são extensões de linha, entregando 39 por cento dos lucros em comparação com os lançamentos em espaço menos competitivo que entregam 61 por cento dos lucros (Kim e Mauborgne, 2005).

Nós queríamos saber mais sobre as empresas que enfrentam mais dificuldades para obter uma vantagem competitiva, e o que estava acontecendo dentro das empresas que permitiram que os mercados gravitassem consciente ou inconscientemente em direção à mesmice. Certamente as empresas não queriam ser iguais aos seus concorrentes, pensamos nós. Com base em nossa experiência comercial e centenas de conversas comerciais ao longo dos anos, nós concluímos que a mesmice e a diferença nas propostas de valor devem ter algo a ver com as capacidades, atitudes e comportamentos das pessoas dentro das organizações de fornecedores, as mesmas que são responsáveis por dar sentido aos mercados, interpretar as exigências dos clientes, desenvolver soluções de produto/serviço e criar as propostas de valor.

Resolver o desafio da diferenciação para B2B se torna ainda mais urgente à medida que os compradores fazem cada vez mais pré-pesquisas e listas restritas on-line. Quando sessenta por cento do processo de venda é a interação inicial com os canais de marketing, o "marketing de marca" genérico apenas fornece alguma evidência de credibilidade de que o negócio é de boa-fé e sério. Os negócios só serão fechados através de diferenciação específica de vendas.

Diferenciação e distintividade: qual é a diferença e por que isso é importante para você

Duas tarefas de marketing cruciais desempenham um papel significativo no desempenho comercial. São elas que Mark Ritson, professor adjunto de marketing na Universidade de Melbourne, Austrália, e na Universidade de Lancaster, Reino Unido, descreve como "diferenciação e seu primo mais superficial e extrovertido, chamado de distintividade". Ele discute estes conceitos em seu artigo de 2019 da *Marketing Week*, "*Distinctiveness doesn't need to come at the cost of differentiation*" [A distintividade não precisa aparecer em detrimento da diferenciação]:

1. **Diferenciação** é garantir a relevância e o valor da proposta para o cliente.
2. **Distintividade** é atrair a atenção do cliente, predominando sobre o ruído competitivo.

O chamado debate de diferenciação versus distintividade gerou controvérsia sobre qual deles é o mais importante para a eficácia de vendas e marketing e para ganhar vantagem competitiva. O foco de grande parte deste debate se dá no marketing B2C e se relaciona particularmente com o campo da publicidade. O centro deste debate é decidir se é o reconhecimento do cliente e a repetição de anúncios ou inovações de produtos e serviços que criam sucesso comercial. Pensamos que a resposta é que ambos são importantes para o B2B, mas de maneiras diferentes. É preciso ser distinto para ser notado e, ao mesmo tempo, é preciso ser diferenciado de uma forma que seja importante para o cliente e a solução que ele está buscando.

Diferenciação

Romaniuk, Sharp e Ehrenberg (2007) nos dizem que há uma quase inquestionável reverência dada à ideia de diferenciação no mundo do marketing. A diferenciação é aceita como uma ideia tão comum que qualquer questionamento a ela é visto como uma heresia para o marketing:

> A diferenciação é considerada como um dos princípios centrais da teoria e prática de marketing. A exaltação quase universal é "você deve se diferenciar" (por exemplo, Fulmer e Goodwin, 1988; Levitt, 1980; MacMillan e McGrath, 1997) — com a clara implicação de que os profissionais de marketing devem ser julgados sobre o quão bem eles diferenciam suas marcas.

Ted Levitt captou o sentimento de diferenciação em seu artigo de 1980 *"Marketing success through the differentiation of anything"* [Sucesso de marketing pela diferenciação de qualquer coisa], que introduziu a ideia de três camadas de solução: os produtos fundamentais ou o "arroz com feijão" para manter o negócio, os produtos que são esperados de qualquer bom fornecedor, e os produtos de qualidade superior que ajudam a diferenciar o fornecedor da concorrência. E assim, como profissionais de marketing, temos tido a impressão de que a inovação é a principal prioridade do marketing e a única maneira de garantir uma vantagem competitiva duradoura é através da diferenciação. Como uma teoria para o sucesso do marketing, a diferenciação funciona assim:

A diferenciação:

- estimula a demanda, oferecendo melhorias que levam a mais vendas e lucro;
- posiciona a oferta de serviço de produto como única na mente do cliente;
- cria produtos e serviços que são valorizados;
- gera fidelidade à marca e reduz os custos de aquisição de novos clientes;
- assegura vantagem competitiva sustentada.

Tudo isso significa que você cria mais valor para o cliente e, como resultado, vende mais e ganha mais dinheiro, o que por sua vez justifica o preço premium e permite que o fornecedor resista à pressão descendente de preços que vem da comoditização. As fontes de diferenciação podem vir de produtos, pessoas que fornecem a experiência de atendimento ao cliente, diferentes canais para o mercado e associações e percepções de marca.

Vale a pena ter em mente que muitas vezes usamos a palavra diferenciação de forma um tanto vaga. Ao longo dos anos, uma parte fundamental da ideia de diferenciação se perdeu e muitos profissionais de marketing passaram a acreditar que o que importa é apenas ser diferente e que a diferença é melhor comunicada através da distintividade. Isso muitas vezes resulta em uma visão interna e autorreferenciada do que constitui um "bom marketing"; você pode ver isso nas páginas onipresentes "sobre nós" em sites corporativos. Entretanto, a parte crítica da ideia de diferenciação de Levitt é que a diferenciação tem que ser *significativa* do ponto de vista do cliente. A diferença que está sendo proclamada tem algum valor para eles? Esse significado pode ser qualquer um ou uma combinação de valor funcional, percebido/simbólico, relacional, empírico ou social que seja relevante para o cliente.

Distintividade

A distintividade aborda a forma como os compradores processam as informações. A psicóloga Hedwig von Restorff (1933) mostrou que, quanto mais distintivo é algo, mais memorável ele se torna. Ao captar a atenção do comprador de alguma forma, a distintividade assegura que, quando o comprador tem uma necessidade, ele se lembrará primeiro da oferta distinta. Esta é a base do conhecido modelo de comunicação de marketing AIDA — atenção, interesse, desejo, ação — que afirma que, para conseguir que o comprador aja, você tem que captar sua atenção primeiro. O termo técnico para captar a atenção é *proeminência* e ela é alcançada de três maneiras principais:

1. um fato surpreendente, como o de que existem mais telefones celulares no mundo do que escovas de dentes;
2. uma imagem chocante, como as usadas pela grife de moda Benetton; ou
3. um contraste inesperado, como um gorila tocando os tambores da música "In the Air Tonight" de Phil Collins em um anúncio do Chocolate Cadbury.

Além de ser memorável, a distintividade também desempenha um papel na mudança da mente do comprador do pensamento de Sistema 1 para o pensamento de Sistema 2, conforme descrito por Daniel Kahneman (2013) em seu livro *Rápido e Devagar: duas formas de pensar*. A distintividade faz com que o comprador passe de um mindset de Sistema 1 desinteressado e ambivalente para um mindset de Sistema 2 com atenção total. Esta mudança é uma parte fundamental do que Petty e Cacioppo (1986) chamam de Probabilidade de Elaboração, a probabilidade de que você queira saber mais sobre o que chamou sua atenção.

A distintividade não está isenta de pontos negativos. Muitos profissionais de B2B a minimizam por estarem muito apoiadas a sugestões emocionais subjetivas, tais como apelos para criar felicidade, melhorar o status pessoal ou dar uma sensação de realização pessoal, alegando que estas coisas têm pouca influência real sobre os empresários sóbrios e racionais. Outro problema da distintividade é que ela pode se tornar muito autoindulgente ou cair no mau gosto apenas pelo efeito de choque em termos de linguagem e imagens que são utilizadas. Usado de forma acrítica, o fim da "captação de atenção" justifica os meios de usar qualquer coisa para chocar o cliente. Esta é uma situação perigosa em termos de responsabilidade social corporativa e significa que não se pode permitir que a criatividade da comunicação de marketing continue sem restrições porque há responsabilidades éticas e de imagem de marca a serem contabilizadas. Dito isso, os clientes B2B são humanos e, portanto, devem estar sujeitos aos mesmos princípios de processamento de informações cognitivas e preocupações que os mantêm acordados à noite — o que a IBM descreveu como seus medos, incertezas e dúvidas e um senso de identidade profissional. Isso significa que há um papel para um uso equilibrado de apelos emocionais na comunicação B2B. Voltaremos à ideia de equilíbrio frequentemente nos capítulos seguintes.

Vale notar que o ensino de comunicação de marketing e de branding em escolas de negócios é predominantemente baseado em cases de negócios B2C, e métodos de marketing de massa para B2C; McDonald's, Apple, Google, Procter e Gamble e assim por diante são os assuntos habituais dos estudos de caso. Isso significa que a aplicação impensada de uma abordagem de distinção B2C em um contexto B2B é problemática porque assume que os compradores profissionais pensam e agem exatamente como os consumidores finais. Esta suposição deve ser evitada a fim de garantir que a distinção no B2B seja apropriada ao contexto do mercado.

O que os profissionais B2B experientes nos contaram sobre a busca da diferenciação e sobre nadar para longe da mesmice

O panorama apresentado fornece um quadro geral das questões e debates em torno da diferenciação e nossas entrevistas nos permitiram ter uma compreensão mais profunda do que estava acontecendo na busca da diferenciação no mercado B2B.

Algumas das questões que foram faladas ecoaram sobre os debates teóricos, como, por exemplo, a diferença entre diferenciação e distintividade e entre competência profissional versus o uso de habilidades de marketing operacional. Outros insights vieram como uma surpresa, como descobrir que a diferenciação e a mesmice têm tanto qualidades boas, quanto ruins. Também aprendemos mais sobre o papel central da experiência presencial do cliente no B2B para fornecer insights vitais sobre o valor específico e as diferenças que os clientes estavam procurando de seus fornecedores. De forma crucial, ficou claro que, embora todos reconheçam a importância da diferenciação, ela na verdade significava coisas diferentes para pessoas diferentes na organização. E, acima de tudo, talvez o mais revelador que as pessoas nos falaram foi que conseguir diferenciação é difícil, muito difícil mesmo, como Herbert, CEO de uma empresa de consultoria, nos falou enfaticamente:

> Na verdade, acho que é muito difícil. Eu trabalho com muitos clientes e todos eles enfrentam dificuldades [...] eles têm dificuldades para articular qual é realmente a diferença. Mesmo tendo muitos slides, se você lhes perguntar, "o que o diferencia de um de seus concorrentes", eles têm um pouco de dificuldade para dizer.

A busca da diferenciação em B2B é um trabalho árduo

Quando você pegar qualquer livro didático padrão de gestão de marketing e procurar diferenciação, ele lhe indicará, no máximo, alguns parágrafos dizendo o que é e por que as empresas precisam disso para ter sucesso. Isso é normalmente seguido por alguns conselhos simples sobre como fazer pesquisa de mercado, segmentando os clientes por suas características psicológicas, comportamentos e benefícios procurados. Não há absolutamente nada sobre como é difícil fazer a diferenciação na prática e os tipos de desafios e obstáculos do mundo real que podem atrapalhar o caminho. Cinco coisas que dificultam o trabalho de diferenciação se destacaram nas nossas entrevistas:

1. articular a essência do que o torna verdadeiramente diferente não é fácil;
2. abordar a diferenciação requer tempo, energia e comprometimento;
3. a inércia técnico-produtiva desvia a energia e a atenção do trabalho de diferenciação real;
4. a falta de visão profunda do cliente dilui a eficácia da diferenciação;
5. quanto maior você for, mais difícil será o trabalho de diferenciação.

Muitos dos profissionais com quem falamos comentaram como é difícil articular o que é particularmente diferente sobre o que eles fazem para o cliente e fazer com que isso mude o comportamento do comprador. Tom, um ex-CEO e atual CMO de uma agência de publicidade, nos disse:

> É uma das coisas mais intrigantes que eu já vi em minha carreira. Profissionais de marketing brilhantes entram na sala, mas suas mensagens caem por terra ou não são diferenciadas. Como alguém tão inteligente e disciplinado pode inventar algo tão sem identidade?

Havia uma série de razões pelas quais articular sua diferença é um desafio. Em primeiro lugar, requer um comprometimento significativo de tempo, esforço e pesquisa. Muitas vezes, o tempo disponível para fazer isso é escasso, e a questão é até ativamente evitada no dia a dia agitado das organizações. É necessário tempo para assimilar cuidadosamente e dar sentido à percepção do cliente, desafiar as crenças e suposições atuais sobre a forma como o negócio é feito e realmente buscar qual realmente é a diferenciação na fonte. Em segundo lugar, há o desafio de superar a tecnologia e a inércia do produto, onde o foco da atenção executiva está na comunicação dos detalhes das características e dos aspectos técnicos da solução.

Este problema fica pior quando o catálogo de produtos é grande e há muitas coisas a dizer sobre os detalhes de cada produto. Christine, vice-presidente de vendas e marketing, explicou como uma obsessão técnica pode sugar a atenção e a energia necessárias para as equipes de vendas e marketing enquanto enfrentam dificuldades com os detalhes de definição de diferenciação do ponto de vista do cliente e não do produto:

> Tecnólogos e profissionais de marketing de produtos ficam encantados com a tecnologia real. Se esse aspecto técnico é ou não materialmente diferente do aspecto técnico de um concorrente, talvez isso não seja realmente tão examinado; eles não se perguntam: "onde isso realmente me posiciona no mercado?"

Em terceiro lugar, a diferenciação é difícil porque muitas vezes é dificultada por uma falta de percepção direta do cliente. Isso resulta em propostas de valor genéricas e promessas de marca criadas a partir de mesas de executivos de marketing localizados remotamente que raramente passam tempo com clientes reais.

Robson nos disse isso:

> Acho que geralmente as pessoas não possuem a profundidade da inteligência competitiva para saber verdadeiramente o que é o diferencial ou não das outras ofertas.

Outro problema que Robson trouxe à tona foi que o acesso à visão do cliente custa dinheiro e muitas vezes é algo que é cortado quando o orçamento está mais apertado. Este ponto de vista de curto prazo pode ter um efeito catastrófico sobre a qualidade do entendimento sobre onde se encontram as oportunidades de diferenciação competitiva.

Você está de fato lutando com uma mão atada atrás das costas quando lhe falta inteligência competitiva e isso só alimenta um problema adicional de generalidade. Se você não tem uma visão específica do cliente, você só pode se comunicar com generalidades. Isso significa que as equipes de comunicação de marketing se comunicam energicamente com todos no mercado ao mesmo tempo, mas a única maneira de se comunicar com todos é fazê-lo em um nível de generalidade tal que se torna virtualmente sem sentido. Isso é problemático de três maneiras para organizações que querem se diferenciar:

- Primeiro, um entendimento genérico do mundo do cliente significa que você fornece alegações genéricas de diferenciação, por exemplo, "nós podemos ajudá-lo no futuro digital", "experimente a nossa diferença", ou "nós transformamos seu negócio".
- Segundo, falta a você o que Siobhan, líder de marketing, chamou de força de assinatura — algo que o destaca e você tem autoconfiança suficiente para aceitar que, ao fazer isso, pode afastar alguns clientes em potencial. Uma marca diferenciada deve realmente afastar alguns clientes porque a oferta não é diretamente relevante para suas necessidades.
- Terceiro, a forma como os materiais de marketing são realmente utilizados nas interações com os clientes pela equipe de vendas é negligenciada. Na experiência de Jerry, isso indicava uma falta de percepção do cliente por parte da equipe de marketing, por meio da qual eles evitavam ativamente "mergulhar na experiência real do cliente", o que o frustrava enormemente da seguinte maneira:

> [...] e estamos dizendo: "Volte para as vendas porque você precisa saber como isso está sendo usado. Quem vai usar isso? Para quem isso servirá? O que eles precisam saber?" [...] e eles [marketing] não podem responder a essas perguntas, eles não conseguem encontrar respostas e eu digo: "Bem, vocês não podem criar nada até saberem estas respostas, porque senão vocês estarão apenas criando coisas."

As "coisas" podem ser um problema real quando se tenta diferenciar. O impulso de construção de marca para ser distinto é o que impulsiona a função de marketing para gerar histórias e muitas delas na esperança de que algo perdure. Este problema parece piorar se a organização for grande. As organizações globais carecem de sensibilidade e capacidade de resposta do cliente em comparação com seus concorrentes pequenos e médios, que são mais focados. As linhas de comunicação são mais longas; há mais burocracia, e mais pessoas com voz ativa. Como Katie observou:

> [...] quando você tem grandes empresas, eu sinto que há "muito cacique para pouco índio" em torno do desenvolvimento de suas mensagens e de sua diferenciação.

Este ponto é algo com o qual Robson, presidente de telecomunicações, concordou:

> Vejo mais Mar de Mesmice quando olho para os grandes players do que quando vejo algumas das abordagens puramente regionais ou mais focadas [...] grandes empresas de telecomunicações, tanto regionais quanto globais, têm muito para planejar e uma variedade grande de produtos. Elas servem a tantos clientes diferentes, e competem contra tantos concorrentes, que não têm a fidelidade para realmente extrair a diferenciação.

A ideia de fidelidade é crucial para a criação de propostas de valor diferenciadas. Tem a ver com o grau de adequação de sua proposta de valor a contextos particulares e às necessidades particulares dos clientes. A fidelidade permite a você e, portanto, ao cliente, cortar as bobagens e selecionar apenas as coisas realmente valiosas que são necessárias para que a oferta se destaque.

Diferenciação significa algo diferente dependendo da função das pessoas

Quando perguntamos sobre o papel desempenhado pelos setores de vendas e marketing no trabalho de diferenciação, ficamos impressionados com o que Bob, diretor-comercial de uma grande empresa de serviços de construção, tinha a dizer. Ele apontou para um desafio fundamental nas organizações que depende do debate sobre diferenciação e distinção. Em termos simples, os profissionais de marketing clássicos são treinados para enfatizar a construção e o reconhecimento da marca em um nível genérico e os profissionais de vendas são treinados para buscar e entender quais soluções específicas os clientes estão procurando. As equipes de vendas e de marketing operam em diferentes níveis de análise. Na verdade, eles têm visões de mundo diferentes. Veja o que Bob disse:

> Em termos de diferenciação, acho que os profissionais de marketing percebem que se trata apenas de construir uma marca e gerar reconhecimento de marca. Eu vejo a diferenciação como saber o que você está fazendo e por que o está fazendo, e por que está colocando algo no mercado. Eu acho que muitos profissionais de marketing realmente não entendem isso, eles não entendem a base de clientes, ou compreendem a verdadeira base da diferenciação, apesar do que eles vão dizer a você.

Acreditamos que essa diferença de perspectiva entre vendas e marketing precisa ser destacada. Se o marketing não tem nenhum papel na coleta de inteligência de mercado, nem na produção de propostas de valor específicas para o cliente, tudo o que lhe resta é o trabalho de comunicação corporativa e relações públicas — pior ainda, é chamado pejorativamente de "departamento decorativo". Quando isso acontece, ele é identificado como um agente menos importante na organização. Isso não é para argumentar que a construção e o reconhecimento de marca devem ser descartados e banalizados; como explicamos antes, o que estamos dizendo é: não caia na armadilha de pensar que a construção e o reconhecimento de marca é sua singular e fundamental fonte de diferenciação no B2B.

Não use a palavra diferenciação quando se referir à distintividade

Muitas das pessoas com quem falamos reconheceram que o trabalho de diferenciação não deve ser confundido com o trabalho de distintividade. O que é muito claro é que diferenciação significa coisas diferentes para pessoas diferentes e que, muitas vezes, quando os profissionais de marketing falam de diferenciação, eles na verdade querem dizer reconhecimento e proeminência da marca em vez da diferença competitiva da proposta de valor. Martin, diretor-comercial de uma grande empresa de serviços de construção, enfatizou a importância de se ter um bom entendimento do que as pessoas na organização realmente querem dizer quando falam em diferenciação:

> Sim, muito, mas acho que você precisa definir o que quer dizer com diferenciação. E eu acho que muitos profissionais de marketing falam em diferenciação, e tudo se resume a diferenciar a marca e todos são dedicados em construir a marca e coisas do tipo, sem entender de verdade onde e como você está competindo na realidade.

Neste caso, a diferenciação é vista como uma evidência de negócios fechados, ao invés de sucesso em chamar a atenção.

Reconheça que a diferenciação opera em diferentes níveis de vendas e atividades de marketing

A inconsistência do que se entende por diferenciação também foi vista como problemática por Herbert, sócio-gestor de uma consultoria. Em particular, ele observou que existem diferentes níveis nos quais a diferenciação funciona — um nível genérico de diferença de marca e um nível de diferença customizada de acordo com a conta:

> Acho que o termo não é usado de forma consistente. Para mim, diferenciar em vendas é muito mais o que está na mente do cliente e eu diferenciar o que estou tentando vender a eles, de uma forma muito individualista [...] diferenciação em marketing é mais o que eu perceberia ser mais seus pontos de paridade e pontos de diferença [...] diferenciação em vendas é sobre o valor aos olhos de quem vê. De outra forma, o marketing é muito mais, penso eu, conduzido a um nível mais geral.

Aqui a diferenciação em um contexto de vendas é entendida como algo único que emerge entre as pessoas durante uma interação de vendas e não como algo intrínseco a produtos que podem ser escritos e comunicados de forma geral.

Certifique-se de que a diferenciação está no centro de seu modelo de negócios e não seja apenas uma ideia vinda a partir da comunicação

Se o marketing é visto apenas como a função de conscientização de marca e de geração de leads, muitas vezes essa área não tem outra escolha a não ser concentrar-se na criação de distintividade, ou simplesmente esperar pelos executivos da empresa para fazê-lo. De fato, alguns profissionais de marketing reconhecem que alcançar diferenciação não é de sua competência e isso pode criar problemas em termos de comunicação autêntica, como nos disse Regina, vice-presidente de marketing de uma empresa de processamento de dados de médio porte:

A diferenciação não é criada por profissionais de marketing. Ela é criada quando se forma o negócio. E, se o negócio não for formado com isso em mente, então vai ser muito difícil para uma organização de marketing compensar essa diferenciação de forma crível.

A diferenciação crível é central para um desempenho comercial de sucesso. A diferenciação precisa ter uma ligação direta com a substância da proposta a partir de uma visão geral do ponto de vista do cliente. Se as alegações de marketing não têm uma conexão óbvia com os problemas do mundo real do cliente, então você está se encaminhando para problemas, como Jerry, proprietário de uma consultoria de marketing, nos disse:

> [...] com palavras você tem que ter substância para dizer algo, a menos que esteja preparado para escrever bobagens. Falta de substância significa que você está preparado para escrever catálogos ou textos simplistas [...] se não há substância suficiente por trás da oferta, não há diferença suficiente, então é genérico e está se reduzindo ao preço. Nada mais do que preço ou conveniência.

Evite a diferenciação "mística" a todo custo

A proximidade com o cliente é essencial no caso de setores de mercado especializados e compradores sofisticados e, como já observamos, muitas vezes ocorrem erros quando profissionais de marketing com formação B2C tentam aplicar as mesmas regras de comunicação de apelo emocional usadas em B2C para B2B e ignoram as realidades comerciais. Como Terry, CEO de uma empresa de telecomunicações, explicou, foi a proximidade ao cliente que impulsionou a superioridade e diferenciação do produto em vez da distintividade da marca ou o que ele chama de "diferenciação mística":

> Acho que não temos desafios de diferenciação; tenho muita experiência direta com o cliente. Ao longo dos anos, tentei fazer diferenciação mística até mesmo para vender a emoção de um telefonema. No final, vendemos com força a superioridade do produto a compradores muito sofisticados, e tentamos fazer com que eles vendam usando argumentos convincentes.

O risco aqui é que as empresas fiquem obcecadas com questões de imagem de marca em detrimento das necessidades reais dos clientes. Jeff, um presidente de unidade de negócios que já atuou como *Chief Information Officer* (CIO), deixou isso bem claro quando nos disse:

> Na maioria das empresas com as quais já trabalhei ou para as quais já trabalhei [...] as pessoas não entendem que o foco quase exclusivo na diferença ou nas coisas que o diferenciam como fornecedor é o que realmente importa. Muitas vezes queremos comunicar todas as coisas que fazemos que podem ou não ser relevantes para a questão da diferenciação.

A complexidade e o desafio de evitar a proposta de valor de mesmice pode ser mostrada usando a ideia de Pilha de Valor (Kelly, Johnston e Danheiser, 2017). Isso significa pensar em múltiplas propostas de valor como camadas que representam níveis crescentes de personalização e granularidade da proposta. A base da pilha tem que ser uma compreensão completa do que está acontecendo na vida comercial do cliente e só funciona quando é uma informação específica dos clientes sobre suas dores e aspirações comerciais. A partir dessa base podem ser gerados temas de valor que reúnam combinações de soluções individuais de produtos/serviços. Por exemplo, uma variedade de soluções pode ser organizada sob, digamos, um tema de agilidade comercial, um tema de digitalização futura ou um tema de segurança digital. Soluções individuais podem voltar-se para mais de um tema de proposta. Estas podem então ser direcionadas a verticais, contas específicas e outras funções de tomada de decisão ainda mais específicas na conta do cliente. Assim:

> Base da pilha = profundo entendimento do cliente a partir de reuniões presenciais.
> Camada temática = produtos/serviços organizados em temas que refletem os principais problemas dos clientes.
> Camada vertical = propostas direcionadas a diferentes setores do mercado. Camada da conta = propostas direcionadas a clientes dentro de um setor.
> Camada da DMU (unidade de tomada de decisão, na sigla em inglês) = os principais influenciadores e tomadores de decisão dentro de uma conta.

O que realmente o diferencia de seus concorrentes?

Houve algo muito interessante que surgiu quando exploramos esta questão. Por um lado, as pessoas nos falaram sobre a importância da *diferenciação* do produto. No entanto, mesmo que isso possa trazer valor funcional prático para o cliente, como já mencionamos, isso pode ser uma vantagem de curta duração e deixar você propenso a uma comunicação orientada por características. Por outro lado, todos mencionaram que acreditavam que a forma como faziam negócios os diferenciava. Chamamos isso de *CX ou diferenciação de experiência do cliente*, e acreditamos que é central para a busca da diferenciação B2B. O CX foi retratado como inimitável, difícil de se fazer engenharia reversa e envolve:

- diferença em uma abordagem pessoal frente a frente com os clientes;
- diferença no reconhecimento do problema e na experiência de resolução que os clientes recebem;

- diferença em estilo de engajamento colaborativo;
- diferença embutida nas interações de confiança entre as pessoas.

A diferenciação CX está relacionada com a natureza cultural, pessoal e interpessoal da organização. Jeff, presidente da unidade de negócios de uma grande organização de serviços de TI, nos disse:

> A diferenciação não é apenas o que se vende, mas como se vende. Obtenha as melhores e mais capazes pessoas que você puder para poder entender o impacto de sua solução nos negócios, em vez das partes do conjunto de recursos.

Estamos falando aqui de uma visão de diferenciação baseada em recursos em vez de uma visão de posicionamento e ela atinge o cerne da diferença na abordagem de diferenciação adotada pelas vendas e marketing. A diferenciação CX depende de garantir que seu negócio desempenhe um papel significativo no mundo do cliente. A diferenciação CX atinge um tipo de diferença competitiva que a diferenciação do produto não consegue. Tom, dono de um negócio, ex-CEO e consultor administrativo certificado de uma agência de publicidade, afirmou:

> O que vi em minha carreira é que não há muita diferenciação entre um produto ou outro, mas descobri que, se você puder encontrar uma faísca e conseguir dizer o que é diferente e significativo em uma empresa, então você realmente deve aproveitar isso. Por exemplo, a empresa X escolheu fazer sua marca prometer tudo sobre o suporte ao cliente — um suporte fanático. Eles adotaram isso em toda a organização e aproveitaram em comparação com outras marcas no espaço.

Diferenciação e mesmice vêm em variedades boas e ruins

Uma das coisas realmente interessantes que observamos em nossas entrevistas e que nos surpreendeu foi o fato de que a diferenciação e a mesmice podem vir em variedades boas e ruins. Reconhecer isso e fazer o julgamento apropriado à diferenciação ou mesmice é uma competência crítica. Aqui, mais uma vez fomos alertados sobre as habilidades das pessoas na busca da diferenciação.

A **boa diferenciação** repercute nas necessidades do cliente e dá valor pelo qual ele pagará.

A **diferenciação ruim** confunde a distintividade e a criação superficial de imagens com diferenciação.

Uma abordagem crítica para uma boa diferenciação é ser capaz de fazer perguntas difíceis sobre a verdadeira relevância das ofertas que você está oferecendo aos clientes. Robson, presidente de telecomunicações com experiência em vendas, fala sobre forçar a questão da diferenciação:

> Eu forço a questão ao articular claramente sua diferenciação. Trata-se de não fingir que você tem algo diferencial quando tudo o que você realmente tem é ser "mais um". Eu testo se realmente entendemos o que o cliente quer e se temos algo que é diferente, especial e de destaque.

Uma boa diferenciação também passa pelos dois sentidos. A menos que o fornecedor possa se apropriar do valor do negócio assim como o cliente, então isso é comercialmente impraticável e deixa você propenso à adoração do cliente e desperdício de dinheiro. Como Robson nos explicou:

> É vital que você possa realmente identificar a diferenciação e garantir que o cliente a valorize e realmente queira pagar por ela. Se você tem algo único, mas os clientes não o valorizam ao ponto de pagar por isso, então ele não é realmente valioso.

A **mesmice do mal** segue o rebanho de maneira impensada e transforma o produto/serviço em uma mercadoria pura e simples.

A **mesmice do bem** reduz o risco do investimento e economiza tempo.

John, investidor empresarial e diretor de desenvolvimento de produtos e marketing estratégico, explicou que:

> A diferenciação é afetada pela atitude em relação ao risco. Seguir o rebanho é para quem tem aversão ao risco. No entanto, isso tem um espaço.

A mesmice do bem significa não reinventar a roda e inovar desnecessariamente. Se for possível obter participação de mercado e lucros suficientes por ser semelhante à concorrência, então pode ser apropriado seguir a multidão em algumas circunstâncias.

No entanto, o principal aprendizado é que experiência comercial e sabedoria são necessárias para tomar decisões boas e ruins. O que nos foi dito foi que as diferenciações de produtos e serviços eram apenas manifestações superficiais de algo muito mais profundo que residia nas habilidades dos executivos responsáveis pela diferenciação.

Diferenciação e distintividade não acontecem por si só

Esta pode parecer uma afirmação muito óbvia, mas queremos enfatizar que a diferenciação tem que ser fundamentada na realidade do cliente. Não se pode inventar e não pode ser abstrata ao ponto de não ressoar diretamente com os clientes reais e suas reais necessidades. A diferenciação não é uma indulgência intelectual. Não é a arte de criar novas palavras; não se pode transformar uma oferta indiferenciada em uma diferenciada porque o cliente perceberá o que foi feito.

A partir de nossas entrevistas, surgiu um quadro claro que indicava que a eficácia da diferenciação estava inextricavelmente ligada à habilidade das pessoas e a sua capacidade de:

- diferenciar-se no bom sentido;
- entender o que significa diferenciação e como ela difere de distintividade;
- reconhecer e administrar os paradoxos que elas enfrentam;
- fazer o julgamento necessário de quando é preciso se diferenciar e quando é melhor ser semelhante;
- reconhecer o significado vital das habilidades sociais e de ter interações diretas frente a frente com os clientes.

Esta é uma questão cultural e parece claro que a diferenciação e a distintividade se tornam o que as pessoas em sua organização supõem que estes dois conceitos são para elas. A diferenciação será definida pelo apetite das pessoas em sua organização para enfrentar problemas, vencer limites, desafiar suposições e assumir riscos. Isso é algo significativo. Isso demonstra que o tipo de diferenciação e distintividade que você obtém tem suas raízes no que seus funcionários pensam sobre esses conceitos de antemão. Então, em sua organização, o que significam estas palavras? A que elas se referem? Que decisões e ações acontecem como resultado? Se você acha que diferenciação é mudar a cor do papel timbrado, fazendo o que você sempre fez, ou seguindo o rebanho porque há menos risco de ser demitido — então adivinhe... esse é exatamente o tipo de diferenciação que você obterá.

Finalmente, uma das maiores armadilhas a serem evitadas é assumir que a diferenciação só ocorre com produtos. É claro que, intuitivamente e por experiência própria, muitas das pessoas com quem falamos sabem disso. Dito isso, vale a pena explicitar isso, portanto, aqui estão algumas considerações gerais.

TABELA 2.1 Considerações sobre o foco do valor

O quê	Foco de valor diferenciado
Receita	Modelo de preços e pagamento
Produtos	Função e utilidade
Serviço	Relacionamento: confiança, colaboração, acesso à rede comercial
Experiência	Atenção, resolução de problemas, utilidade, uniformidade
Canal	Modelo de negócios, integração omnicanal

Um último pensamento provocativo vem da vice-presidente de marketing Christine:

> Eu defino isso em termos mais clássicos. A diferenciação é o conceito de: qual é o problema discreto e tangível que você está resolvendo para o cliente.? Ou qual é a discreta oportunidade de receita intangível que você está possibilitando para ele? É uma questão de dor ou de ganho. Qual é a dor que seu produto ou solução está removendo? Ou qual vantagem o usuário está obtendo com isso?

Parece claro que a questão fundamental da diferenciação significa que ela tem que ser fundamentada na realidade, tem que abordar o problema do mundo real do cliente e fazer com que você tenha que entender profundamente a vida comercial dele. Não se pode fazer diferenciação B2B por trás de uma mesa. Nas negociações de empresas para empresas, não se pode construir uma diferença significativa e realista apenas com palavras e imagens. Esta é uma questão de cultura organizacional, liderança e mindset profissional — algo que abordaremos em detalhes no Capítulo 10.

EXERCÍCIO RÁPIDO

Onde você pontua em diferenciação boa ou ruim?

Norman, líder de marketing, falou sobre o que ele chamou de diferenciação "legítima" — esta é uma diferenciação que se baseia na realidade cotidiana do mundo do cliente. Esta é uma boa diferenciação. A diferenciação ruim carece de uma conexão com a realidade do cliente, depende do marketing interno e enfatiza a imagem em detrimento do substancial. Pensando sobre a diferenciação em sua organização, onde você colocaria a abordagem adotada em seu caso? Você pode separar a função de vendas e marketing colocando V para vendas e M para marketing na escala de 1 a 5.

Quais problemas são levantados pela busca de diferenciação em sua organização?

FIGURA 2.1 Escala de diferenciação boa e ruim

Diferenciação ruim				Diferenciação boa
1	2	3	4	5
Distante dos problemas do mundo real do cliente				Muito próximo dos problemas do mundo real do cliente
Propostas genéricas				Propostas personalizadas
Detalhes de uma ampla variedade de produtos				Soluções com foco técnico
				Fortes interações sociais

Conclusão

- É MUITO difícil se diferenciar de uma forma que ressoe com o cliente, que seja melhor do que a concorrência e que seja algo pelo qual o consumidor vai pagar.

- Diferenciação não é o mesmo que distintividade — ambos têm uma função.
- Você precisa investir, de maneira ponderada, tempo, esforço e recursos para se diferenciar — esse tempo pode, muitas vezes, acabar sendo realocado para a resolução de problemas cotidianos.
- ***Presume-se* que a diferenciação aconteça no nível do produto**. Quando perguntados sobre o desafio de criar, quase todos disseram "nossos produtos são os mesmos" e a verdadeira diferença acontece na forma como interagimos e nos engajamos com nossos clientes. É uma questão de pessoas, não de produtos.

Chegamos a um ponto em que estamos interessados em desenvolver a competência profissional para criar uma boa diferenciação e analisar mais de perto a questão: "Quais são as *coisas relacionadas a pessoas* que fazem sua empresa se destacar?" O próximo capítulo trata de cinco áreas-chave de competência que são necessárias para nadar para longe do Mar de Mesmice.

Referências e leituras adicionais

AMABILE, T. M. *Creativity in Context: Update to "The social psychology of creativity"*. Boulder: Ed. Westview, 1996.

ARGYRIS, C. *On Organizational Learning*, 2ª edição. Nova Jersey: Ed. Wiley-Blackwell, 1999.

BANKER, R., MUSHRUWALA, R. e TRIPATHY, A. Does a differentiation Strategy lead to more sustainable financial performance than a cost leadership strategy? *Management Decision*, 52 (5), pp 872-96, 2014.

CLIFT, J. Millward Brown on why salience isn't everything — and magazines still matter. WARC Event Reports, *Magnetic Breakfast*, mai. 2016.

FULMER, W. E. e GOODWIN, J. Differentiation: begin with the consumer, *Business Horizons* (set-out), pp 55-63, 1988.

Kahneman, D. *Rápido e Devagar: duas formas de pensar*. Rio de Janeiro: Ed. Objetiva, 2013.

Kelly, S., Johnston, P. e Danheiser, S. *Value-ology: Aligning sales and marketing to shape and deliver profitable customer value propositions*. Londres: Ed. Palgrave Macmillan, 2017.

Kim, W. C. e Mauborgne, R. Blue ocean strategy: from theory to practice, *California Management Review*, 47 (3), 2005.

Kowalkowski C. et al. Servitization and deservitization: overview, concepts, and definitions, *Industrial Marketing Management*, 60, pp 4-10, 2017.

Levitt, T. Marketing success through the differentiation of anything, *Harvard Business Review*, Janeiro, 1980.

MacMillan, I. C. e McGrath, R. G. Discovering new points of differentiation, *Harvard Business Review*, 75 (4), pp 133-41, 1997.

Morgan, G. *Imagens da Organização* (edição atualizada). Londres: Ed. SAGE, 2006.

Parnell, J. e Brady, M. Capabilities, strategies and firm performance in the United Kingdom, *Journal of Strategy and Management*, 12 (1), pp 153-72, 2019.

Petty, R. E. e Cacioppo, J. T. The elaboration likelihood model of persuasion, *Advances in Experimental Social Psychology*, 19, pp 124-29 doi:10.1016/ s0065-2601(08)60214-2, 1986.

Reid, S. E., de Brentani, U. e Kleinschmidt, E. J. Divergent thinking and market visioning competence: An early front-end radical innovation success typology, *Industrial Marketing Management*, 43, pp 1351-61, 2014.

Rigby, D. K., Gruver K. e Allen, J. Innovation in turbulent times, *Harvard Business Review*, 79, jun. 2009.

Ritson, M. Distinctiveness doesn't need to come at the cost of differentiation, *Marketing Week*, 28 mar. 2019.

Roach, T. The stupidity of sameness and the value of difference, *BBH Labs,* 2019 Disponível em: <bbh-labs.com/the-stupidity-of-sameness-and-the-value-of-difference/>. Arquivado em: <perma.cc/P6PX-Y46G>.

ROMANIUK, J., SHARP, B. e EHRENBERG, A. Evidence concerning the importance of perceived brand differentiation, *Australasian Marketing Journal*, 15 (2), 2007.

SHARP, B. Differentiation vs distinctiveness, Blog *Marketing Science*, 2008 Disponível em: <byronsharp.wordpress.com/2008/04/10/differentiation-vs-distinctiveness/>. Arquivado em: <perma.cc/2DTQ-CE35>.

SHARP, B. e DAWES, J. What is differentiation and how does it work? *Journal of Marketing Management*, 17 (7-8), 739-59, 2001.

VANDERMERVE, S. Servitization of business: adding value by adding services, *European Journal of Management*, 6 (4), 1988.

VON RESTORFF, H. Über die Wirkung von Bereichsbildungen im Spurenfeld [Sobre os efeitos da formação de uma estrutura no campo dos traços] *Psychologische Forschung*, pp 299-342, 1933.

WEST, C. What happens now that neobanks aren't new? White Paper, Verbal Identity, 2020.

03

A estrutura de competências V.A.L.U.E. — competências centrais para diferenciação B2B

Neste capítulo, nós vamos:

- apresentar a estrutura de competências "Value" — competências críticas para ajudá-lo a nadar para longe do Mar de Mesmice, e conectar-se ao valor do cliente;
- explicar como foi desenvolvida a estrutura "Value" e a importância de cada uma de suas competências.

À esta altura, já deve estar muito claro que este livro trata das competências, atitudes e comportamentos que os líderes empresariais e profissionais de marketing e vendas precisam desenvolver para ajudar sua organização a nadar para longe do "Mar de Mesmice", em direção à "ilha da singularidade". Para ser aceito na ilha da singularidade, você deve ser capaz de demonstrar um valor único para seus clientes. Neste ponto, você deve estar se destacando da concorrência por estar se diferenciando de maneiras que são importantes para eles, tornando mais fácil que eles escolham você, em vez de um outro qualquer. A chegada ao Nirvana da chamada "ilha da singularidade" requer a demonstração do que nos referimos como competências V.A.L.U.E.

Sabemos que a definição de competência, como muitos outros termos em gestão, pode ser contestada. A definição que nós gostamos e usaremos ao longo deste livro é:

> Uma competência é o conjunto de padrões de comportamento que o responsável precisa trazer para uma posição a fim de desempenhar suas tarefas e funções com competência (Woodruffe, 1993, p. 29).

Em outras palavras, você tem que ser bom em fazer as coisas que lhe pagam para fazer no cargo que você tem. Nós somos compelidos por uma ideia do ator britânico Stephen Fry:

> Nós não somos substantivos, somos verbos. Eu não sou uma coisa — um ator, um escritor — eu sou uma pessoa que faz coisas — escrevo, atuo — e agora nunca sei o que vou fazer a seguir. Eu acho que você pode ficar preso se pensar em si mesmo como um substantivo (Tim Lusher, *Guardian*, 2010).

Neste livro, nós apresentamos as competências nas quais as pessoas precisam ser boas para fazer seu trabalho como líderes, profissionais de vendas ou profissionais de marketing no que se refere a ajudar suas organizações a se diferenciarem de forma convincente e significativa para os clientes, ao mesmo tempo em que dão retorno para sua própria organização. Isso é o que chamamos de boa diferenciação.

Competências V.A.L.U.E. — quais são elas?

Nos dois primeiros capítulos, vimos como, por meio de pesquisas anteriores, identificamos o problema da mesmice e por que acreditamos que isso está acontecendo. Neste capítulo, apresentaremos uma estrutura que é memorável, prática e está em sintonia com as competências necessárias para diferenciar sua organização hoje, amanhã e no futuro.

O que melhor que uma estrutura cujos componentes juntos significam *VALUE* [VALOR, em inglês] (Figura 3.1)? Aqui daremos apenas uma breve introdução ao que são as competências, pois nos capítulos que seguem cada uma das competências serão discutidas em detalhes. Depois de introduzirmos as competências, explicaremos como as desenvolvemos com base em uma combinação de nossas próprias pesquisas, outras pesquisas confiáveis, através de discussões com profissionais, misturadas com nossa própria experiência de trabalho em e com numerosas organizações.

V = Visionário (Visionary)

As definições do dicionário da palavra "visionário" normalmente falam de uma pessoa com ideias originais sobre como poderia ser o futuro. Os visionários são vistos como pessoas com visão e imaginação, com capacidade de prever o que pode acontecer no futuro. Por outro lado, os visionários podem ser vistos como sonhadores ou irrealistas

Quando usamos o termo "competência de visionário", pensamos em alguém que possa fornecer uma visão singular e perspicaz do que o futuro pode reservar para seu cliente. Os visionários devem ser sagazes nos negócios, pois precisam ser capazes de descrever para o cliente um mundo futuro que eles possam ajudar a acessar. A visão do futuro precisa estar no que Barta e Barwise (2017) chamam de "Zona V" de criação de valor, onde as necessidades futuras do cliente podem ser satisfeitas de forma lucrativa pela empresa vendedora.

FIGURA 3.1 Estrutura de competências V.A.L.U.E.

Competência	Símbolo	Descrição
V **Visionário** (**V**isionary)		Competências de visionário são necessárias para prever mudanças potenciais no ambiente comercial de forma mais abrangente, e para descrever para os clientes como o ambiente em mudança pode afetá-los.
A **Ativador** (**A**ctivator)		Competências de ativador são necessárias para obter a adesão a iniciativas que estão sendo desenvolvidas para proporcionar diferenciação no mercado e para impulsionar o crescimento do negócio.
L **Aprendiz** (**L**earner)		Como os profissionais aprendem efetivamente com as mudanças no ambiente, com o que seus clientes valorizam e com o que diferencia seu negócio dos concorrentes.
U **Utilidade** (**U**sefulness)		As competências de utilidade são sobre diferenciação de uma forma que seja relevante e ressoe com os clientes. Alinhar-se às necessidades dos clientes requer propor soluções práticas.
E **Avaliador** (**E**valuator)	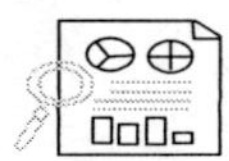	As competências de avaliador são necessárias para dar sentido às escolhas disponíveis aos clientes, à lucratividade potencial e ao sucesso contínuo das campanhas de marketing e vendas.

Líderes empresariais, profissionais de marketing e vendas precisam ter visão, imaginação e ver o quadro geral a partir dos detalhes. Ser um visionário requer visão e criatividade para ajudá-lo a fazer algo significativamente diferente para seus clientes que o distinga dos concorrentes. Ao antever o futuro, você alerta seu cliente para mudanças que estão iminentes, na distância próxima, ou no horizonte. Para fazer isso, você precisa ser capaz de retratar o mundo futuro no contexto do cliente.

No ambiente atual, há muitas partes dinamicamente móveis: há o aumento do protecionismo norte-americano, a saída do Reino Unido da União Europeia, há dúvidas sobre de onde virão os próximos mercados internacionais de crescimento além dos BRICS, e temos visto mudanças dramáticas nas atitudes da sociedade em relação ao uso de plásticos, resíduos e aquecimento global. Estamos testemunhando atualmente uma quantidade vertiginosa de tecnologia que anda por aí: IA, blockchain, robótica, drones, impressão em 3D... ao mesmo tempo, muitos de nós já tiramos a poeira de nossas antigas coleções de discos de vinil em um retorno às coisas nostálgicas.

Quem teria previsto há alguns anos a ascensão da Uber ou da Airbnb? Então, você possui visionários em sua própria organização que têm ou podem desenvolver ideias originais sobre o que o futuro pode reservar para você e seus clientes?

POR QUE VISIONÁRIO?

Na pesquisa que realizamos para nosso livro anterior, *Value-ology*, no qual falamos em profundidade com vários líderes seniores de vendas e marketing, surgiu fortemente a necessidade de ser visionário para o cliente, de forma a ajudá-lo a criar novos valores. Por exemplo, Jeff, ex-diretor-geral de uma empresa de telecomunicações global, disse:

Então, você deve encontrar maneiras de agregar valor em seu entendimento da indústria do cliente, seus problemas comerciais e como você pode fazê-los sobreviver e prosperar.

Como La Rocca et al (2016, p 55), acreditamos que:

> Renovar a oferta e desenvolver novas maneiras de criar valor para o cliente é uma questão crucial para a administração em mercados contemporâneos em rápida transformação.

Para conseguir fazer o que Jeff está dizendo como um profissional sênior, você deve ter as competências de visionário para prever para onde "o cliente" e sua indústria estão indo. Sem isso, você não estaria criando as novas ofertas que La Rocca et al (2016) sugerem.

Setenta e quatro por cento dos líderes de marketing e vendas que pesquisamos disseram que ter a capacidade de ter "visão do futuro" era muito importante. Curiosamente, de acordo com a forma como vemos o que são as competências de visionário, 92 por cento disseram que a capacidade de "conectar os pontos" das necessidades do cliente às soluções da empresa era muito importante.

Vamos explorar em profundidade as competências de visionário no Capítulo 5.

A = Ativador (Activator)

Uma vez que você vai além das definições do dicionário químico e biológico, a ativação tem tudo a ver com deixar algo ou alguém *ativo*, fazendo com que ele aja. A definição do dicionário que mais gostamos é "colocar (um indivíduo) ou unidade na ativa" (dicionário Merriam-Webster).

Colocar um indivíduo ou unidade na ativa vai direto ao cerne do que queremos dizer por competências de ativador. Para ativar com sucesso, você precisa de um grupo de ativadores competentes. Para fazer qualquer coisa em organizações grandes ou pequenas, você precisa vender suas ideias, criar internamente uma adesão e mobilizar a equipe. Isso requer colaboração, persuasão e negociação. Além disso, você precisa de habilidades gerais de gestão de projetos e de um olho para fazer a bola rolar.

Do ponto de vista de vendas, há muito se reconhece que é necessário ativar todo um conjunto de pessoas na central de compras do cliente antes mesmo de considerar os usuários potenciais do serviço que se deseja vender. Sabemos que as organizações estão se tornando mais conservadoras em seu comportamento de compra e que o número de pessoas necessárias para fechar um grande negócio está agora em 6,8 (Toman, Adamson e Gomez, 2017). Há claramente problemas no mercado, pois sabemos que 58 por cento dos negócios terminam sem acordo porque o profissional de vendas não conseguiu convencer o cliente do valor da mudança (Qvidian, 2015). Há muitos livros vendidos que tentam lidar com as habilidades exigidas pelos profissionais de vendas para ativar a adesão do cliente em direção a uma venda. O que parece ter tido muito menos cobertura são as habilidades de ativação exigidas pela equipe de vendas e marketing para conseguir que sua própria organização crie e desenvolva soluções para seus clientes.

Então, seus profissionais de marketing e vendas são bons ativadores? Eles conseguem mobilizar pessoas e equipes para suas ideias? São capazes de colocar indivíduos ou unidades na ativa para ajudar a entregar suas ideias? Eles podem colocar-se no lugar de seus clientes para ativar e mobilizar o resto da organização para dar ao cliente um valor superior ao de seus concorrentes?

POR QUE A ATIVAÇÃO?

A partir de nossa experiência como profissionais que trabalharam em e com grandes organizações, sabemos que fazer com que pessoas com prioridades conflitantes se associem a suas ideias e se mobilizem para agir é um grande problema.

O desafio para os profissionais de marketing está em tentar ativar os profissionais de vendas para ajudar a conduzir os programas de marketing. Quando o marketing não envolve o setor de vendas no desenvolvimento da estratégia, esse setor vê as iniciativas daquele como ineficazes ou irrelevantes, o que significa que não apoiam os planos propostos (Rouziès et al, 2005).

Na pesquisa que realizamos para entender como as áreas de vendas e de marketing trabalhavam juntas para desenvolver propostas de valor, os profissionais foram unânimes sobre a necessidade de obter a adesão e os efeitos positivos que isso teve na ativação.

Por exemplo, Saskia, um diretor de marketing com experiência profissional em diversos setores e em várias grandes organizações, disse:

> Quando o marketing criava textos para clientes com a contribuição do pessoal de vendas, esses materiais eram utilizados em cem por cento das chamadas de vendas. Quando o marketing fazia as coisas sem envolver a equipe de vendas, você teria sorte de encontrar o uso de cerca de vinte por cento.

Em resumo, vemos as competências de ativador como a chave para oferecer valor ao cliente e acreditamos que os ativadores podem ajudar sua empresa a nadar para longe do Mar de Mesmice, em direção à ilha da singularidade.

Vamos explorar mais as competências de ativador no Capítulo 6.

Em nossa pesquisa, 89 por cento dos entrevistados disseram que a capacidade de executar as tarefas era uma competência muito importante, e setenta por cento disseram que a capacidade de criar adesão era muito importante.

L = Aprendiz (Learner) = Aprendizagem (Learning)

De todas as definições de *aprendizagem* que temos visto, as duas que nós adotamos são "o ato de experiência de alguém que aprende" e "adquirir conhecimentos ou habilidades ou uma tendência comportamental". Há uma grande diferença entre alguém que se senta em uma sessão de treinamento e não absorve nada e um aprendiz ativo que absorverá os novos conhecimentos e habilidades para fazer algumas mudanças comportamentais em um esforço para melhorar seu desempenho: mude o comportamento, mude os resultados, como costumam dizer.

O campo de negócios e marketing move-se rapidamente. Já demos uma breve olhada em algumas das vertiginosas tecnologias que não estavam disponíveis há alguns anos. Se você não se dedica a aprender e experimentar constantemente coisas novas, verá seu conhecimento, até mesmo seu trabalho, se tornar redundante. Embora, nas palavras de W. Edwards Deming (2000), "aprender não é obrigatório... a sobrevivência também não é".

Um aprendiz sempre quer aprender mais sobre mudanças no ambiente externo, clientes, concorrentes, novas tecnologias ou abordagens comerciais. Ser um "aprendiz" é, em primeiro lugar, um mindset e, em segundo lugar, uma mudança de comportamento. A pesquisa sobre os clientes não é algo que se pede de vez em quando para a equipe de pesquisa de mercado fazer. É um trabalho diário que requer um ciclo de aprendizado coeso entre o cliente, as vendas e o marketing. Especialmente em um mundo como o de agora, no qual os clientes passam os primeiros sessenta por cento do ciclo de compra coletando informações da internet e de sites antes de falar com um vendedor (pesquisa CEB).

Então, quantos aprendizes, pessoas que se dedicam à aprendizagem, sua organização possui? Quantos deles estão em vendas ou marketing? Você e sua equipe estão em dia com o que está acontecendo no mercado como um todo... e você mudou seu comportamento ou suas propostas de valor com base em algo novo que aprendeu?

> Apenas 63 por cento dos entrevistados achavam que "uma dedicação para aprender coisas novas era muito importante". Mas como você pode estar pensando no futuro, "conectando os pontos" para os clientes ou fornecendo-lhes coisas que são úteis se você não está constantemente aprendendo o que é importante? Noventa e dois por cento acreditavam que conectar os pontos para os clientes era uma competência importante.

Do nosso ponto de vista, a aprendizagem está no centro do que distingue as organizações; é por isso que a temos como uma competência-chave que abordaremos com mais profundidade no Capítulo 7.

U = Útil (Useful)

"Só porque você é singular, não quer dizer que seja útil."

Há duas definições da palavra "útil" que nós gostamos por razões ligeiramente diferentes. "Capacidade de ser usado para um propósito prático ou de várias maneiras" (dicionário Oxford) gostamos dessa porque acreditamos que as comunicações práticas que são desenvolvidas para os clientes devem ajudar a fazer avançar um problema comercial, o que por sua vez poderia melhorar a vida de seus próprios clientes ou funcionários. Isso se relaciona bem com a segunda definição, que é "ser útil para um fim ou propósito" (dicionário Merriam-Webster). Isso significa que, toda vez que você se comunica com um cliente, ele deve ser capaz de pensar que foi útil e que as informações ou conselhos recebidos podem ser utilizados para sua organização, clientes, ou para seu ganho pessoal. Se você procurar sinônimos de útil, você vai encontrar algo relacionado a acionável, aplicável e prático. Para ser acionável, o que você fornece ao cliente tem que ser relevante para ele. Você precisa de uma proposta de valor, que definimos como "Uma promessa de valor futuro esperado, ilustrando que os benefícios futuros e relevantes superarão o custo total de propriedade" (Kelly, Johnston e Danheiser, 2017), o que demonstra que, ao tomar medidas, elas terão retorno. O fundamental aqui é que o que você fornece é único e útil porque se o que você está oferecendo é diferente, mas não passa no teste da utilidade, você estará oferecendo ao cliente um garfo dobrado! É preciso facilitar a escolha do cliente em você porque você oferece algo unicamente útil.

FIGURA 3.2 Só porque você é singular...

Há um problema no mercado, pois sabemos que 94 por cento dos clientes dizem que se desconectaram de organizações porque elas lhes enviam "conteúdo" que não é relevante. Por outro lado, sabemos que 91 por cento dos executivos encaminharão informações úteis que recebem aos colegas (pesquisa CEB). Mesmo munidos desse conhecimento, falamos recentemente com uma organização de marketing B2B que espera enviar quase mil conteúdos aos clientes na segunda metade do ano. Se eles seguissem os conselhos de nosso livro anterior, *Value-ology*, estariam se comunicando de forma útil por meio de dois ou três temas relevantes para o que os clientes estão tentando alcançar — agilidade, produtividade, ou crescimento, por exemplo. Mas será que as organizações têm as competências para serem úteis... elas têm pessoas que entendem e podem oferecer *utilidade*?

Apostamos que suas organizações de marketing e vendas estão sobrecarregadas. Então, pergunte-se: o que você está fazendo é relevante e útil para os clientes? Você tem as competências para ajudá-lo a responder a esta pergunta e ser útil aos clientes... para superar seus concorrentes?

POR QUE ÚTIL(IDADE)?

Na pesquisa que realizamos para entender como as vendas e o marketing funcionavam juntos para desenvolver propostas de valor, os líderes dessas áreas com os quais conversamos foram muito eloquentes sobre a "utilidade", falando de seus méritos ou citando exemplos de práticas ruins.

Por exemplo, Erica, líder de marketing em uma empresa global de TI, disse:

> A Global IT Co. tem o que eu chamo de um monte de ofertas que são partes de tecnologia. Então, vamos vender um pouco do Dispositivo X; vamos vender um pouco do Dispositivo Y. Isso não significa nada para o cliente se você não colocar no contexto dele.

Erica parece estar sugerindo que a Global IT Co. está contribuindo para os 94 por cento das comunicações das quais os clientes se abstêm por não serem úteis ou relevantes. Para tornar útil a comunicação sobre o Dispositivo X, o profissional de vendas ou marketing precisa ser capaz de contextualizar para o cliente como o Widget os ajudará.

Saskia ressaltou que a utilidade é uma competência que se aplica também aos clientes internos, neste caso destacando o que os profissionais de vendas consideram ser um trabalho de marketing útil:

> O que as vendas geralmente acham mais útil são os materiais em que a história repercute absolutamente com nosso cliente e em que eles têm a capacidade de fazer pequenos ajustes ou personalizações.

Nós estamos certos de que não escapou de sua atenção que as competências V.A.L.U.E. estão interligadas e precisam funcionar em conjunto para ajudá-lo a diferenciar o valor do cliente. Aqui podemos ver uma estreita ligação entre utilidade e ativação; se o material de marketing produzido para vendas não repercutir, os clientes não se sentirão motivados para usá-lo.

E, finalmente, os profissionais reconhecem que a utilidade é uma competência difícil de ser dominada, especialmente no que diz respeito às propostas de valor.

Terry, um experiente vice-presidente de vendas com experiência em organizações globais de telefonia móvel e de tecnologia, disse que, para a produção de propostas de valor "úteis" e atraentes, é necessário:

> um nível de intelecto e capacidade analítica que talvez nem sempre seja uma exigência em uma força de vendas média. De certa forma, acho que ainda é uma habilidade bastante rara.

No Capítulo 8, falaremos com mais profundidade sobre a competência de utilidade e procuraremos lançar alguma luz sobre as "raras habilidades" que um mestre em utilidade precisa possuir.

Os 92 por cento dos profissionais de marketing e vendas que disseram que "conectar os pontos" era uma competência muito importante reconhecem isso como um teste definitivo de utilidade.

E = Avaliação (Evaluation) = Avaliador (Evaluator)

Nós vemos as competências de avaliação como primordiais em diferentes fins do ciclo de marketing e vendas. O ponto de partida da avaliação está muito conectado com as competências de visionário. Como saber qual valor uma oportunidade potencial pode ter no futuro? Portanto, enquanto um visionário teria que ser o tipo de pessoa que pode ter uma visão original de para onde o futuro pode levar o cliente, isso precisa ser mesclado às competências mais analíticas do lado esquerdo do cérebro para avaliar o valor potencial de uma oportunidade futura.

Todos nós já vimos o burburinho em torno do "big data", tema que chega a até mais de cinco milhões de artigos no Google Acadêmico. Simplificando, big data se refere à capacidade potencial de coletar e analisar as grandes quantidades de dados que estão sendo geradas atualmente no mundo, desde transações de supermercados até as fotografias que colocamos no Facebook e no Instagram. Com todos os dados que supostamente estão disponíveis para as áreas de marketing e de vendas, você e sua equipe têm as competências de avaliação para dar sentido ao que os dados estão dizendo? Seus funcionários podem fornecer interpretações únicas dos dados que os concorrentes talvez não vejam?

Na outra ponta do ciclo está a análise dos resultados dos programas de marketing e vendas. Todos nós ouvimos o ditado erroneamente atribuído a Lorde Leverhulme: "Metade do meu orçamento de marketing é desperdiçado, só não sei qual das metades." É claro que essa aparente falácia contém uma mensagem muito séria porque é difícil provar o impacto, particularmente dos programas de marketing. O advento das mídias sociais e das tecnologias da internet facilitou a mensuração de uma série de coisas: visualizações de páginas, taxas de cliques etc., mas estas podem estar separadas dos números reais de vendas e lucratividade.

Então, você ou seus funcionários podem realmente demonstrar o ROI [Retorno sobre investimento]? O CMO tradicionalmente não é tão reconhecido pelo CEO ou CFO devido à dificuldade que ele parece ter para medir o retorno. Então, você tem as competências para avaliar novas oportunidades potenciais, programas de marketing e vendas? Ou você está apenas supondo?

POR QUE AVALIAÇÃO?

Isso não é particularmente um problema para os profissionais de vendas, pois, geralmente, se eles atingem seus números de vendas e receita, está tudo em ordem. Dito isso, sabemos que apenas 54,3 por cento dos profissionais de vendas atingem a meta em qualquer momento analisado (CSO Insights, 2018). Para os profissionais de marketing, este é um sinal de alerta; há muitas pesquisas por aí que mostram que a aparente falta de capacidade de monitoramento dos profissionais de marketing é talvez o principal fator que prejudica a reputação e a carreira dos CMOs. Uma pesquisa recente da Deloitte Touche sobre CMOs descobriu que, ao perguntar quais eram os três principais fatores de sucesso para os CMOs, o uso de dados de clientes veio em primeiro lugar, com a prova do impacto quantitativo vindo em quarto. Não é surpresa que os CMOs tenham a menor estabilidade dentro da diretoria-executiva, pois cada vez mais se espera que assumam um papel mais estratégico e forneçam números. Se eles não conseguirem falar a linguagem do valor e da margem operacional para os acionistas, eles não ressoarão com o CFO e o CEO, o que só pode acelerar sua saída.

Já vimos que os profissionais de marketing frequentemente medem as coisas de maneiras diferentes para as vendas e sabemos que isso pode causar tensões. Kyle, presidente de uma empresa global de processamento de dados, ao falar de uma posição anterior como líder de vendas, disse:

> Me lembro de todo o quadro de avaliação do marketing sendo atingido enquanto minha avaliação inteira estava no negativo; isso simplesmente não podia estar certo.

Sentir a necessidade de ter que provar que o marketing tem valor para ter credibilidade conferida pode muitas vezes levar à tensão com as vendas. Davina, vice-presidente de marketing de uma fintech global, e veterano de cinco empresas blue-chip[3] em diferentes setores, disse:

> Acho que é um equilíbrio muito delicado, sabe, porque não estamos tentando reivindicar nenhum território, mas sim tentando provar o valor e o ROI do que estamos fazendo. E isso eu acho que é um ponto de tensão.

O que Davina está sugerindo com essa fala é que a pressão para provar valor às vendas e à organização em geral pode levar o marketing a reivindicar em demasia o papel que eles podem ter desempenhado para trazer negócios que já poderiam ter sido fechados.

O ponto aqui é que esse é um problema específico para os profissionais de marketing, afetando a reputação pessoal, as perspectivas de carreira, as relações com outros atores-chave de que eles precisam ao seu lado e, crucialmente, a capacidade de deixar os casos coerentes para solicitar mais orçamento.

No Capítulo 9, analisaremos as competências de avaliação

---

3. O termo blue-chip vem do poker, em que fichas são apostadas e a ficha azul (blue chip) é a de maior valor. Empresas blue-chip são as companhias maduras que representam os pilares de uma indústria. [N.E.]

necessárias para mudar a reputação dos profissionais de marketing e ajudá-los a investir em programas que ajudem a diferenciar suas organizações.

> O fato de apenas quarenta por cento dos entrevistados de nossa pesquisa verem a "análise de dados" como uma competência "muito importante" é um reflexo dela como uma competência emergente que acreditamos que tomará a dianteira no futuro. No nosso entender, os 89 por cento que consideraram "capacidade de execução" como muito importante só podem provar que uma execução é eficaz com uma avaliação robusta.

O que está por vir?

O resto do livro se concentra na pesquisa específica que realizamos para entender a visão profissional sobre as competências necessárias para que as equipes de vendas e de marketing ajudem suas organizações a se destacarem de formas a gerar ressonância com os clientes... a boa diferenciação. A pesquisa de competência envolveu entrevistas com líderes de negócios, profissionais de vendas e de marketing; um questionário de competência de profissionais; discussões com líderes de opinião e especialistas (por exemplo, empresas de recrutamento); e conversas comerciais com profissionais.

Antes de nos aprofundarmos em questões sobre competências, nós queríamos entender como as funções de marketing e de vendas são percebidas, o que abordaremos no Capítulo 4. Depois, entre os Capítulos 5 e 9, analisaremos em profundidade cada uma das competências VALUE.

Como você se sai em relação a nossa estrutura de competências?

Então, agora que você aprendeu sobre nossa estrutura de competências V.A.L.U.E., aqui está uma simples ficha de pontuação de autoavaliação de competências para você refletir sobre como é o seu desempenho em cada uma das competências. Primeiro, pense em como você se sai pessoalmente nas cinco competências. Dê a si mesmo uma pontuação de 1 a 10, sendo 1 ruim e 10 excelente, e anote o que você faz bem em cada área de competência, e o que precisa melhorar. Na parte inferior da coluna "você", some sua pontuação geral e faça algumas observações sobre seus pontos fortes e as principais oportunidades de melhoria.

Em seguida, pense na equipe que você integra e siga o mesmo processo de pontuação feito para si mesmo. Desta vez, anote os pontos fracos e fortes da equipe e chame quaisquer indivíduos do time que você achar que são fortes em uma área de competência. Após somar a pontuação total da equipe, faça algumas observações gerais sobre onde estão as principais oportunidades de melhoria.

TABELA 3.1 Ficha de pontuação de autoavaliação de competências

Competência	Você	Equipe
Visionário		
Ativador		
Aprendiz		
Utilidade		
Avaliador		
Total		

Referências e leituras adicionais

BARTA, T. e BARWISE, P. *The 12 Powers of a Marketing Leader: How to succeed by building customer and company value*. Nova York: Ed. McGraw-Hill Education, 2017.

CSO Insights. Selling in the Age of Ceaseless Change: The 2018–2019 Sales Performance Report, 2018.

Deloitte Touche Tohmatsu Limited. CMO Survey Fall 2019: What insights can we gain from marketing leaders?, 2019 Disponível em: <www2.

deloitte.com/us/en/pages/chief-marketing-officer/articles/cmo-survey.html>. Arquivado em: <perma.cc/ 6N3V-ELNQ>.

Deming, W. E. *Out of the Crisis*, MIT Press, 2000.

Kelly, S. J., Johnston, P. R. e Danheiser, S. *Value-ology: Aligning sales and marketing to shape and deliver profitable customer value propositions*. Londres, Palgrave Macmillan, 2017.

La Rocca, A. et al. Customer involvement in new product development in B2B: the role of sales, *Industrial Marketing Management*, 58 (1), pp 45-57, 2016.

Lusher, T. Stephen Fry reveals new BBC TV series, *Guardian*, 20 jul. 2010. Disponível em: <www.theguardian.com/media/2010/jul/20/stephen-fry-bbc-planet-word>. Arquivado em: <perma.cc/BD2K-E5PY>.

Qvidian. Sales execution trends. Research report, 2015. Disponível em: <www.sellpower.com/microsite/qvidian/sales-execution-trends-2015/?sp_src=WhitepaperRSS>. Arquivado em: <perma.cc/6KLK-JVNS>.

Rouziès, D. et al. Sales and marketing integration: a proposed framework, The *Journal of Personal Selling & Sales Management*, 25 (2), pp 113-22, 2005.

Toman, N., Adamson, B. e Gomez, C. The New Sales Imperative, *Harvard Business Review*, mar./abr. 2017.

Woodruffe, C. What is meant by a competency? *Leadership & Organization Development Journal*, 14 (1), pp 29-36, 1993.

04

O papel das vendas e do marketing nas organizações B2B — o que é importante?

Neste capítulo, nós vamos:

- compartilhar nossa pesquisa de competência — com foco nos papéis de vendas e marketing;
- delinear o que os líderes viram como as facetas mais importantes dos papéis de marketing e vendas;
- prover uma checklist crítica para ajudá-lo a ver se suas equipes de marketing e vendas estão preparadas para o sucesso.

Antes de voltarmos nossa atenção para as competências exigidas a profissionais de vendas e de marketing para ajudar suas organizações a se conectarem ao valor do cliente e "destacarem-se" dos concorrentes, queríamos entender como os profissionais seniores encaravam os papéis de vendas e marketing, porque, a partir de nossa experiência prévia e em pesquisas anteriores, sabemos que a forma como os papéis eram percebidos poderia ser controversa, especialmente para o marketing. Embora a tarefa de vender seja razoavelmente consistente nas organizações, o mesmo não pode ser dito sobre a função de marketing, que pode variar desde comunicações puramente táticas até departamentos de marketing que oferecem um serviço completo, e são responsáveis pela estratégia, tática e execução.

Depois de perguntar aos nossos participantes da pesquisa qual era a percepção que tinham do papel das funções de marketing e vendas em sua empresa, pedimos-lhes então que dessem uma opinião sobre quais eram os três principais papéis de cada função. Comecemos pelo menos polêmico — o setor de vendas.

Qual é o papel da área de vendas?

A partir da riqueza de informações de nossas entrevistas aprofundadas, os pontos de vista dos profissionais centraram-se em torno de cinco responsabilidades-chave:

- venda e execução;
- conectar os pontos;
- defesa equilibrada;
- experiência do cliente;
- feedback do cliente e do mercado.
- Analisaremos cada um destes itens a seguir.

Venda e execução — é tudo uma questão de execução

Quando foi feita a pergunta "Quais são as três principais responsabilidades de um profissional de vendas?", um número significativo de entrevistados afirmou: "Trata-se de alcançar números." Isso pode parecer banal, mas vivemos em um mundo onde, de acordo com o Relatório de Desempenho de Vendas 2018-2019 (CSO Insights, 2019), apenas 53 por cento dos representantes de vendas estão cumprindo sua meta.

Robson, presidente de uma empresa global de telecomunicações, definiu o papel de execução, além de apenas "alcançar números", como mais alinhado com os objetivos de mercado da empresa. Ele descreveu o papel principal das vendas como ser "o motor de execução da empresa para entregar os planos de mercado que são estabelecidos dentro do marketing".

Robson parece sugerir que o marketing define o plano de comercialização que a equipe de vendas executa, embora esperemos que não falte o input de vendas. A um nível mais tático, vários profissionais de marketing, como Siobhan, uma líder de marketing do setor universitário, falaram sobre as vendas serem responsáveis pela "conversão de leads em vendas", muitas vezes um ponto de discórdia. A necessidade de alinhamento com o marketing para uma execução eficaz das vendas foi destacada em várias de nossas entrevistas. Por exemplo, Kristen, uma CMO da indústria de serviços financeiros, disse que um papel fundamental das vendas era "complementar os esforços de marketing para desenvolver uma relação que levasse à venda".

Do ponto de vista da execução, as vendas são vistas como tendo uma responsabilidade conjunta com o marketing — como disse Herbert, vice-presidente de vendas de uma empresa móvel global, "por fazer parte da equipe de marketing e por levar a mensagem para o mercado" — o que se baseia no argumento de Robson, aceitando que o setor de vendas tem uma responsabilidade maior na execução do plano de marketing. Outros entrevistados acreditavam que as vendas tinham uma responsabilidade conjunta na criação de consciência da oferta, sua diferença em relação aos concorrentes e na contextualização da oferta a um cliente individual.

"Conectando os pontos" das necessidades do cliente às soluções da empresa

Pode-se dizer que conectar os pontos capta toda a essência do papel de um profissional de vendas em uma organização que procura crescer e se destacar com base no valor do cliente. Por definição, aqui "conectar os pontos" significa ter uma compreensão sólida dos problemas que seus clientes estão enfrentando e quais são suas necessidades, e ser capaz de traduzir isso em como sua solução pode resolver de forma *exclusiva* o problema deles. O ponto de partida exige uma compreensão do mundo do cliente seguida de outros componentes-chave para a conexão de pontos identificados por nossos entrevistados como:

- aplicar uma visão do mundo do cliente;
- compreender suas próprias soluções industriais e empresariais;
- comunicar toda a oferta de sua empresa;
- definir soluções no contexto do cliente;
- trazer parceiros para reforçar sua solução.

Kirk, vice-presidente de gestão de produto de uma empresa de telecomunicações global, ecoou de forma sucinta o que a maioria de nossos entrevistados comentou, que a equipe de vendas deveria "conhecer seus clientes de trás para frente", incluindo se a organização do cliente está crescendo ou diminuindo, e quem tem poder de decisão como facetas de "conectar os pontos".

FIGURA 4.1 Conectando os pontos

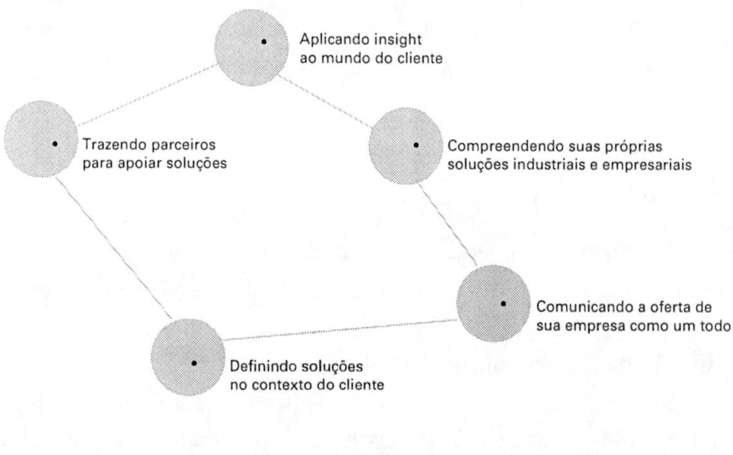

Uma pesquisa com compradores B2B de 2019 mostrou que um pré-requisito para "conectar os pontos" é conseguir demonstrar conhecimento sobre os compradores e sobre suas necessidades (Demand Gen, 2019). Noventa e sete por cento dos entrevistados concordaram que é importante que os representantes de vendas demonstrem um conhecimento mais forte de suas necessidades e 95 por cento disseram que as equipes de vendas precisam ter mais informações sobre as necessidades de suas empresas. Este nível de compreensão pode ser uma coisa que diferencia os profissionais de vendas de sucesso e é essencial para o êxito das vendas.

Herbert via o fornecimento de contexto para o cliente como um elemento-chave para conectar os pontos, incluindo "aplicar sua solução ao mundo do cliente". Antes de colocar uma solução no contexto do cliente, o profissional de vendas tem a responsabilidade, como disse Siobhan e vários outros, de "conscientizá-los sobre toda a oferta da empresa" para que eles entendam o escopo geral da gama de soluções em potencial.

Kirk ressaltou que trazer parceiros para a equação às vezes é necessário a fim de fornecer a um cliente a solução necessária que resolva um desafio comercial que o cliente tem. Isso pode significar uma parceria com outras empresas, portanto, o setor de vendas deve ajudar a "identificar os melhores parceiros da categoria".

Aqui, além da parceria como um papel de vendas para fornecer melhores soluções para os clientes, Kirk está sugerindo um papel mais abrangente no fornecimento de feedback do mercado sobre quem são os melhores parceiros.

Os compradores B2B de hoje estão mais sofisticados do que nunca, com 67 por cento dizendo que preferem conduzir suas próprias pesquisas on-line como fonte de pesquisa primária (Wizdo, 2015). O lado negativo disso é que muitos compradores dizem que a compra B2B é relatada como cada vez mais complexa. Em um estudo de capacitação de compradores, Gartner (2019) descobriu que 77 por cento dos compradores B2B pesquisados classificaram sua decisão de compra como "extremamente complexa ou difícil" devido à grande quantidade de informações disponíveis e ao crescente número de pessoas envolvidas no comitê de compras. O relatório de preferências de conteúdo Demand Gen 2018 (Demand Gen, 2018) descobriu que 51 por cento dos compradores B2B admitiram sentir-se "sobrecarregados" com a enorme quantidade de conteúdo disponível. Um profissional de vendas que pode fornecer ao cliente uma visão e "conectar os pontos" provavelmente terá acesso ao cliente mais cedo no ciclo de vendas, já que 48 por cento dos compradores estão abertos a se envolver mais cedo com um profissional de vendas que desafia seu pensamento (Aberdeen, 2019).

Defesa equilibrada

Muitos de nossos entrevistados colocam como uma responsabilidade-chave da organização de vendas a de ser um defensor do cliente dentro de sua própria empresa. Tradicionalmente, uma responsabilidade conjunta de marketing e vendas tem sido, muitas vezes, vista como manter a organização centrada no cliente. Para as vendas, isso pode envolver assegurar que o marketing, a administração do produto, a experiência do cliente e as equipes executivas saibam o que seus clientes querem. Katie, diretora executiva de uma empresa de software, atribuiu um alto nível de importância à responsabilidade de defesa. Ela acreditava que "defender o que o cliente quer é uma peça-chave de como a equipe de vendas entrega os números". A defesa do cliente impulsiona o profissional de vendas a mobilizar apoio para novas soluções para os problemas do cliente, levando a mais vendas e ao alcance das metas.

Isso pode aparecer de várias formas: saber o que o cliente quer e defender isso em toda a empresa e assumir a responsabilidade pela satisfação do cliente.

O elemento satisfação do cliente foi algo que Joseph, vice-presidente de marketing, com um longo histórico em vendas, chamou a atenção:

> Você não consegue ser um profissional de vendas de sucesso e ignorar a satisfação do cliente. Você tem que vender ao cliente algo que esteja funcionando e que atenda às necessidades dele. Se algo não estiver funcionando, você será muitas vezes a pessoa indicada para ajudar o cliente a descobrir isso. Eu tenho visto repetidas vezes — os melhores profissionais de vendas também são grandes defensores do cliente.

Joseph reconheceu que o profissional de vendas corre o risco de ir muito a fundo e que há uma linha tênue entre a defesa e a perda de muito tempo longe dos números de vendas. Em um ambiente onde as organizações estão cada vez mais tentando obter vantagens por meio de um atendimento superior ao cliente, isso pode ser um fardo crescente para os profissionais de vendas que terão que equilibrar o papel de defesa com a venda. Estamos certos de que este é um território familiar para muitos leitores.

No ponto mais abrangente de ser o defensor de clientes para todas as suas necessidades, foi interessante ver líderes como Kirk, vice-presidente de uma linha de produtos em uma empresa global de telecomunicações, com uma longa experiência em vendas, enfatizando a *defesa equilibrada* como uma faceta-chave do papel de vendas. Embora aceite a necessidade dos profissionais de vendas de defenderem o cliente, Kirk acredita que "antes de tudo, deve haver uma defesa equilibrada para sua empresa" e que os profissionais de vendas não devem esquecer que "recebem o salário de sua própria empresa".

Embora vendas e marketing tenham que ser a voz do cliente para evitar a obsessão pelos produtos de dentro para fora, isso tem que ser equilibrado com realismo comercial. Em seu livro *The 12 Powers of a Marketing Leader* [Os 12 poderes dos líderes de marketing], Barta e Barwise (2017) fazem uma chamada semelhante para que os profissionais de marketing se concentrem em questões importantes para os clientes e para seus próprios negócios, no que eles chamam de "Zona de Criação de Valor" ou Zona V. Kirk e outros líderes de vendas parecem reconhecer que a defesa deve ser focada em uma zona de defesa de vendas onde haja potencial de retorno para o cliente e para sua própria empresa.

FIGURA 4.2 Zona de Defesa Equilibrada

Todos nós já participamos de reuniões onde ouvimos um profissional de vendas defendendo algo em nome de um cliente que não faz sentido comercial para nossa própria empresa. Certamente, podemos nos lembrar de profissionais de vendas que exigem respostas mais rápidas de serviço para seus clientes, mesmo eles não pagando nada a mais por isso. Este tipo equivocado de obsessão pelo cliente destaca a necessidade comercial de uma defesa equilibrada. Concentrar-se em coisas que podem trazer benefícios para o cliente e para sua própria empresa tem que ser um ingrediente-chave para que o foco no valor do cliente se "destaque": chamamos isso de Zona de Defesa Equilibrada.

Experiência do cliente

Já vimos a importância dada ao papel do setor de vendas na defesa do cliente. Os respondentes certamente reconheceram o papel de vendas na experiência geral do cliente.

Robson, por exemplo, falou sobre a responsabilidade da experiência do cliente, especificamente em relação ao elemento de interação do cliente no trabalho. Ao enfatizar que os profissionais de vendas "obviamente têm uma responsabilidade de experiência do cliente, porque estão interagindo com os clientes tanto quanto qualquer pessoa", Robson dá ênfase ao relacionamento profissional de vendas/cliente na forma como ele define "experiência do cliente", que vai desde o diálogo pré-venda até a entrega do serviço pós-venda.

Assim, o que o cliente sente sobre as interações com um profissional de vendas pode ser parte integrante de como ele vê a experiência do cliente como um todo. Uma pesquisa da Demand Gen (2019) descobriu que a capacidade de demonstrar conhecimento de seus compradores e suas necessidades é uma coisa que diferencia os profissionais de vendas de sucesso; 97 por cento dos compradores disseram que é importante que os representantes de vendas possam demonstrar um conhecimento melhor de suas necessidades, com dois terços deles dizendo que isso é muito importante. Outros 95 por cento dos entrevistados também dizem que acham importante que as equipes de vendas tenham mais conhecimento sobre sua empresa e suas necessidades.

Se o cliente está sendo administrado por conta, então não é apenas uma interação individual, isso se torna mais sobre o relacionamento e a experiência em geral. Para grandes organizações pode haver muitas interações entre os clientes e diferentes departamentos. Siobhan observou que "Uma empresa poderia trabalhar com mais de vinte pessoas diferentes na universidade". Ela apontou que isso poderia ser problemático para a empresa, mas citou um caso em que a universidade deu ao cliente "Um ponto central de contato muito bom, que poderia explicar todos os caminhos possíveis e colocá-lo na direção certa".

Em indústrias onde a gestão de contas está mais bem desenvolvida, seria esperado muito mais do que "colocar o cliente na direção certa". Embora tenha havido algum debate nos últimos anos motivado pela publicação de *A Venda Desafiadora: Assumindo o controle da conversa com o cliente* (Dixon e Adamson, 2013) sobre se a venda de relacionamento foi substituída por desafiar o cliente com algo novo e perspicaz, os profissionais ainda apontam a gestão de relacionamento como um papel fundamental para os profissionais de vendas. Isso foi escrito em grande parte em nossas respostas à pesquisa, na qual os entrevistados viram a construção de relacionamentos de longo prazo com os clientes com base na confiança e na entrega de um ganho para todos como fundamental para o papel de vendas.

Em um mundo onde a diferenciação pode ser cada vez mais sobre a experiência do cliente, o papel do profissional de vendas não pode ser subestimado. Dado que ele vê o cliente tanto quanto qualquer pessoa em sua organização, talvez não seja surpresa que o elemento de experiência do cliente no papel do vendedor seja considerado pelos líderes de vendas como a chave para desenvolver a diferenciação.

Feedback do cliente e do mercado — o ciclo coeso

Pesquisas recentes apontaram o fato de que 67 por cento da jornada de um comprador é agora feita digitalmente (Hauer, 2013). Muitas vezes, as interações com o cliente no início do processo de vendas são com os canais de marketing de sua empresa como sites, mala direta, folhetos, revistas segmentadas, Twitter e outras redes sociais.

Nossa pesquisa do Mar de Mesmice, abordada nos Capítulos 1 e 2, nos diz que existe um problema no mercado. Se os clientes potenciais estão olhando para essas fontes e todas elas soam e parecem iguais, como isso pode ajudar em vez de exacerbar a complexidade do processo de compra?

À luz deste problema, é animador ver que muitos de nossos entrevistados, e especialmente os líderes de vendas, chamaram a atenção para o ato de trazer feedback dos clientes e do mercado como uma responsabilidade fundamental dos profissionais de vendas. Katie viu "trazer insights" do mercado para dentro da organização como "um papel vital para as vendas".

Robson refere-se ao ciclo de feedback como sendo importante para "manter a organização honesta" sobre o que os clientes realmente querem. É interessante que ele sinta que a responsabilidade de fornecer o feedback do mercado e dos clientes para a organização pode não estar formalmente inscrita nas funções de vendas, mesmo que isso possa ser crucial para ajudar a "diferenciar de uma forma que seja significativa para os clientes".

Robson sentiu que, ao trazer o feedback dos clientes e do mercado para a organização, os profissionais de vendas estavam "informando a organização para mexer na proposta, para que eles possam ser mais bem-sucedidos quando estão em campo".

Ao fazer isso, a organização pode fornecer algo de valor ao cliente diferente do que oferecem os concorrentes, dando aos clientes valor a ponto de estarem preparados para pagar por isso.

Vemos como significativo que as pessoas com experiência em liderança de vendas que entrevistamos consideram trazer de volta o feedback do cliente e do mercado diretamente do trabalho em campo como parte fundamental do papel de vendas e que pode ajudar a desenvolver uma "diferenciação significativa". Colocar este feedback do cliente como destaque do papel de vendas reflete a necessidade crescente de que as vendas tragam a inteligência do cliente em um mundo onde o comportamento de compra mudou e a frente do ciclo de compra é gasta pelo cliente interagindo com os canais de marketing que podem deixá-los nadando em um Mar de Mesmice.

Papéis das vendas — você já os contemplou?

Como sua organização se define frente aos cinco papéis-chave das vendas identificados por nossos entrevistados?

A seguir, veja uma checklist (Tabela 4.1) das cinco responsabilidades e seus componentes. Para uma vaga que você tenha anunciado recentemente, ou possa estar planejando divulgar, pergunte-se se você tem essas responsabilidades embutidas em seus papéis das vendas.

TABELA 4.1 Checklist dos papéis das vendas

Papel	Componentes
Venda e execução	• Alcançar o número de vendas • Executar os planos de mercado da empresa • Obter a mensagem de diferenciação
Conectando os pontos	• Aplicar insights para o mundo do cliente • Entender suas próprias soluções industriais e empresariais • Comunicar a oferta de sua empresa como um todo • Definir soluções no contexto do cliente • Trazer parceiros para melhorar sua solução
Defesa equilibrada	• Proporcionar equilíbrio entre as necessidades do cliente e os objetivos da própria empresa
Experiência do cliente	• Reconhecer o papel das interações de vendas e relacionamento na experiência do cliente • Ter domínio da experiência desde a pré-venda até a pós-venda
Feedback dos clientes e do mercado	• Manter a empresa honesta, trazendo as necessidades, problemas e tendências dos clientes • Fornecer insight para a própria empresa para melhor diferenciação e desenvolvimento de novas ofertas

Papéis do marketing

E então… vamos ao assunto mais controverso, que são os papéis do marketing. "Destrinchar" a grande quantidade de informações que recebemos de nossos entrevistados não foi tão fácil quanto o foi para o setor de vendas. Há um forte contraste entre a ampla natureza potencial do marketing refletida nos manuais clássicos e o papel diluído do CMO para a função tática que vemos hoje em muitas organizações. Quando fizemos a pergunta "Qual é o papel de sua organização de marketing?", muitas vezes a resposta imediata foi como a de Katie, "Pode ser milhares de coisas", ou como a de Kirk, "É uma lista longa". Quando restringimos a pergunta para "Quais são, na sua opinião, as três principais responsabilidades da organização encarregada pelo marketing?", houve um vencedor que aparece à frente dos cinco principais papéis a seguir.

- marca;
- alinhamento organizacional;
- desenvolvimento de estratégias;
- capacitação ou ativação de vendas;
- geração de demanda.

Analisaremos a seguir cada um desses cinco papéis, começando com a marca.

Marca

Embora não tenhamos pedido aos entrevistados que definissem "marca", ficou claro que suas opiniões estavam de acordo com a forma como veríamos uma marca como *a associação um símbolo e um nome com uma promessa de valor e a experiência desse valor*. Nossos participantes, assim como nós, veem as marcas como algo importante, de acordo com o que Naomi Klein (2010) disse em seu icônico livro *Sem Logo*: "Porque elas tornam a escolha mais fácil, mais certeira e mais gratificante."

Foi apreciado o fato de que o papel da marca era multifacetado, como mostra a Figura 4.3; vamos explorar cada elemento a seguir.

Podemos ver aqui a prova de que os participantes veem a marca muito mais do que um logotipo. O papel abrange desde a criação e desenvolvimento estratégico da marca até a comunicação tática. É importante ressaltar que, para as organizações B2B, a mobilização das pessoas para viver e ativar a marca no mercado foi vista como estando dentro do papel do marketing. A responsabilidade global pela gestão da marca foi definida no contexto dos resultados que o branding bom, ou ruim, poderia afetar, incluindo a reputação, credibilidade e crescimento da receita.

O que foi interessante aqui é que as pessoas com formação em vendas também citaram a criação e o desenvolvimento da marca como essenciais.

FIGURA 4.3 Branding — o papel do marketing

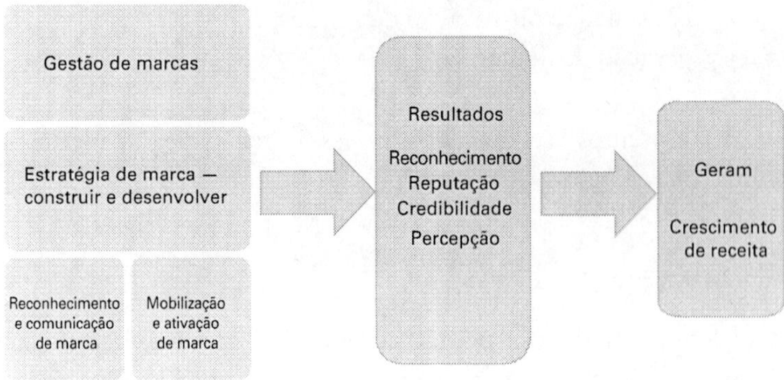

ESTRATÉGIA DE MARCA

Robson, um presidente corporativo com profunda experiência em vendas, viu no marketing a responsabilidade pela estratégia de marca, em particular "a marca e os pilares de marca da organização", que abrange como a empresa quer ser vista e se estende a "como ela deve ser vista e sentida externa e internamente". Pilares da marca, a base na qual uma marca é construída, começa com Visão, Missão e Valores e inclui como a empresa deve posicionar-se no mercado, e o tom de voz que ela adota.

Jerry ecoa a visão de Robson ao dizer que o papel do marketing da marca é sobre "como a organização é percebida interna e externamente. A equipe de marketing é responsável pela forma como a empresa se apresenta e aparece".

O que Jerry está dizendo dá um foco de resultado ao elemento de estratégia de marca no papel do marketing; como uma empresa se apresenta influencia a forma como ela é percebida. No contexto deste livro, será que isso ajuda a organização a se destacar de forma distinta ou diferenciada?

GESTÃO DE MARCA

A responsabilidade global pela gestão da marca foi citada por vários participantes que usaram palavras ligeiramente diferentes dependendo do contexto: enquanto Siobhan, líder de marketing de uma universidade disse que a função era *governar* a marca refletindo seu papel em uma instituição acadêmica, Regina usou a *proteção de nossa reputação* de acordo com seu cargo como líder de marketing de uma empresa de TI. Em geral, os entrevistados consideravam o papel de gestão da marca como sendo uma apresentação, comunicação e entrega consistente da marca no mercado e externamente, como descrito sucintamente por Caroline, CMO no setor imobiliário privado: "Eu diria que é criar uma marca *consistente* e uma experiência de cliente em toda a organização."

É interessante que Caroline viu o papel do marketing como sendo muito mais do que assegurar uma mensagem consistente, incorporando a responsabilidade de criar uma experiência consistente para o cliente. Pelo que vimos, este é um papel que tem sido cada vez mais afastado do CMO e que muitas vezes pode residir com o diretor de experiência do cliente. Em B2B, a forma de agir das pessoas que passam pelas portas do cliente muitas vezes não é considerada como parte da marca. Tendo trabalhado em universidades onde consideramos os professores da linha de frente como a marca, parece não haver um reconhecimento efetivo de como as pessoas que fazem interface com os clientes afetam a marca em geral.

RECONHECIMENTO E COMUNICAÇÃO

Há certamente o reconhecimento dos profissionais que atuam no mercado de que é preciso ser bem conhecido ou respeitado antes de poder efetivamente vender qualquer coisa.

Por exemplo, Siobhan viu o papel do departamento de marketing como sendo o de "*conscientizar* as pessoas que não nos conhecem sobre quem somos como universidade; é levar as pessoas a um estado em que elas ficam felizes em nos oferecer seus detalhes pessoais".

É interessante notar que o reconhecimento era muitas vezes visto como associado a estratégias e táticas para vencer e fazer crescer os negócios, enquanto para Siobhan se tratava de ajudar a fazer com que os estudantes se interessassem por sua universidade. Kirk, vice-presidente de produto, vinculou o reconhecimento à geração de demanda em seu mundo tecnológico, colocando o reconhecimento da marca, a liderança de pensamento e a geração de demanda "em uma única categoria".

> Herbert, vice-presidente de vendas de uma empresa móvel global, insinuou uma competência de criatividade necessária aqui que focaremos em capítulos posteriores:

Para mim, trata-se mais da criação de *reconhecimento* e de marca, da criatividade em torno disso, e da linguagem que é usada para comunicar o que a empresa faz.

Outros entrevistados que se basearam na importância que Herbert atribuía à linguagem colocaram um foco no "tom de voz" que vai além de tornar os clientes potenciais conscientes de quem você é em relação a como você quer que eles se sintam a seu respeito. Terry, CEO de telecomunicações, acreditava piamente na necessidade de as empresas passarem mais tempo se concentrando em seu tom de voz e sendo claras sobre "O que é que você projeta de sua empresa". Ele contrastou seu foco no desenvolvimento de um tom de voz claro com a obsessão em sua indústria em usar "muitas palavras com muitas sílabas que se tornam muito menos acessíveis". O tom de voz que você escolhe precisa diferenciá-lo dos concorrentes de uma forma que seja significativa para os clientes que importam.

Regina, líder de marketing de uma empresa de TI, fez questão de salientar a ligação entre a conscientização e a estratégia quando disse:

> Trata-se de promover a marca, não de a promover todos, mas sim para aqueles que importam; isso se refere ao nosso direcionamento e segmentação.

Em outras palavras, só precisamos fazer com que as pessoas que pensamos estar interessadas em comprar nossos produtos conheçam nossa marca. No mundo das telecomunicações de Terry, trata-se de tentar desenvolver uma forte reputação de marca que pode gerar "cem fãs leais" como seu segmento-alvo.

MOBILIZAÇÃO E ATIVAÇÃO DE MARCA

Nas indústrias B2B com muitos profissionais de vendas e serviços, a importância da ativação da marca no mercado foi refletida em numerosas entrevistas. Jeff, um vice-presidente de parcerias estratégicas, disse que um método de marketing que deve ser usado para "ajudar a criar credibilidade para a empresa" é a produção de *white papers* por uma autoridade na indústria em que o cliente está. Aqui Jeff sugere que o interesse do cliente pode ser ativado através de uma liderança de pensamento alinhada à abordagem vertical do mercado às indústrias frequentemente favorecidas nos mercados B2B. Isso significa ir além das banalidades de nível superficial do "Mar de Mesmice" que vimos nos sites das empresas para uma compreensão mais profunda dos setores industriais e dos clientes. A parceria com *players* confiáveis no mercado vertical em particular é vista como parte do processo de ativação da marca, e de forma crucial na formação da credibilidade externa da organização. Robson, que falou dos "pilares da marca" como parte do papel estratégico de gestão da marca, fez questão de enfatizar a necessidade de chamar a atenção para "como esses pilares da marca são construídos por todos os funcionários". Assim, voltando ao ponto em que estávamos chegando anteriormente, enquanto o marketing tem uma responsabilidade geral pela gestão da marca, a forma como ela é mobilizada e gerenciada em campo tem que ser compartilhada por gestores operacionais que executam funções de vendas e serviços.

Alinhamento organizacional

Embora o papel do marketing na obtenção e condução do alinhamento organizacional não fosse uma escolha tão popular quanto o branding, certamente havia alguns pontos de vista perspicazes. Seguramente, se pressionados a responder à pergunta "Como você descreveria o papel do marketing em uma palavra?", nós sempre diríamos *alinhamento*.

As definições de alinhamento que utilizaríamos são:

Substantivo:

1. O ato de se alinhar ou estado de alinhamento; especialmente o posicionamento adequado ou estado de ajustamento das partes em relação umas às outras.

2. Um arranjo de grupos ou forças em relação uns aos outros

Fonte: Merriam-Webster.com, 2019

Vemos o papel do marketing como o de obter alinhamento entre a organização e o que os clientes valorizam, que pode ajudar a organização deles a se destacarem e a alcançarem o sucesso no mercado.

Bob, um profissional de marketing com formação tradicional, e diretor comercial de serviços de construção, era um entusiasta de essa noção ser o papel central do marketing:

> Para mim, deveria ser o centro absoluto da organização, deveria ser "se você deseja saber para onde a organização está indo, vá perguntar para a equipe de marketing".

Bob claramente vê o marketing como o criador e dono da estratégia, pois sua equipe sabe "para onde a organização está indo". Uma das maiores tensões para os líderes de marketing é a condução de um plano de longo prazo e, ao mesmo tempo, conseguir entregar ganhos a curto prazo.

Regina, compartilhando a paixão de Bob pelo importante papel do marketing no alinhamento, disse que uma parte fundamental de seu papel como líder de marketing em uma empresa de TI era o de:

> Alinhar a estratégia comercial — promover a visão e a missão da empresa, compreendendo o que estamos tentando realizar internamente junto com o que o cliente precisa.

Regina deixou claro que seu papel é alinhar a estratégia organizacional com as necessidades dos clientes. Ela não se esquiva da responsabilidade de conduzir o alinhamento interno entre a estratégia da empresa e as necessidades do cliente.

Herbert, entre outros, enfatizou que, antes de discutir papéis de vendas e marketing, era importante que ambos estivessem mais alinhados aos "objetivos e estratégia geral do negócio" do que focados na necessidade mais pragmática de alinhamento e integração com as vendas. Em sua experiência, "o marketing funciona melhor onde foi integrado com a função de vendas". Por "integração" Herbert não quer dizer necessariamente que eles têm que se reportar fisicamente ao mesmo líder, mas que agem de forma alinhada e integrada. Ele reconhece que, em um mundo onde o cliente passa a maior parte do ciclo de compra olhando para os canais de marketing da empresa, tais como sites, o marketing tem que funcionar de forma muito mais aprofundada no funil de marketing e vendas do que na era pré-internet, como podemos ver na Figura 4.4.

A razão pela qual tudo em que nos concentramos como autores está relacionado tanto ao marketing quanto às vendas é porque acreditamos que estas duas áreas devem se alinhar e estar em sintonia com as necessidades dos clientes, a fim de se conectar com o que eles valorizam e ajudar a organização deles a se destacarem no mercado. Os profissionais percebiam que o setor de vendas tinha um papel importante no "ciclo coeso" entre o cliente, o marketing e as vendas. Igualmente, eles viram como importante conduzir o alinhamento com a visão e a missão da empresa e, ao mesmo tempo, "manter-se honestos" sobre as tendências de mudança no que os clientes valorizam, com base no feedback do mercado.

O papel que o marketing precisa desempenhar na obtenção do alinhamento organizacional, desde o objetivo elevado de obter alinhamento com a estratégia geral da empresa, até o papel mais pragmático de alinhamento com as vendas, e crucialmente com o cliente, é visto como uma função central da organização nomeada como marketing.

FIGURA 4.4 O novo funil de marketing e vendas

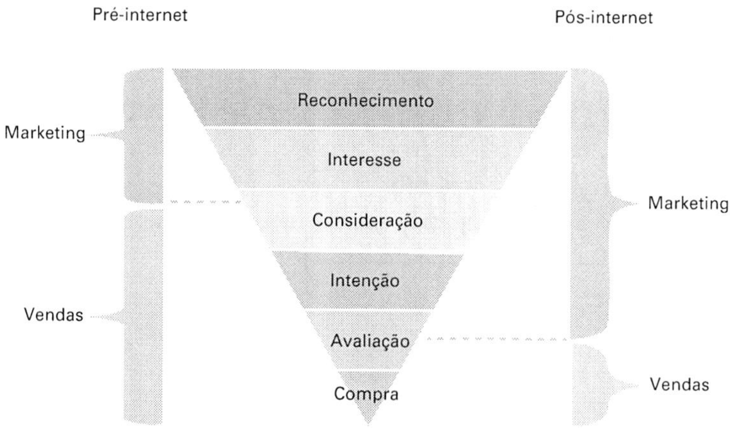

Desenvolvimento de estratégias

Com base na necessidade estratégica de uma melhor integração, achamos interessante que muitas vezes foram pessoas com formação em vendas que colocaram alguns dos aspectos mais estratégicos do papel de marketing em seus três primeiros lugares. Os profissionais de marketing em funções B2B muitas vezes sentem que estão sob pressão para fazer muitas coisas táticas ao mesmo tempo em que fornecem bolas de golfe e canetas.

A demanda específica dos líderes de vendas, particularmente onde eles haviam trabalhado em organizações que competiam contra grandes empresas estabelecidas para conquistar clientes e obter participação, era para uma melhor segmentação, targeting e posicionamento (STP). A *segmentação* consiste em dividir o mercado em conjuntos de clientes com requisitos semelhantes e características de compra em subgrupos distintos. Em seguida, as organizações de segmentação precisam decidir quais segmentos de clientes a empresa buscará ativamente, ação também conhecida como *targeting*. Uma vez tomadas essas decisões, o difícil trabalho de *posicionamento* precisa ocorrer para decidir a forma como uma empresa quer ser percebida por seu mercado-alvo em relação à sua concorrência, contra coisas que os clientes consideram de valor.

Kirk, baseado em uma longa carreira em vendas, viu o STP como a principal responsabilidade, já que a ausência de direcionamento leva a uma "abordagem de atirar para todo lado". O que se destaca fortemente aqui é o papel do marketing para ajudar as vendas a focar seus esforços, apontando para os clientes que eles realmente querem atingir, onde eles podem ter mais impacto. Sem uma orientação clara sobre quem são esses clientes, você fica com uma abordagem de "atirar para todo lado", o que significa tentar todo mundo e ver onde isso o leva, vendendo sem estratégia! Robson ecoa a necessidade do marketing para assumir o papel de STP e estende isso à responsabilidade de construir a carteira de produtos apropriada para os segmentos-alvo escolhidos:

> Os líderes de vendas veem o elemento STP de desenvolvimento de estratégia como um papel-chave de marketing que é muito mais do que fornecer "bolas de golfe e canetas".

Como líder de marketing, Regina aceita STP como sendo uma parte central do seu cargo:

> Isso nos ajuda a nos posicionarmos efetivamente em relação à concorrência com base nessas competências de percepção e compreensão de nossos segmentos-alvo e respectivos compradores.

Chegaremos às competências necessárias para um STP eficaz em capítulos posteriores. Pelo que vimos em nossa pesquisa "Mar de Mesmice", é justo dizer que as organizações normalmente não estão fazendo um bom trabalho de se destacarem na mente dos clientes. Dado que os profissionais de vendas muitas vezes podem falhar em conseguir negócios além da meta porque o valor da mudança não foi efetivamente comunicado, não é surpresa que os líderes de vendas estejam demandando mais e melhor STP do marketing.

Viabilização ou ativação de vendas?

É interessante, embora não surpreendente, que a viabilização de vendas tenha aparecido entre as cinco principais responsabilidades de marketing. Ao mesmo tempo, isso se tornou um espaço polêmico, com o enorme crescimento dos profissionais desse segmento nos últimos anos. Havia 38.302 postos de trabalho de viabilização de vendas em todo o mundo no LinkedIn® na última vez que olhamos. Essas funções normalmente se estendem até o líder que trabalha para o diretor de vendas. Para os profissionais de marketing, essas pessoas podem causar tanto uma divisão entre o marketing e a força de vendas, quanto fornecer uma alavanca para mais sucesso.

Do nosso ponto de vista, favorecemos fortemente o termo *Ativação de Vendas* como muito mais dinâmico do que *Viabilização de Vendas*, que parece dar suporte passivo ao canal de vendas, em vez de ajudar a ativar os vendedores para impulsionar mais vendas. A ativação de vendas é o que Robson vê como um papel-chave que ainda se situa no marketing, apesar do crescimento desta função separada da viabilização de vendas:

> O marketing tem a obrigação de permitir que o canal de vendas no campo vá e entregue os objetivos corporativos que estamos procurando nos mercados que queremos servir.

Robson diz que o marketing tem a obrigação de assegurar que as vendas sejam capazes de atingir suas metas de receita e lucratividade em nome da organização. Sabemos que esta é uma área problemática por pesquisas anteriores sobre como o marketing e as vendas trabalham em conjunto para desenvolver propostas de valor. Kyle, presidente de uma empresa de processamento de dados com um longo pedigree de vendas, disse que muitas vezes o material fornecido às vendas pelo marketing era muito "sofisticado" ou obtuso demais para ser utilizado por eles. Ele chamou este vazio entre marketing e vendas de "a lacuna da sofisticação". Parte do papel do marketing é garantir que eles saibam o que as vendas precisam para se sentirem efetivamente capacitados. Resume-se ao fato de que os profissionais de marketing B2B não conseguem ser eficazes a menos que entendam tanto o processo de compra do cliente quanto o processo do setor de vendas; pouquíssimos profissionais de marketing tiram um tempo para aprender sobre um desses processos ou ambos.

Regina, avançando com sua visão do papel do marketing no desenvolvimento de um posicionamento eficaz, vê isso como a chave para possibilitar efetivamente as vendas, aceitando que sua função se estende a:

> Viabilizar e empoderar as vendas para posicionar e vender efetivamente nossos serviços às empresas certas e às pessoas certas dentro dessas empresas.

Assim, o processo STP possibilita uma viabilização de vendas eficiente e deve ajudar as vendas a criar diferenciação de valor e afastar-se do Mar de Mesmice, desde que os profissionais de marketing entendam o processo de vendas e como equipar os profissionais de vendas com essas informações.

Caroline, CMO de uma empresa imobiliária privada, vê a viabilização efetiva de vendas como crucial para impulsionar a receita, reconhecendo que uma função do marketing é esforçar-se para chegar a isso ao trabalhar com o setor de vendas "por meio de um canal de engajamento, marketing, tecnologia e viabilização de vendas".

Caroline vê a combinação de engajamento efetivo de vendas, marketing e tecnologia como o que ela classificaria de viabilização de vendas. Claramente Caroline vê isso como um elemento central do papel do marketing. Muitas vezes a natureza desajeitada da tecnologia com a qual as equipes de vendas têm que trabalhar atrapalha a viabilização eficiente de vendas. Preferimos ver isso como *Ativação de Vendas*.

Geração de demanda

O elemento de geração de demanda do trabalho está no extremo mais tático das cinco principais funções de marketing identificadas por nossos entrevistados.

Regina aceita que parte e parcela do papel do marketing é assumir a natureza tática de algum trabalho de marketing:

> Muito do marketing B2B é bastante tático, certo? Como gerar novos leads. Esse é o único valor. E se você não gerar novos contatos, então já sabe, você está morto para mim.

O quão proeminentemente isso é considerado como parte do trabalho pode depender do contexto da organização para a qual você está atuando e das pessoas que a dirigem. Certamente, se você é um profissional de marketing em uma companhia que precisa fazer crescer os negócios tirando uma parte da concorrência ou para conseguir novos clientes, então espera-se que você faça muito trabalho de geração de demanda. É revelador que Regina usou a frase "você está morto para mim" como uma forma extrema de dizer que, para alguns executivos seniores que veem o marketing de forma muito tática, se você não está gerando leads você não está cumprindo o que eles percebem como o papel do marketing.

Vimos anteriormente como Kirk entendia a geração de demanda como parte fundamental do aumento do reconhecimento. Robson enfatizou o papel do marketing na condução da demanda, o que significa que a geração efetiva de demanda é algo que os profissionais de marketing têm que resolver:

O marketing é responsável por ativar a demanda e trazê-la para a equipe de vendas. Portanto, a área tem um desafio de reconhecimento a resolver, assim como tem também um desafio de geração de demanda.

Ao conectar o reconhecimento à geração de demanda desta forma, Robson está aceitando que você tem que ser conhecido antes de poder vender algo, mais uma vez um desafio para os *players* menores no mercado.

Papéis do marketing — você já os contemplou?

Já vimos quais são as cinco principais responsabilidades dos profissionais seniores de marketing — você já tem uma solução para todas elas? A Tabela 4.2 fornece uma checklist para você manter e considerar se você os leva em consideração ao definir os papéis do marketing.

TABELA 4.2 Os cinco principais papéis do marketing

Papel	Componentes
Marca	• Estratégia de marca — construir e desenvolver • Gestão de marca • Reconhecimento e comunicação de marca • Mobilização e ativação da marca
Alinhamento organizacional	• Obter alinhamento organizacional com o que os clientes valorizam • Alinhar a estratégia comercial com as necessidades dos clientes • Alinhar-se com o que ajuda você a se destacar
Desenvolvimento de estratégias	• *Segmentar* efetivamente os clientes em partes significativas • Decidir quais clientes visar • Desenvolver estratégia de posicionamento para se sobressair em relação aos concorrentes na mente do cliente

Viabilização ou ativação de vendas	• Permitir que o canal de vendas entregue os objetivos corporativos que triunfam nos mercados escolhidos • Possibilitar que o setor de vendas posicione e venda serviços de forma efetiva para as empresas certas e para as pessoas certas dentro dessas empresas.
Geração de demanda	• Provocar demanda e trazê-la para a equipe de vendas • Gerar novos leads e monitorar os negócios

Em resumo

À esta altura, deve estar claro para você quais são as competências que compõem nossa estrutura V.A.L.U.E., a qual usamos para definir as perguntas que fizemos aos profissionais seniores em nossas entrevistas de pesquisa. Antes de questioná-los sobre competências, queríamos ter uma visão clara sobre como eles encaravam os respectivos papéis das funções de vendas e de marketing nomeadas em suas organizações. Os cinco principais papéis para cada função estão resumidos na Tabela 4.3.

Claramente, a maneira como os papéis são percebidos afeta as competências necessárias para executá-los eficazmente, ou seja, para serem capazes de ajudar suas organizações a se conectarem aos clientes, se destacarem em um Mar de Mesmice e fazer crescer novos negócios. O que vimos é que os profissionais de vendas frequentemente atribuem importância aos papéis estratégicos do marketing, tais como STP, alinhamento organizacional e marca. Esse fato, muitas vezes, passava despercebido pelos profissionais de marketing, que podem acabar ensurdecidos pela frequência de solicitações táticas vindas do setor de vendas. No lado das vendas, embora o papel central da execução de vendas ("alcançar números") seja incontestável, há definitivamente uma necessidade de incorporar mais formalmente aspectos importantes como trazer o feedback do mercado de maneira mais formal como uma das funções da área. Esta evidência nos fornece clareza sobre quais competências de marketing e vendas é preciso desenvolver para se destacar.

TABELA 4.3 Principais papéis de marketing e vendas

Os cinco principais papéis do marketing	**Os cinco principais papéis das vendas**
Marca	Venda e execução
Alinhamento organizacional	Conectando os pontos
Desenvolvimento de estratégias	Defesa equilibrada
Viabilização ou ativação de vendas	Experiência do cliente
Geração de demanda	Feedback do cliente e do mercado

Nos capítulos a seguir, exploraremos as competências exigidas por profissionais de marketing e de vendas que se destacam. Antes de passar ao próximo capítulo, com base nos cinco principais papéis para cada função aqui identificadas, quais são, na sua opinião, as competências requeridas? A Tabela 4.4 fornece uma coluna para você incluir suas considerações sobre isso.

TABELA 4.4 Observações para competências-chave

Os cinco principais papéis do marketing	**Competências-chave para o papel**
Marca	
Alinhamento organizacional	
Desenvolvimento de estratégias	
Viabilização ou ativação de vendas	
Geração de demanda	
Os cinco principais papéis das vendas	
Venda e execução	
Conectando os pontos	
Defesa equilibrada	
Experiência do cliente	
Feedback dos clientes e do mercado	

Referências e leituras adicionais

Aberdeen. Why do buyers struggle? The answer is data, 2019. Disponível em: <www.aberdeen.com/old-resources/b2b-buyers-survey/>. Arquivado em: <perma.cc/ M36E-JD2C>.

Barta, T. e Barwise, P. The 12 Powers of a Marketing Leader: How to succeed by building customer and company value. Nova York: Ed. McGraw-Hill Education, 2017.

CSO Insights. 2018-2019 Sales Performance Study. Disponível em: <www.csoinsights.com/2018-2019-sales-performance-tudy/>. Arquivado em: <perma.cc/46RJ-77KG>.

Demand Gen. Content Preferences Survey, 2018. Disponível em: <www.demandgenreport.com/resources/research/2018-content-preferences-surveyreport>. Arquivado em: <perma.cc/UAA9-UG8V>.

Demand Gen. B2B Buyers Report, 2019. Disponível em: <www.demandgenreport. com/resources/research/the-2019-b2b-buyers-survey-report>. Arquivado em: <perma.cc/Y7Y8-HVAL>.

Dixon, M. e Adamson, B. *A Venda Desafiadora: Assumindo o Controle da Conversa com o Cliente*. São Paulo: Ed. Portfolio-Penguin, 2013.

Gartner. Buyer Enablement Study, 2019. Disponível em: < www.gartner.com/en/sales-service/insights/b2b-buying-journey>. Arquivado em: <perma.cc/LFQ6-UMWM>.

Hauer, M. Three myths of the "67 per cent" statistic, Sirius Decisions, 2013. Disponível em: <www.siriusdecisions.com/blog/three-myths-of-the-67-percent-statistic>. Arquivado em: <perma.cc/53HL-QT4G>.

Klein, N. *No Logo: No space, no choice, no jobs* (ed. 10º aniversário). Londres: Ed. Fourth Estate, 2010.

Shaw, R. e Merrick, D. *Marketing Payback: Is your marketing profitable?* North York: Ed. Pearson Education Canada, 2005.

Wizdo, L. Myth Busting 101: Insights into the buyer journey, *Forrester Research*, 2015.

05

O visionário — competências para enxergar o próximo passo competitivo

Neste capítulo, nós vamos:

- compartilhar nossas pesquisas de competência — com foco no que os líderes de vendas e marketing disseram sobre competências de visionário;
- explicar o que é competência de visionário e por que ela é importante;
- discutir como é "ser visionário" no contexto de vendas e marketing B2B;
- fornecer uma checklist dos elementos da competência de visionário.

O que queremos dizer com competência de visionário?

Nós desejamos deixar claro desde o início o que queremos dizer com competência de visionário. Como muitos leitores saberão, o uso comum da palavra visão nos negócios está tipicamente ligado à aspiração geral de uma empresa em termos do que ela quer ser no futuro. Por exemplo, a visão da Amazon é "ser a empresa mais centrada no cliente da Terra, em que os consumidores possam encontrar e descobrir qualquer coisa que queiram comprar on-line".

É o quadro geral ou a chamada visão corporativa. É claramente uma declaração importante que estabelece os objetivos e a direção do negócio. Uma declaração de visão está relacionada à ideia de missão, que define a arena competitiva em que a empresa opera e as coisas que são necessárias para que ela possa competir com sucesso.

Neste capítulo, estamos falando de algo diferente. Estamos falando de comportamento pessoal e não de uma declaração estratégica de alto nível. Nesse sentido, estamos nos referindo à capacidade individual dos profissionais de vendas e marketing de "ver" o que está acontecendo no mundo sobre eles e perceber o que está acontecendo nos setores de mercado em que estão competindo e nas contas de clientes que atendem. Nesse sentido, a competência de visionário está intimamente relacionada à ideia de decidir o que é relevante e o processo de determinar o que importa ou não para o negócio. Claramente, a competência de visionário de profissionais individuais desempenhará um papel importante no trabalho inserido no planejamento estratégico e na definição das missões e visões corporativas. A competência de visionário tem uma qualidade inspiracional. Muitos de nós estão familiarizados com o discurso "optamos por ir à lua" do presidente dos EUA, John F. Kennedy, proferido no Estádio Rice, no Texas, em 12 de setembro de 1962. O discurso convida vivamente o público a ver o futuro e imaginar coisas que ainda estão por vir:

> [...] se eu dissesse, meus concidadãos, que iremos à Lua [...] em um foguete gigante de mais de noventa metros de altura [...] e traremos ele de volta com segurança à Terra, reentrando na atmosfera a velocidades superiores a quarenta mil quilômetros por hora, causando calor equivalente a cerca da metade da temperatura do Sol — quase tão quente como está aqui hoje — e faremos tudo isso, e o faremos corretamente, e seremos os primeiros antes que esta década termine [...]

Competência de visionário é o que precede os detalhes da missão e declaração de visão e planos estratégicos. Isso é o que Jeff Bezos e sua equipe tinham e isso é o que os faz se destacar. Eles pessoalmente tinham a visão de um futuro que combinava tecnologia de internet, inteligência artificial, big data, serviços em nuvem, robótica, gestão inteligente da cadeia de suprimentos e logística inteligente que lhes permitiria vender a você tudo o que você pudesse querer comprar por meio de um portal on-line.

Por que a competência de visionário é tão importante?

A competência de visionário é sobre o que se percebe e o que se ignora. Trata-se de como as pessoas leem as situações e como elas constroem mentalmente uma imagem do mundo comercial para identificar os fatores que impulsionam suas ações. Em particular, a competência de visionário produz uma imagem integrada das seguintes dimensões:

- mercados;
- clientes;
- concorrentes;
- suas soluções para empresas e serviços de produtos.

> Pensando em cada uma dessas dimensões, você consegue listar três fatores para cada uma delas que você acredita que terão um impacto na direção futura de seu negócio? Você poderia comparar e contrastar este pequeno esboço com diferentes pessoas de sua empresa.

Como estamos falando de interpretação e de criação de sentido, não se pode treinar pessoas em competência de visionário como se fosse um processo técnico com uma série de tarefas claramente definidas e simples a serem seguidas e replicadas. A competência de visionário é uma habilidade que se desenvolve ao longo do tempo. Muitas vezes você ouve histórias sobre a maneira como os policiais experientes percebem algo que um novato deixou escapar, algo que parece estranho, algo que levanta suspeitas. Foi esta habilidade que permitiu à polícia britânica capturar o serial killer Peter Sutcliffe, conhecido como Estripador de Yorkshire, em 1981. Durante uma batida policial de rotina que identificou que seu carro tinha uma placa falsa, Sutcliffe distraiu os policiais para descartar as armas usadas nos assassinatos, fazendo um pedido aparentemente inócuo de sair do carro para ir ao "banheiro". Este pedido incomodou os policiais experientes e, ao retornarem com Sutcliffe para a delegacia, sentiram que algo estava errado. Eles voltaram ao local da prisão e encontraram uma faca, um martelo e uma corda perto do local onde o suspeito havia feito suas necessidades, e quando questionado sobre os assassinatos, Sutcliffe confessou (Sheffield Star, 2018). Essa mesma capacidade de ver as coisas que interessam foi notada pelo líder de marketing Norman, quando ele nos deu um exemplo do que acontece nas feiras de negócios:

> Em uma feira de negócios, recém-formados podem ver dezenas de coisas que os deixam empolgados, e os mais experientes Norman ou Sarah podem ver apenas uma ou duas coisas realmente empolgantes. Norman andava pelos corredores dizendo "isso parece bem engenhoso, é claro, mas não vai dar certo, porque isso, e aquilo, e aquilo outro..."

A competência de visionário tem implicações práticas diretas. Não se trata apenas de conceber uma grande visão, trata-se também de direcionar a ação cotidiana. Como disse Jerry, dono de uma consultoria de marketing:

> [...] os profissionais de marketing seniores enxergam mais do que os profissionais de marketing juniores. A visão é crucial. Você precisa de uma visão para inspirar uma agência para que eles possam seguir e entregar trabalhos criativos para você.

Portanto, a competência de visionário se desenvolve com experiência e reflexão, o que significa que precisamos considerar o que faz a diferença entre um novato e alguém com competência. Vamos ver o que Siobhan, líder de marketing universitário, pensa sobre isso:

Nem todos, na verdade, a maioria das pessoas não consegue ver além de amanhã. A maioria das pessoas não entende que estão operando em um mercado altamente complexo. Eu observo muitos profissionais de marketing, e muitos acabaram de sair da faculdade. Eles não têm a experiência ou a intuição para ver, é aqui que estivemos, é para esse lugar que nós vamos. E essa competência de visionário é a capacidade de prever o futuro.

Por que é importante diferenciar a competência de visionário individual e uma declaração de missão de visão corporativa

Perguntamos a Katie, diretora-executiva de uma empresa de software: "Quão importante você acha que é poder construir uma visão de para onde você pode levar seus clientes?" Ela observou a conexão entre competência de visionário e declarações de visão e apontou algumas coisas importantes a serem consideradas que se relacionam com o desperdício de tempo e a relevância para o cliente. Veja a seguir o que Katie disse a esse respeito:

> [...] desenvolver essa visão de para onde a organização está indo e como ela vai chegar lá é extremamente importante. Eu ofereceria apenas um aviso importante sobre o termo visionário... Perdi muitos dias que não posso ter de volta em minha vida criando declarações de visão e missão e coisas do tipo.

A tarefa de planejamento estratégico de escrever uma declaração de missão e visão pode ser um verdadeiro vampiro. O acadêmico empresarial Michael Raynor nos disse que a ATT levou dois anos para produzir uma declaração de missão e visão com 250 palavras — uma tarefa que para muitas organizações simplesmente resulta em declarações tão genéricas que não são nada além de "acenos de mão conceituais" e carecem de qualquer substância significativa para os clientes ou colegas de trabalho.

Katie prosseguiu, dizendo:

> [...] essa visão de para onde você quer ir, com uma compreensão clara do porquê você quer fazer isso e a junção dos pontos de como chegar lá é extremamente importante. Se você puder fazer essa ligação entre sua visão e as necessidades dos clientes, isso é algo relevante.

O que importa é a praticidade no nível do cliente. Há uma diferença entre dizer algo genérico como "nós queremos criar um futuro melhor" em comparação ao que diz a empresa de compartilhamento de bicicletas Nextbike — "nós queremos tornar as cidades mais habitáveis". A visão da Nextbike tem um caráter prático. Como será o mundo para o cliente específico com o qual você está interagindo? Podemos ver aqui ecos do problema geral do Mar de Mesmice e as diferentes perspectivas da função de vendas e marketing onde as declarações de visão são tão genéricas que se tornam quase sem sentido. Katie nos deu esta explicação para o porquê de as declarações de visão não cumprirem com sua promessa:

> Muitas vezes, elas são exercícios de caixa de seleção; eles leram os livros didáticos e sabem que precisam ter uma visão e uma declaração de missão.

Da mesma forma, a avaliação de Michael Raynor sobre visão e declarações de missão notou que muitas vezes eles tentaram resumir tudo sobre o negócio em poucas palavras. Mas, para fazer isso, eles acabaram fazendo meras generalizações e perdendo as especificidades. As declarações de visão se tornaram uma boa prática, e muitas pessoas deixaram de questionar por que estão fazendo isso.

Qual é o ideal?

O resultado comercial proporcionado pela competência de visionário é uma vantagem competitiva sustentada. Para que os profissionais de vendas e marketing sejam bons visionários, eles devem ver além do óbvio. Eles não tomam as coisas como certas e têm a capacidade de conectar coisas que outros não conseguem. Eles veem coisas que estão sob a superfície e como elas podem ser no futuro. Ser visionário é uma qualidade de liderança porque se trata de ver para onde ir e descrever o que é necessário para que os outros sigam. Os líderes empresariais e os profissionais de marketing e vendas precisam ter visão, usar a imaginação, ver o quadro geral a partir dos detalhes, ser ágeis e capazes de corrigir o rumo. Eles têm que usar sua sabedoria para julgar o que é relevante para o negócio e o que não é. A visão neste contexto também é uma parte essencial da criatividade comercial e da capacidade de evitar simplesmente seguir o que seus concorrentes estão fazendo. No final, é o primeiro passo essencial para transformar a forma de funcionamento de sua empresa. As organizações que não percebem os sinais de mudança captados dos clientes pela área de vendas e pelo marketing e tomam as devidas providências estão condenadas a cair no esquecimento.

Vamos apresentar um personagem fictício, baseado no modelo de visionário, o qual chamaremos de Victor, o Visionário, e conectar a competência de Victor aos resultados de nossas pesquisas. Primeiro, vamos construir um quadro geral dos facilitadores e sabotadores que compõem a plataforma de sucesso de Victor. Em seguida, faremos uma análise detalhada de cada um dos elementos de competência de que ele precisa para se tornar um visionário ideal.

Facilitadores da competência de visionário

As conversas com os participantes de nossas entrevistas revelaram que três grandes fatores são necessários para a competência de visionário:

1. Perspectiva — a capacidade de ver as coisas de diferentes pontos de vista.

2. Previsão — a capacidade de prever o que vai acontecer ou o que será necessário no futuro.
3. Imaginação — a capacidade de construir novas possibilidades mentalmente.

As condições organizacionais devem ser adequadas para que a competência de visionário se desenvolva. Ser receptivo e olhar o mundo a partir de pontos de vista alternativos é importante porque, como diz o ditado, "onde você se senta afeta aquilo que vê". A competência de visionário indica um respeito pela visão subjetiva dos outros e uma capacidade de ver o mundo como eles o veem. Isso é importante porque reflete a abertura da cultura e o estilo de liderança da organização. Em um nível prático e funcional para profissionais de marketing, ver como a empresa opera a partir de uma perspectiva comercial pode afetar a qualidade do trabalho em conjunto e a credibilidade. Como disse a vice-presidente de marketing Christine:

> Os profissionais de marketing também precisam ser homens de negócios. Eles precisam entender: qual é o perfil de lucro do que estamos tentando alcançar aqui? Qual é a intensidade de capital do que estamos tentando fazer aqui? Qual é a velocidade de geração de receita e coisas do tipo? Então, realmente além desses pilares (4 Ps de marketing) — como funciona o negócio? Como essas coisas geram dinheiro?

A competência de visionário é, portanto, essencial para compreender as muitas faces e contextos de valor tanto dentro como fora da organização. Se sua empresa estiver receptiva a novas ideias e informações que desafiem a visão predominante de negócios, as condições parecem promissoras para as pessoas com competência de visionário.

Sabotadores da competência de visionário

Três fatores inibem a competência de visionário.

1. Falta de perspectiva crítica.
2. Falta de tempo e recursos.
3. Falta de diversidade e inclusão.

Falta de perspectiva crítica

A competência de visionário envolve uma capacidade de fazer uso de perspectivas novas e alternativas. Isso apresenta um dilema para o recrutamento de talentos em vendas e marketing. Isso porque o conhecimento do setor e do cliente é altamente desejável para que novos funcionários possam começar a trabalhar a todo vapor. Por outro lado, sabemos que temos uma tendência a recrutar pessoas à nossa imagem (Rigby, Gruver e Allen, 2009; Rivera, 2012; Ryan 2017). A semelhança e a familiaridade podem ser boas para valores comuns, mas não são tão boas para a diversidade de ideias e podem dificultar o que tomamos por garantido. Isso foi algo que nós vimos pela primeira vez no Capítulo 2 como parte da razão da falta de diferenciação. Christine, vice-presidente de marketing de telecomunicações e Caroline, CMO de serviços financeiros e imobiliários, nos deram estes exemplos interessantes:

> Estamos dispostos a contratar pessoas de fora do setor. Se estamos enfrentando dificuldades para conseguir uma visão externa, essa é uma maneira simples de fazer isso. Normalmente, preferimos pessoas com experiência de marketing em tecnologia em vez de, digamos, experiência com bens de consumo embalados ou algo do tipo. Mas temos uma abordagem bastante liberal em relação a quem recrutamos (Christine).

> [...] demitimos nossa agência de publicidade que tinha muita experiência no setor de serviços financeiros. Sim, eles fizeram o que lhes

foi pedido, mas não apresentaram nada de novo ou inovador. A gota d'água é alguém que está com a mesma empresa desde sempre e nunca viu nada diferente (Caroline).

Um paradigma organizacional fixo e uma liderança dogmática inflexível do tipo de gestão "os incomodados que se mudem" fará sucumbir a competência de visionário. Em 1982, Ron Westrum, pesquisador acadêmico e social, descreveu este comportamento como a "falácia da centralidade", que é uma crença inabalável da capacidade de se estar por dentro de tudo o que está acontecendo em sua área. É a diretora de marketing que acredita que não há surpresas no mercado porque ela acha que sabe todas as informações. Se ela não sabe, é porque não está acontecendo. Victor, o Visionário, não é tão dogmático, mas também é muito provável que tenha as chamadas "tendências dissidentes". Como resultado, ele não segue, necessariamente, as convenções, e, possivelmente, tem fontes únicas de informação; por isso, uma falha crítica nas organizações é a de ignorar as percepções que esse tipo de profissional tem a oferecer.

Falta de tempo e recursos

Como tudo nos negócios, a capacidade de fazer as coisas com competência requer investimento em recursos. Regina, vice-presidente de marketing, telecomunicações e serviços de TI, realmente enfatizou esta questão:

> Os profissionais de marketing precisam ter as ferramentas e os recursos para compreender os segmentos que atendem e os compradores dentro dessas áreas. Neste momento, há muito pouco investimento nisso.

Neste exemplo, também a ouvimos ressaltar a necessidade de contato direto com o cliente. Parece justo dizer que, sem a conexão direta com o cliente, a organização está realmente voando às cegas.

Siobhan, líder de marketing, enfrentou desafios semelhantes em termos de falta de tempo:

> Quando seu colaborador chega ao ponto de não ter nenhum tempo de sobra, é difícil buscar uma oportunidade em potencial. Portanto, no momento, especialmente em nosso setor, onde temos materiais que poderiam ter implicações gigantescas na nossa atuação, como o relatório Augar UK Higher Education Review, temos pouco tempo para avaliá-los de forma realmente detalhada.

Falta de diversidade e inclusão

A falta de diversidade e inclusão também pode sabotar a competência de visionário; como apontou Jeff, vice-presidente e líder da unidade de negócios, focar a contribuição de uma fonte pode ser problemático:

> Eles podem ter uma peça do quebra-cabeça, mas muito poucas pessoas têm o quebra-cabeça completo.

A competência de visionário será sabotada em uma cultura com poucos recursos, não inclusiva e fechada. Então, pergunte-se: sua empresa tem as condições certas para incentivar a competência de visionário? Peter Senge, em seu livro *A Quinta Disciplina* (2013), salientou que, em qualquer organização, as condições precisam estar adequadas para que uma competência possa prosperar. Ignorar as condições culturais na organização é como gritar "cresça!" a uma flor e esperar que isso aconteça sem prestar atenção aos fatores ambientais e aos nutrientes do solo.

Elementos da competência de visionário

Com a ideia de facilitar e sabotar condições em mente, vamos olhar mais de perto como a competência de visionário é alcançada. Victor, o Visionário, terá um alto nível de desempenho em cada uma dessas áreas:

- visão de fora para dentro;
- visão de futuro;
- zooming;
- previsão;
- imaginação.

Visão de fora para dentro

Uma capacidade de visão de fora para dentro é um pré-requisito para a competência de visionário como um todo. Essa visão é central para a orientação ao mercado e o foco no cliente. No Capítulo 1, vimos que Ted Levitt (1960) chamou o oposto de uma perspectiva de fora para dentro de "miopia de marketing" e, junto com ela, vem o risco de ser cegado por seus concorrentes que entendem a natureza das soluções do negócio melhor do que você. Se você tem uma perspectiva de fora para dentro, está em sintonia com o que está acontecendo no mundo relacionado a você e como as mudanças nesse mundo podem afetar seus clientes e seus negócios. Como explicou Christine, vice-presidente de marketing, isso, às vezes, não é tão fácil quanto parece:

> [...] também é difícil não se tornar focado apenas internamente, à medida que você continua a falar sobre seus próprios produtos, seus próprios clientes e seus próprios profissionais de vendas. É muito difícil conseguir ser exposto a coisas que estão acontecendo fora de sua organização e que podem oferecer uma oportunidade.

Há sérias consequências para seu negócio se você não tiver essa perspectiva de fora para dentro. Em seu livro *Liderando a Revolução* (2000), Gary Hamel enfatizou as graves consequências de não prestar atenção ao mundo exterior quando lembrou a todos os empresários que:

Em algum lugar por aí sua empresa está na mira de algum empresário

Visão de futuro

Um problema persistente enfrentado pelos negócios é o que o pesquisador organizacional Bob Garratt (1990) identificava como gestores que se "viciaram em apagar incêndios imediatos em vez de fazer ações estrategicamente importantes". A perspectiva de longo prazo requer que os executivos tenham tempo para olhar para o futuro — e os líderes empresariais têm que dar prioridade a isso. Em seu livro *Competindo pelo Futuro*, Hamel e Prahalad (1995) disseram que uma perspectiva de longo prazo se refere ao quanto seus faróis iluminam a estrada. Eis o que Terry, CEO de telecomunicações, disse sobre os desafios de garantir a perspectiva de longo prazo em sua experiência:

> [...] muitas vezes é também a menor quantidade de tempo investido por executivos porque é um tema difícil e as pessoas se afastam dele. Na maior parte do tempo, estamos envolvidos com os resultados da próxima semana e do próximo trimestre, em vez de realmente ativar nosso radar para ver como será o mercado dentro de três anos.

Este problema de superar um foco de curto prazo também foi identificado por Regina, vice-presidente de marketing, telecomunicações e serviços de TI. Ela observou que, em sua organização, o marketing havia perdido sua perspectiva de longo prazo, impulsionado não apenas pela falta de tempo e atenção, mas também pelas forças comerciais em termos de saída potencial da empresa para os proprietários e acionistas.

Esta situação apresenta uma tensão real até demais para muitas organizações. Frequentemente, é necessário encontrar um equilíbrio entre as atividades "do dia a dia" de desenvolvimento e atendimento aos mercados e clientes atuais, e a necessidade de demonstrar o desempenho da empresa para uma venda ou flutuação comercial e justificar um preço de saída em relação às vendas:

> O marketing passou a ser um gerador de leads para ajudar o setor de vendas a fazer o negócio crescer porque há muito foco no curto prazo. Isso é algo que tem sido realmente prejudicial. As empresas são construídas para serem vendidas. Não há muitas sendo construídas para durar, não em nossa área. Há muita fusão em nosso setor.

Para Regina, a atenção ao longo prazo realmente importa:

> O marketing precisa ser prospectivo e não pode olhar apenas para a oportunidade imediata. Embora seja importante entrar e analisar isso, os profissionais da área precisam estar pensando três, cinco, sete, dez anos à frente. Eles têm que se equilibrar a curto, médio e longo prazo.

A perspectiva de longo prazo também não é algo que venha naturalmente. Kirk, vice-presidente sênior de gestão de produtos e tecnologia, explicou que, às vezes, seu cargo pode prendê-lo no imediato e no curto prazo e este é um hábito que precisa ser rompido se você quiser desenvolver uma competência de visionário:

> Passei os primeiros dez anos de minha carreira em cargos operacionais antes de mudar para uma posição de gestor geral e de vendas. Quando fiz essa mudança, ouvi comentários como "a concorrência impulsiona o comportamento" e nunca precisei parar para refletir sobre isso — eu simplesmente não gostava disso. Um profissional de vendas típico só

se concentrará no mês imediato, no trimestre imediato, ou talvez no ano fiscal imediato. Portanto, muitos deles realmente não se importam com esse panorama mais amplo e estratégico.

Ter um olho no longo prazo foi fundamental para Herbert, sócio-gestor de uma consultoria. Para ele, qualquer bom profissional de vendas e marketing deve estar ciente das tendências futuras como parte necessária de suas atribuições. Usando o setor de veículos elétricos como exemplo, Herbert percebeu para onde a demanda por carros elétricos estava indo há uma década. O grande desafio em alavancar a competência de visionário de Herbert reside na capacidade de fazer com que o resto da organização aja:

> Se foi ou não capaz de conduzir essa ideia para dentro da organização naquele momento e prepará-la de acordo, isso depende da missão e do papel do marketing e da importância que lhe é atribuída. Será que os profissionais da área são autorizados a conduzir novos programas de desenvolvimento de produtos e novas plataformas tecnológicas, ou a organização está baseada no que já está sendo feito e em como é feito?

Zooming

John, investidor empresarial e especialista em marketing estratégico, trouxe à nossa atenção uma habilidade muito particular que ele acreditava que separa um iniciante de um profissional. Usando a metáfora do olho de uma águia, ele disse que a capacidade de ver o quadro geral ao mesmo tempo em que foca os detalhes é significativa. O olho da águia é projetado para rastrear a paisagem do alto e focar presas específicas quando elas se movem lá embaixo. Nos negócios, você tem que ter uma visão do cenário geral da concorrência, quem são os principais *players* e como eles estão se comportando; ao mesmo tempo você pode estar jogando contra um desses concorrentes em uma determinada negociação e precisa entender as táticas específicas que eles usam para ganhar esse negócio.

Os pesquisadores de gestão acadêmica Julie Leroy, Bernard Cova e Robert Salle (2013) descrevem isso como o fenômeno de aumentar e diminuir o zoom, ou "zizo". Nós simplesmente o chamamos de "Zooming". O zoom também nos dá uma pista sobre como os setores de vendas e marketing veem o mundo de formas diferentes. Profissionais de marketing com formação clássica tendem a vê-lo a partir da posição de diminuir o zoom de tendências e segmentos de clientes, enquanto os profissionais de vendas veem o mundo a partir da perspectiva de aumentar o zoom para focar na perspectiva de cada conta e comprador individual. O desafio que essa ótica de diminuir o zoom traz é o chamado problema da "caixa preta", em que a análise dos mercados é tão generalizada que os detalhes do que está acontecendo dentro da caixa preta a nível local são completamente perdidos. Este é um verdadeiro desafio quando se trata de compreender o valor do cliente porque, segundo Leroy, Cova e Salle (2013), diminuir o zoom:

> está se tornando cada vez mais adotado pelos líderes na disciplina de marketing, correndo o risco de que as amplas abstrações geradas por esta abordagem se tornem as caixas pretas para as quais todas as pesquisas futuras se desviarão.

Em outras palavras, o conhecimento e a percepção do cliente local são tratados como menos importantes pelo marketing do que os temas maiores relativos às marcas.

Previsão

Ver para onde se está indo é um ato de pensar para frente ou prever. Kirk, vice-presidente de produto e líder de vendas experiente, deu uma imagem vívida da importância de ser capaz de prever que ações tomar com base na visão de onde o mercado estará em algum momento no futuro:

> Você sabe que eu venho de um país que adora hóquei no gelo. Eu sempre digo que hoje em dia não se pode simplesmente correr atrás do disco. Você precisa patinar até aonde o disco está indo... e como você vai patinar para antecipar o lugar no ringue em que ele vai estar.

O fascinante da metáfora de Kirk é a forma como ele capta não apenas a natureza antecipatória da competência de visão, mas também sua natureza dinâmica. Você, sua organização e o mercado estão se movendo ao mesmo tempo, e com a previsão, você garante que a trajetória selecionada o levará para onde oportunidades advindas de alvos em movimento podem ser obtidas. Michael Stanko e Joseph Bonner descrevem esta capacidade como competência projetiva, que é a capacidade de compreender e definir as necessidades futuras do cliente com um impacto demonstrável no resultado final. A competência projetiva depende de uma capacidade de prever e é mais do que estar orientado para o mercado e acompanhar as necessidades expressas pelo cliente. É uma capacidade de antecipar essas necessidades e as tendências rumo ao futuro e vem de:

> diálogo frequente, sessões regulares e conjuntas de resolução de problemas e envolvimento participativo dos clientes para que surja um profundo entendimento projetivo (Stanko e Bonner, 2013).

Ver para onde ir vai depender, compreensivelmente, da capacidade de varredura do mercado. Entretanto, a mera coleta e compartilhamento de informações de mercado e de clientes não é suficiente por si só. A competência de visionário requer uma visão periférica. George Day e Paul Shoemaker (2005) explicam que ter essa característica forte na empresa é essencial para antecipar as coisas que você não vê chegar. Normalmente as primeiras indicações vêm na forma do que Igor Ansoff chamou de "sinais fracos" (Holopainen e Toivonen, 2012):

> [...] primeiros sintomas de descontinuidades estratégicas, ou seja, sintomas de possíveis mudanças no futuro, atuando como sinais de alerta ou sinais de novas possibilidades.

A possibilidade de treinamento para competência de visionário é algo que tem sido levado a sério recentemente pela equipe da União Inglesa de Rugby sob a orientação da coach de visão Sherylle Calder, cujo foco está em captar informações antecipadamente e agir sobre elas (Kitson, 2019).

Embora a ideia de "sinais" também possa sugerir a escuta das coisas, em última análise é a imagem que alguém forma a partir dos sinais que indica a competência de visionário. Como Regina, vice-presidente de marketing, telecomunicações e serviços de TI enfatizou para nós, você tem que ouvir e ver para criar uma visão:

> Nosso papel é ouvir, ouvir, ouvir as pessoas dentro de nossa empresa, sejam profissionais de vendas, engenheiros, gestores de prestação de serviços, arquitetos de soluções, executivos ou analistas do setor. Precisamos entender o que eles ouvem quando falam com os clientes. Temos que pegar diferentes peças de informação, destilá-las até chegar ao núcleo, e conectar os pontos para que possamos nos destacar.

Do ponto de vista de vendas, perceber para onde seguir tem um papel fundamental na eficácia das vendas B2B. Kirk, vice-presidente sênior em gestão de produtos tecnológicos, nos disse:

> Ser progressista é fundamental. De tempos em tempos, quando vou a uma reunião com um cliente, levo comigo um release de um de seus concorrentes para entender quem são seus fornecedores hoje e quem serão no futuro. Acredito muito na importância de conversar com os

clientes sobre seus fornecedores atuais e potenciais, e como é possível ajudá-los a concretizar suas expectativas futuras.

Dizer que devemos ser bons em pensar no futuro é uma coisa, e fazê-lo, certamente, é outra. Quando pedimos a Robson, presidente de uma empresa de telecomunicações dos EUA, para nos dizer o quanto ele acreditava que profissionais de marketing e vendas são bons em detectar tendências emergentes e oportunidades potenciais para o futuro, ele respondeu:

> Não muito, eu acho que tem algo a ver com a quantidade de tempo investido para entender essa perspectiva de futuro. Este problema de alocação de tempo atrasa o ritmo das pessoas. É mais fácil falar sobre o que aconteceu nos resultados do mês passado e o que vai acontecer nos próximos noventa dias. É muito mais difícil falar sobre as tendências.

Nas famosas palavras de Kaplan e Norton (1992), "o que você mede é o que você recebe". Ver para onde ir só será uma realidade organizacional se existir um indicador para isso no painel de gestão. Bob, diretor comercial, encarregado de materiais de construção, observou a falta de tais indicadores com um certo desânimo:

> Do ponto de vista de vendas, eu fico absolutamente impressionado ao conversar com os vendedores, e eles não estarem interessados em saber mais sobre seus clientes ou sobre as indústrias em que operam. Eles não pensariam em ler algo sobre isso, ou imaginam que poderia ser um conceito interessante a ponto de ter vontade de descobrir mais sobre. Eles precisam ter esse nível de curiosidade. Eles não estão realmente identificando essas tendências porque estão próximos demais disso.

Vale ressaltar que a ideia de discernimento está implícita em todas estas observações. Herbert, sócio-gestor de uma consultoria, oferece conselhos sábios sobre ir longe demais e se tornar obcecado pelo que ele chama de "objetos brilhantes" ou a próxima novidade. O que é claro é que é preciso fazer um julgamento sensato sobre o que deve ser notado e como isso deve ser respondido:

> Sinto-me muito à vontade para descobrir coisas novas em que somos muito bons. O contra disso é que as pessoas em nosso setor se sentem muito facilmente atraídas por objetos brilhantes, e o ruído disso todos os dias às vezes se perde na busca do novo.

Imaginação

Usar nossa imaginação é comumente associado com criatividade artística e originalidade, ou com descrições pejorativas como "fantasia infantil" e "devaneio ocioso" (Warnock, 1976; Brann, 1990). Ter a imaginação de apresentar soluções de vendas e marketing B2B inovadoras e eficazes, reconhecendo tendências e implicações das necessidades dos clientes, é uma capacidade considerada por pessoas visionárias competentes como algo que as diferencia de seus pares. Foi o que nos disse John, investidor empresarial e especialista em marketing estratégico:

> Alguém com visão diz que fizemos algumas reflexões e isso é conceitualmente o que pensamos que pode ser do seu interesse. Se alguém lhe dá uma especificação de produto, você não apenas faz esse produto exatamente conforme a especificação, você adiciona outras coisas e oferece uma série de outras possibilidades, não apenas aceita o pedido. A pessoa com visão estará pensando em possibilidades e probabilidades futuras.

Aaron, profissional sênior de vendas e consultor de financiamento e crescimento empresarial, deu este exemplo do uso da imaginação:

> Provavelmente terei visto algo que eu possa dizer, bem, que funcionou ou não para aquele cliente. Portanto, as coisas que você vê em produtos farmacêuticos são igualmente relevantes para tintas e revestimentos ou para a reciclagem. Nunca se sabe realmente, mas tudo isso vai para um grande caldeirão de referências.

A imaginação descrita como uma mistura mental na qual os ingredientes são transformados para produzir novos insights parece ser uma metáfora altamente apta para descrever a função da visão neste contexto. Blackburn (1994) oferece esta definição de "caldeirão de referências" de Aaron como:

> a capacidade de reavivar ou criar imagens mentais. Mas, de forma mais geral, é a capacidade de criar e ensaiar possíveis situações e combinar conhecimentos de maneiras incomuns, ou de inventar experiências de pensamento.

Herbert, sócio-gestor de uma consultoria, vê este tipo de imaginação criativa como fundamental para a eficiência da venda B2B:

> Vendas têm mais a ver com o tipo de criatividade de uma pessoa de negócios do que a de um profissional de vendas transacional. Acho que, para conseguir se libertar de trabalhar apenas com as coisas que você recebe, o que significa que você está repetindo o mesmo mantra que todos os outros, acredito que você precisa desse nível de criatividade na venda.

Nesse sentido, a competência de visionário pode ser entendida como uma capacidade de posicionar a oferta da empresa na mente do cliente. Trata-se de uma mentalidade focada em resultados, ou em supor o que talvez seja possível. Como disse William, diretor de uma empresa de treinamento e desenvolvimento, você ajuda o cliente a ver o que é possível "definindo mentalmente o que precisa ser feito".

Em sua empresa de treinamento, William convida pessoas a visualizar uma situação que necessite de uma solução de treinamento que ele pudesse oferecer. A competência de visionário é, portanto, uma habilidade central na comunicação de uma proposta de valor. Gronroos e Ravald (2011) dizem que as propostas de valor são sugestões e projeções de impacto, promessas de potencial criação de valor futuro. A competência de visionário também é importante para criar cenários relacionados a possibilidades desejáveis e indesejáveis, tais como Aaron perguntar a seu cliente qual poderia ser o dinheiro vinculado ao negócio, qual poderia ser o retorno sobre o investimento e como ele seria.

É com a ideia de cenários que a competência de visionário se prova útil. Peter Senge (2013) os define como:

> Uma série de histórias imaginativas, porém plausíveis e bem focadas no futuro.

E nessa definição está um ponto crucial. Uma visão sobre possíveis soluções comerciais deve ser fundamentada na realidade, caso contrário, a visão simplesmente se enquadra na categoria de criatividade e de reflexão sem limites.

Em última análise, nossas projeções de tendências, cenários e propostas de valor dependem de nossa capacidade imaginativa de unir os pontos entre diferentes coisas e recombiná-los dos modos como nossos concorrentes não fizeram.

Avaliação da competência de visionário

Vamos voltar a Victor, o Visionário. Como você e sua equipe se alinham contra a capacidade perfeita dele? É claro que ele é excelente em tudo.

Para cada elemento pontuado, passe algum tempo pensando sobre o "e daí" desta situação. Quais são as implicações para você, sua equipe, sua organização e seu cliente?

TABELA 5.1 Escala da competência de visionário

	Muito ruim	Ruim	Neutro	Muito bom	Excelente
Visão de fora para dentro					
Visão de futuro					
Zooming					
Previsão					
Imaginação					

E agora? Que ações você poderia fazer para direcionar sua competência de visionário na direção que você quer? Veja algumas ideias para seguir:

1. Ler páginas de ciência e tecnologia em sites de notícias de qualidade;
2. Ler uma revista científica popular como a *New Scientist* ou a *Scientific American*;
3. Inscrever-se em TED Talks.

A visão não é nada sem ação

Os profissionais de vendas e marketing com competência de visionário são pensadores conceituais que criam imagens de mercados e do mundo dos clientes. Nesse sentido, eles têm visão. Não no sentido mais amplo da visão dada em declarações de estratégia corporativa, mas no sentido mais cotidiano de ver possibilidades e conexões; mostrando ao cliente e ao resto da organização como as coisas podem ser.

Mencionamos no início deste capítulo que a competência de visionário é a de perceber as coisas; entretanto, isso é apenas parte do desafio de transformar seu negócio e mudar a direção dele à luz de novas informações. Você pode notar o crescimento das Cidades Inteligentes ou do setor de Turismo Espacial e reconhecer que há uma necessidade de mudança e adaptação, mas, se você não colocar em prática, o conhecimento é desperdiçado. Uma tomada de consciência reveladora sobre o impacto de não agir é dada aqui pela vice-presidente de marketing Christine:

> Muitos visionários não têm interesse ou habilidade de realmente encontrar uma solução real que possa ser vendida. Sem uma linha reta entre visão e ação, você tem visão só por ter. Devemos ter a capacidade de influenciar o projeto e o desenvolvimento de produtos e serviços para que eles sejam relevantes para o mundo do cliente.

O Capítulo 6 considera a competência de ativação como uma habilidade necessária e complementar à competência de visionário.

Referências e leituras adicionais

BEANEY, M. *Imagination and Creativity.* Maidenhead: Ed. The Open University, 2005.

BLACKBURN, S. *The Oxford Dictionary of Philosophy.* Oxford: Oxford University Press, 1994.

BRANN, E. T. H. *Imagination: Sum and substance.* Washington: Ed. Rowman & Littlefield, 1990.

BRETT, M. *Using the imagination: consumer evoking and thematizing of the fantastic imaginary*, Journal of Consumer Research, 31, 2004.

CLARK, B. *Relevance Theory.* Cambridge: Cambridge University Press, 2013.

DAY, G. e SHOEMAKER, P. J. H. Scanning the periphery, *Harvard Business Review*, nov. 2005.

DRISCOLL, J. *Practising Clinical Supervision*. Edimburgo: Ed. Baillière Tindall, 2000.

Garratt, B. Creating a Learning Organization: A guide to leadership, learning and development. Cambridge: Ed. Director Books, 1990.

GARRATT, B. Creating a learning organization, *Industrial Management & Data Systems*, 92 (1), p 28, 1992.

GRONROOS, C. e RAVALD, A. Service as business logic: implications for value creation and marketing, *Journal of Service Management*, 22 (1), pp 5-22, 2011.

GUMMESSON, E. All research is interpretive, *Journal of Business & Industrial Marketing*, 18, pp 6-7, 2003.

HAMEL, G. *Liderando a Revolução*. Rio de Janeiro: Ed. Campus, 2000.

HAMEL, G. e PRAHALAD, C. K. *Competindo pelo Futuro*. Rio de Janeiro: Ed. Campus, 1995.

HOLOPAINEN, M. e TOIVONEN, M. Weak signals: Ansoff today, *Futures*, 44 (3), 2012.

KAPLAN, R. S. e NORTON, D. P. The Balanced Scorecard — measures that drive performance, *Harvard Business Review*, jan./fev. 1992.

KITSON, R. England's vision coach Dr Sherylle Calder, 'Jones is a rugby mastermind', *Guardian*, 2019. Disponível em: <www.theguardian.com/sport/2019/oct/30/england-vision-coach-dr-sherylle-calder-eddie-jones-rugby-mastermindworld-cup-interview>. Arquivado em: <perma.cc/RQB9-FXLU>.

LEROY, J., COVA, B. e SALLE, R. Zooming in vs zooming out on value co-creation: consequences for BtoB research, *Industrial Marketing Management* (42) pp 1102-11, 2013.

LEVITT, T. Marketing Myopia, *Harvard Business Review*, 1960.

PIAGET, J. e INHELDER, B. *The Child's Conception of Space*. Londres: Ed. Routledge & Kegan Paul, 1948/1956.

RAYNOR, M. E. That vision thing: do we need it? *Long Range Planning*, 31 (3), pp 368-76, 1998.

Rigby, D. K., Gruver, K. e Allen, J. Innovation in turbulent times, *Harvard Business Review*, 79, 2009.

Rivera, L. Hiring as cultural matching: the case of elite professional service firms, *American Sociological Review*, 77 (6), pp 999-1022, 2012.

Ryan, L. Five reasons to hire someone with no 'industry experience', *Forbes*, 2017. Disponível em: <www.forbes.com/sites/lizryan/2017/09/24/five-reasons-to-hiresomeone-with-no-industry-experience/#7a6ec-38c6de3>. Arquivado em: <perma.cc/35W9-63QM>.

Senge, P. *A Quinta Disciplina: A arte e prática da organização que aprende*. Rio de Janeiro: Ed. Best Seller, 2013.

Senge, P. *A Dança das Mudanças*. Rio de Janeiro: Ed. Elsevier/Campus, 1999.

Sheffield Star. How police caught Yorkshire Ripper Peter Sutcliffe in Sheffield 37 years ago this week, 2018. Disponível em: <www.thestar.co.uk/news/ how-police-caught-yorkshire-ripper-peter-sutcliffe-sheffield-37 anos-ago-week-50913>. Arquivado em: <perma.cc/2JL8-4G3N>.

Stanko, M. A. e Bonner, J. M. Projective customer competence: projecting future customer needs that drive innovation performance, *Industrial Marketing Management*, 42 pp 1255-65, 2013.

Van Mele, P. Zooming-in zooming-out: a novel method to scale up local innovations and sustainable technologies, *International Journal of Agricultural Sustainability*, 4 (2), pp 131-42, 2006.

Warnock, M. *Imagination*. Londres: Ed. Faber, 1976.

Weick, K. *Sensemaking in Organisations*. Londres, Ed. Sage, 1995.

Westrum, R. Social intelligence about hidden events, *Knowledge*, 3 (3), pp 381-400, 1982.

06

O ativador — competências para fazer acontecer

Neste capítulo, nós vamos:

- compartilhar nossa pesquisa de competências — concentrando-nos no que os líderes de vendas e marketing disseram sobre as competências de ativação;
- explicar o que são competências de ativador e por que elas são importantes;
- discutir o que significa "ser um ativador";
- fornecer uma checklist das principais competências de ativação.

O que queremos dizer com competências de ativação?

No Capítulo 3, descrevemos a "Ativação" como as competências necessárias para conseguir adesão às iniciativas que estão sendo desenvolvidas para proporcionar diferenciação no mercado e para impulsionar o crescimento do negócio.

A definição de ativação que mais gostamos é "colocar um indivíduo ou unidade em serviço ativo" (dicionário Merriam-Webster).

Colocar um indivíduo ou unidade em serviço ativo vai direto ao cerne do que queremos dizer por competências de ativação. Para conseguir ativar com sucesso, você precisa de um grupo de ativadores competentes. Para fazer qualquer coisa em organizações grandes ou pequenas, é necessário vender suas ideias, criar internamente a adesão e mobilizar a equipe.

Então, em quem você pensaria como um modelo de "Ativador"? Tire alguns minutos para escrever quem é um padrão a ser seguido, o que a pessoa fez e como conseguiu colocar os funcionários no modo ativo para trabalhar para alcançar as causas que ela defende ou seus objetivos organizacionais.

> Em 2020, é difícil ignorar a jovem defensora de mudanças climáticas sueca, Greta Thunberg, como o exemplo máximo de "ativadora". Em sete meses, ela foi do protesto na frente do Parlamento sueco com uma bandeira de "greve escolar pela mudança climática" desenhada à mão para um ponto em que 1,6 milhão de estudantes entraram em greve em muitas cidades do mundo inteiro (BBC News, 2019). Ela conseguiu trazer um senso de urgência a um problema que muitos de nós pensávamos que poderia ocorrer em um momento indefinido, tornando-o uma questão "de vida ou morte" que agora tem a atenção de líderes políticos globais. Não é por menos que agora ela é convidada a falar em conferências das Nações Unidas.
>
> Criar Medo, Incerteza e Dúvida (FUD, na sigla em inglês) é uma forma de mobilizar ações; destacar a urgência de mudança como primeiro passo para "colocar as pessoas em serviço ativo" é algo que você também pode ter reconhecido em seus próprios modelos inspiracionais. O oposto de causar FUD pode ser criar uma visão ao descrever a imagem de um futuro melhor.
>
> No Capítulo 5, falamos sobre como John F. Kennedy em seu discurso "Escolhemos ir à lua" descreveu uma visão de coisas que não pareciam possíveis em 1962. Outro exemplo histórico icônico é o discurso "Eu tenho um sonho" proferido pelo ativista americano de direitos civis Martin Luther King Jr. durante a Marcha por Empregos e Liberdade em Washington, em 28 de agosto de 1963, no qual ele exigiu direitos civis e econômicos iguais e o fim do racismo nos Estados Unidos. Seus 250 mil apoiadores presentes no dia foram apresentados à sua visão de um futuro melhor retratada em seu sonho (Oppenheim, 2016).

Seu modelo de ativador teve a capacidade de descrever um futuro melhor? Quais outras competências ele tem que o levou a escolhê-lo como seu padrão de comportamento? Guarde suas anotações até o final do capítulo e veja o que descobrimos através de nossas entrevistas aprofundadas com líderes comerciais, de marketing e de vendas.

Por que as competências de ativação são tão importantes?

> *"A visão sem ação é apenas um sonho. A ação sem visão apenas passa o tempo. A visão com ação pode mudar o mundo"*
>
> — Joel A. Barker, 1992

Você já deve ter visto esta citação de Joel A. Barker ou alguma frase semelhante. Sem dúvida, um desafio em organizações de todos os tamanhos é ter grandes ideias executadas tanto interna quanto externamente.

Terry, chefe executivo de uma empresa de telecomunicações com experiência tanto em vendas quanto em marketing, destacou de forma útil a importância da ativação na organização como um precursor essencial para a ativação eficaz do cliente:

> Penso que a ativação é incrivelmente importante; o sucesso tem milhares de donos e o fracasso apenas um. Mas é preciso ter pessoas investidas em uma solução porque é a única maneira de se ter sucesso. Se você não consegue inspirá-las a enxergar essas possibilidades, o mercado também terá dificuldades de percebê-las, por isso essa é uma parte muito importante do que fazemos.

Aqui Terry estava se referindo especificamente a apresentar uma nova solução ao mercado e à necessidade de ter em sua organização ativadores que possam criar uma visão para onde isso pode levar o cliente. Para fazer isso de forma eficaz, as pessoas precisam aderir internamente; se não o fizerem, então a solução não vai decolar.

Do ponto de vista de vendas, há muito tempo se reconhece que é necessário ativar todo um conjunto de pessoas na central de compras do cliente antes mesmo de considerar os usuários potenciais do serviço que se deseja vender. Sabemos que as organizações estão se tornando mais conservadoras em seu comportamento de compra e que o número médio de pessoas envolvidas no processo de compra B2B é agora de 6,8 (Toman, Adamson e Gomez, 2017).

Há muitos livros extensivamente vendidos que tentam lidar com as habilidades exigidas pelos profissionais de vendas para ativar a adesão do cliente para conseguir realizar uma venda. O que parece ter recebido muito menos atenção são as competências exigidas pelos profissionais de vendas e marketing para ativar sua própria organização a fim de criar e desenvolver soluções para seus clientes. O nosso objetivo é corrigir isso neste capítulo.

Então, seus funcionários de marketing e vendas são bons ativadores? Eles podem fazer com que as pessoas comprem suas ideias? Eles são capazes de colocar indivíduos ou unidades em prontidão para ajudar a entregar suas ideias? Eles podem colocar-se no lugar de seus clientes para ativar e mobilizar o resto da organização para dar ao cliente um valor superior ao de seus concorrentes? Como seu modelo inspiracional faz isso?

> Em nossa pesquisa, 89 por cento dos entrevistados disseram que a capacidade de executar era uma competência muito importante, e setenta por cento disseram que a capacidade de criar adesão era muito importante.

Qual é o ideal?

O resultado final da ativação eficaz pode ser medido por um aumento da receita, uma mudança positiva de percepção ou por clientes mais satisfeitos. Chegar a esse ponto, dependendo do tamanho de sua organização, pode envolver milhares de pessoas divulgando e vendendo sua solução de forma eficiente de uma maneira que os clientes considerem atraente. O cliente precisará estar convencido de que vale a pena mudar do que ele tem agora, porque o que você pode oferecer é melhor do que seus concorrentes.

A ativação não envolve apenas colocar as equipes de marketing e vendas a bordo, o que já é difícil o suficiente; pode significar obter a adesão de executivos seniores, setor de produção, logística e atendimento ao cliente, para citar alguns. Tendo trabalhado em e com organizações que variam em tamanho entre três e 250 mil pessoas, nós sabemos que a ativação é difícil de diferentes maneiras para organizações de todos os tamanhos.

Combinando as entrevistas de pesquisa com nossa experiência de trabalho em e com organizações de todos os tamanhos, vamos nos colocar na posição de nosso próprio personagem-modelo, Alison, a Ativadora. Vamos começar com o que chamamos de "facilitadores" — coisas que precisam ser colocadas em prática por Alison, para dar a ela condições para o sucesso.

Condições facilitadoras para uma ativação eficaz

Para iniciar a jornada rumo a uma ativação eficaz, há uma série de coisas que precisam ser colocadas em prática quando o bastão tiver sido passado por Victor, o Visionário. Estas condições propícias proporcionam uma forte base para a ativação.

Foco

Os profissionais enxergam o foco claro como uma plataforma para uma ativação eficaz. Em grandes organizações com diversos conjuntos de clientes e milhares de linhas de produtos, a tarefa é ainda mais complexa. Ser específico sobre para quais clientes você está tentando fornecer valor, com quais propostas de valor que são relevantes para ele, é o que chamamos de fornecer foco. Não é surpresa que no Capítulo 4, segmentação, targeting e posicionamento

(STP) foi visto pelos profissionais de vendas como uma das coisas mais importantes que eles estavam procurando no marketing.

Kirk, um líder de vendas veterano com experiência em várias grandes organizações que buscam tirar uma fatia de mercado dos concorrentes, destacou a necessidade do marketing para fornecer vendas com foco:

> Portanto, em primeiro lugar na minha mente está a segmentação, o targeting e o posicionamento. Não se pode ter uma abordagem de "atirar para todo lado". Aqui é necessário estar cem por cento certo.

Kirk está dizendo que, sem o foco que o STP fornece, a organização estaria "atirando para todo o lado". Com isso ele quer dizer apenas comunicar aleatoriamente a todo um universo de empresas com a esperança de que algumas delas pensem que o que você disse é significativo para elas. Sem este foco, você pode queimar muitas calorias, tempo e dinheiro que poderiam ter sido focados nos clientes que sua organização poderia realmente ajudar.

Objetivo e resultado

Ser claro sobre o que você está tentando alcançar para seu cliente e sua própria organização foi visto pelos profissionais como uma competência facilitadora para Alison, a Ativadora.

Onde os exemplos positivos a serem seguidos foram citados, muitas vezes o ponto de partida foi a clareza sobre o porquê de os programas e iniciativas estarem sendo implementados, o que a organização esperava alcançar com isso, e as vantagens que os vendedores poderiam obter.

Herbert, o ex-líder de vendas em uma empresa de tecnologia global, com experiência em diferentes setores, enfatizou a importância de um propósito e de um foco em resultados:

Uma empresa de tecnologia global onde trabalhei era particularmente boa em ativação. A maioria dos programas de marketing tinha que ter um resultado claro. Havia uma justificativa para o motivo pelo qual eles estavam focados naquilo, e o mesmo se aplicava ao investimento em programas de vendas. Tudo tinha que ter alguma tentativa de construir um retorno sobre o investimento (ROI).

Esta clareza de propósito ajuda a equipe de vendas a ver o que a organização está se esforçando para conseguir e o papel que as vendas precisam desempenhar, o que ajuda a conseguir a adesão, especialmente quando isso inclui um forte argumento de como a ideia beneficia o cliente. A necessidade de ser capaz de demonstrar a previsão do ROI vinculado ao facilitador mais importante, ter um *forte argumento de negócio*.

Forte argumento de negócio

Para que qualquer iniciativa seja tomada, Alison, a Ativadora, terá que desenvolver um argumento que motive a organização a querer levar a iniciativa adiante, o que provavelmente será convincente também para os clientes. O argumento de negócios terá que incluir uma previsão dos benefícios potenciais para os clientes e para a organização, os recursos necessários para fazer a iniciativa funcionar, juntamente com o tempo previsto e a priorização. Se sua intenção for se destacar, é crucial que o argumento de negócio especifique como o que você está propondo é melhor do que os concorrentes aos olhos do cliente.

Recomendamos que todos os argumentos de negócios contenham uma proposta de valor para a organização que mostre como os benefícios potenciais de uma iniciativa superam os custos prováveis. Veja a seguir um exemplo para a X-Wire, uma empresa de telecomunicações fictícia:

A X-Wire PLC poderá melhorar a retenção de clientes em dez por cento ou quinhentos mil reais anualmente, implementando nosso programa de serviço premium por cem mil reais.

Em um ano (inserir data real) a X-Wire será capaz de demonstrar a entrega de valor através de uma melhor retenção de clientes e crescimento de receita através do programa premium.

O argumento de negócio também deve conter uma proposta de valor para como a solução proposta ajudará o cliente, neste caso, o fictício Money Bank:

O Money Bank será capaz de melhorar a satisfação do cliente em dez por cento e a receita em um milhão de reais devido ao aprimoramento do tempo de serviço, como resultado da implementação do serviço premium da X-Wire por 75 mil reais.

Em doze meses (inserir data real), a X-Wire será capaz de demonstrar a entrega de valor ao Money Bank através de uma melhor retenção de clientes e crescimento da receita.

A pesquisa realizada pelo professor Malcolm McDonald, professor emérito da Universidade de Cranfield, mostrou que apenas cinco por cento dos profissionais de vendas apresentam propostas de valores numéricos a seus clientes. Isso apesar do fato de que os CFOs exigem ver retorno financeiro (Kelly, Johnston e Danheiser 2017).

Do ponto de vista do marketing, para conseguir que um argumento de negócio interno seja levado em consideração, ele precisa beneficiar tanto o cliente quanto sua própria organização. Onde as necessidades do cliente coincidem com as necessidades da empresa é o que Barta e Barwise (2017) chamam de Criação de Valor ou Zona V.

Sabotadores — o que pode impedir a ativação eficaz?

O que ouvimos com mais frequência tanto em nossas entrevistas formais quanto em discussões informais com os profissionais é que a ativação eficaz é útil. Uma vez aprovado um argumento de negócio para levar uma iniciativa adiante, começa a diversão — tentar fazer com que as pessoas de toda a organização apoiem a ideia. Antes de continuarmos a discutir as competências necessárias para sermos reconhecidos como um grande ativador, vamos considerar o que pode atrapalhar a ativação eficaz, o que nós gostamos de chamar de sabotadores.

A luta contra outras prioridades

Robson, presidente de uma empresa global, destacou as prioridades concorrentes como um grande sabotador em potencial:

> A ativação é um trabalho árduo, é muito esforço. Você pode conseguir a adesão inicial, então vêm as iniciativas 2, 3, 4 e 5, em semanas sucessivas. De repente, a adesão foi diluída e perdida ao longo da organização, que se esqueceu de sua iniciativa de vendas e marketing.

Embora Alison possa planejar a prevenção deste potencial sabotador, fornecendo foco e desenvolvendo programas temáticos, nem todas as iniciativas que exigem o tempo dos profissionais de marketing e profissionais de vendas se relacionam com iniciativas que você está tentando levar ao mercado. Pode ser o lançamento de alguma nova tecnologia, uma iniciativa de gestão de RH, tudo isso além de mais um lançamento de produto.

Para os profissionais de vendas, esta questão de priorização é amplificada quando eles estão lidando com o cliente. O que talvez esteja ganhando tração hoje pode ficar paralisado porque as prioridades mudam. Portanto, tanto dentro da organização como no mundo do cliente, as iniciativas têm que ser continuamente reforçadas após a adesão inicial. Naturalmente, cabe a você evitar essa questão, reduzindo o número de iniciativas para as quais você está tentando obter a adesão, seja do cliente ou internamente.

A luta contra outras prioridades é um problema para você?

DESAFIO

Anote todas as iniciativas em que você está trabalhando que precisam da adesão de outras pessoas da organização ou de clientes. Depois disso, escreva as iniciativas vindas de outras partes da organização que exigem o tempo das mesmas pessoas que você deseja mobilizar.

Quantas de suas próprias iniciativas você poderia cortar ou adiar? Quantas das iniciativas vindas do resto da organização você poderia tentar influenciar para serem adiadas ou abandonadas?

Respostas prontas de antemão — marketing sem a contribuição das vendas

No Capítulo 3, vimos como as iniciativas de marketing desenvolvidas com claras contribuições do setor de vendas tinham muito mais chances de sucesso. Lembramos que Saskia, uma diretora de marketing com experiência em diferentes indústrias, disse que o uso de prospectos de divulgação nas vendas disparou para cem por cento em comparação com um uso de vinte por cento se o marketing tivesse reunido as informações sem a contribuição do time de vendas. O mesmo princípio se aplica ao trabalho com os clientes. Se você prosseguir com respostas prontas de antemão sem envolver o cliente em um diálogo para ajudar a dar forma à resposta, você está caminhando em direção ao fracasso.

Alguns profissionais de marketing com quem conversamos reconheceram abertamente que precisavam melhorar na solicitação de informações aos stakeholders mais importantes. Quando perguntada sobre quão boa em receber contribuições de outros era a equipe dela, Siobhan, uma líder de marketing universitário, disse:

> Nós somos terríveis. Isso é algo que precisamos melhorar com toda certeza. Como um departamento de marketing, eu diria que provavelmente fizemos marketing para a universidade, em vez de trazer a universidade conosco no processo de pensamento por trás dela. E isso é algo que estamos mudando drasticamente.

Identificar a falta de envolvimento de pessoas fora do marketing é um problema, o que significa que Siobhan deu um passo gigantesco para resolvê-lo. Gostamos particularmente da maneira como ela expressa o problema com "marketing para" em vez de "marketing com".

Do ponto de vista das vendas, existe, é claro, um filtro. Se você tentar levar os profissionais de vendas a dizer respostas prontas aos clientes, de uma maneira rigorosamente prescrita, é pouco provável que elas cheguem ao cliente.

> DESAFIO
>
> Pense em como você e sua equipe trabalham atualmente: vocês fazem marketing *com* ou *para* os stakeholders internos e clientes externos? Escreva as últimas três coisas em que você trabalhou e em que poderia ter obtido a contribuição de outros e avalie a si mesmo. Como você se saiu? Como poderia melhorar?

Adesão de executivos e de outros

É improvável que uma ativadora como Alison pule a etapa de conseguir a adesão a nível executivo. Se você não tiver a aprovação de um executivo, isso pode se tornar mais um naufrágio do que uma mera sabotagem.

Muitas das metodologias utilizadas pelas organizações de vendas em todo o mundo enfatizam a necessidade de obter a adesão de executivos. Internamente, alguns executivos estão felizes em dar a sua aprovação em nível estratégico, por exemplo, o plano geral de marketing ou um plano de conta para um grande cliente. Outros podem querer se envolver em programas mais táticos, portanto, é bom saber a preferência de sua equipe executiva.

Bob, um executivo da indústria de materiais de construção, apontou para a necessidade de uma grande melhoria por parte dos profissionais de marketing:

> Os profissionais de marketing são muito bons em conseguir a adesão à atividade executiva de curto prazo; não vejo muitos programas ou iniciativas coerentes e de médio prazo em uma organização. Eles não envolvem os elementos das pessoas em toda a companhia, e não são particularmente experientes no nível da diretoria, onde eles precisam obter patrocínio para seus programas.

Aqui Bob enfatiza que não é apenas a atividade tática que precisa de adesão e que o apoio ou "patrocínio" para atividades mais estratégicas tem que vir da equipe executiva. Bob prosseguiu dizendo que essa incapacidade de conseguir o patrocínio executivo foi agravada por problemas para conseguir a adesão de toda a organização. O tema subjacente aqui é que obter a participação de todos requer um bom engajamento das pessoas, além do conhecimento técnico de marketing necessário para desenvolver um plano de marketing.

Embora a necessidade de obter a adesão dos executivos e de toda a organização seja bem reconhecida nas vendas, a frustração é que o treinamento e a educação em marketing tendem a se focar nos aspectos técnicos do marketing, em vez de se concentrarem em habilidades mais comportamentais.

DESAFIO

Você e sua equipe são bons em termos de nível executivo e de adesão entre organizações? Pense nas últimas cinco iniciativas para as quais você precisou de apoio organizacional internamente, ou na empresa do cliente. O que isso lhe diz sobre o quanto você é bom em conseguir adesão atualmente?

Abundância de programas de produtos

De todos os sabotadores potenciais, nós tivemos que reservar um lugar especial para algo que é mencionado por todos os profissionais de marketing e vendas focados no cliente — a abundância de programas de "marketing" de produtos.

Embora os líderes de marketing e vendas procurem desenvolver vantagens competitivas elaborando soluções que repercutam com os clientes, eles muitas vezes têm dificuldades com gestores de produto e profissionais de "marketing" de produto que tentam empurrar seu próprio produto sem colocá-lo no contexto do que o cliente está tentando obter, e sem nenhuma contribuição de marketing e vendas.

Herbert, entre outros, destacou estes tipos de programas de produtos ao pensar em seu período como líder de vendas em uma empresa de tecnologia global:

> Havia muitos produtos criados que simplesmente fracassavam porque as pessoas não conseguiam articular bem a proposta, e simplesmente não vendiam nada.

Alison, a Ativadora, pode ter feito tentativas para evitar isso desenvolvendo temas do cliente como "agilidade" ou "produtividade" sob os quais qualquer novo produto deve se encaixar. Infelizmente, é uma batalha constante lutar contra os lançamentos de produtos. Trabalhamos com uma empresa de tecnologia de médio porte que desenvolveu dois temas realmente claros de marketing que soubemos, através de pesquisas, que repercutiam nos clientes. Eles tiveram problemas para implementar a abordagem baseada em temas porque seu tempo foi consumido com numerosos lançamentos de produtos que tiraram seu foco dos clientes.

> DESAFIO
>
> Então, eis o desafio: quantos produtos individuais sua organização possui? Quantos lançamentos de novos produtos e mudanças em produtos existentes foram impulsionados para os clientes nos últimos doze meses? Quanto tempo foi consumido na divulgação e venda desses produtos? Quanto você vendeu?

Mobilizadores para ativação

Tendo discutido os capacitadores e os sabotadores para uma ativação eficaz, vamos voltar no que Alison, a Ativadora, precisa ser excelente para mobilizar a organização a trabalhar nos programas de marketing e vendas que ela está dirigindo. Revelaremos então como estes elementos se traduzem em competências pessoais.

Alinhamento de vendas e marketing

O básico da ativação é criar alinhamento entre vendas e marketing. Em nosso último livro, *Value-ology: aligning sales and marketing to shape and deliver profitable value propositions* [Ciência do valor: alinhando vendas e marketing para montar e entregar propostas únicas de valor lucrativas] (Kelly, Johnston e Danheiser, 2017), deixamos claro que não é apenas alinhamento entre as funções de marketing e vendas, mas alinhamento com o cliente.

Embora tenha enfatizado a necessidade de um forte alinhamento e parceria entre vendas e marketing, Robson, presidente de uma empresa global de telecomunicações, deixou claro que isso tinha que começar no nível de liderança:

> Antes de tudo, você precisa que seus líderes de marketing e de vendas estejam trabalhando juntos para fazer a diferenciação acontecer. Se houver uma relação ruim, isso não vai acontecer, não vai ser bom para a empresa a longo prazo, mas você não vai conseguir a adesão através da organização. Porque as pessoas verão que os dois braços da empresa não conseguem trabalhar juntos.

TABELA 6.1 Estrutura de Alinhamento GRRIPS

Tema	Ação
Metas [*Goals*]	Estabelecer "metas estratégicas" comuns para marketing e vendas. Integrar metas táticas que complementem os objetivos estratégicos.
Papéis [*Roles*]	Entender que os papéis estão interligados e devem trabalhar em harmonia para alcançar o sucesso.
Recursos [*Resources*]	Assegurar-se de que os recursos necessários para "fazer acontecer" sejam entendidos. Desenvolver mecanismos claros para solicitações e alocação de orçamento.
Fluxo de informações e conversas [*Information and conversation flow*]	Para estar alinhado ao cliente, é necessário que haja um fluxo constante de retorno do mercado. Acordar o fluxo de informações e o processo de coordenação.
Processos [*Processes*]	Acordar processos-chave para avançar em direção aos objetivos.
Medidas de sucesso [*Success measures*]	Alinhar como o sucesso é definido. Medir em relação aos objetivos estratégicos. Certificar-se de que as tabelas de desempenho estejam todas da mesma cor!

Adaptado de Kelly, Johnston, Danheiser (2017), p. 175

Então, se você é um líder de vendas ou de marketing, quão bem alinhados estão um setor com o outro? Até que ponto vocês estão engajados com o que é importante para o cliente? Se você está em uma organização de marketing ou de vendas, até que ponto você acha que a liderança está bem alinhada?

Em *Value-ology*, nós falamos muito sobre o que precisa ser alinhado para ajudar as organizações a se destacarem. Nosso modelo GRRIPS [descrito na tabela 6.1] fornece uma checklist para alinhamento, que você pode achar útil para avaliar a si mesmo.

O elefante na sala é como você consegue esse alinhamento, como você demonstra isso e como se transforma em um profissional de alinhamento competente.

Obtendo a adesão

Nós sabemos que, se você é um profissional de vendas, ir ao cliente com uma solução totalmente pronta antes de envolvê-lo é um caminho para o fracasso. Já falamos sobre os inconvenientes de não receber informações dos profissionais de vendas antes de preparar qualquer coisa, desde um plano de marketing até uma peça de divulgação. Portanto, você tem que ser bom em obter a adesão como um passo inicial para conseguir a ativação.

Caroline, CMO de uma empresa de serviços financeiros, falou sobre algumas boas práticas em sua área:

> O marketing surge com a ideia, pensa em todas as ramificações boas e ruins e depois escreve o plano. Uma vez que nós temos algo escrito, fazemos uma sessão de *brainstorming* com a equipe relevante (vendas, executivos etc.) para obter sua contribuição e adesão. Normalmente, algo surge durante o processo que nos proporciona uma perspectiva diferente ou algo em que não pensamos. Em seguida, nós ajustamos o plano com base nessa contribuição.

Portanto, ter uma ideia razoavelmente bem formada e baseada em pesquisas de clientes é visto por Caroline, e outros, como um bom ponto de partida para conseguir a adesão. A vontade de mudar o plano a partir das contribuições será vista de forma positiva pela "equipe relevante", uma vez que eles agora têm uma participação no plano. Neste momento, o marketing e as vendas podem chegar a um acordo sobre as metas do programa que ajudam a atingir as metas anuais.

Ao identificar mais de uma "equipe relevante", Caroline também reconhece que o alinhamento e a adesão precisam ir além das vendas e do marketing, algo mais parecido com o gerenciamento dos stakeholders.

Gerenciamento dos stakeholders

O gerenciamento dos stakeholders tem a ver com a compreensão de quem é necessário mobilizar para levar adiante uma iniciativa de marketing e vendas de forma eficaz, além do tempo que vai levar e da forma como isso será feito. Dependendo da natureza de sua organização, pode haver um grande número de funções que precisam ser incorporadas à sua ideia ou para validar elementos à medida que você desenvolve o programa.

Christine, líder de marketing em uma grande empresa de telecomunicações, deu sua visão do que o gerenciamento dos stakeholders envolve no setor em que ela atua:

> Há um lugar no processo de desenvolvimento da campanha que diz, certo, onde estamos em relação ao gerenciamento dos stakeholders? Quem vai administrar cada um desses stakeholders? Parte disso é evangelizar o que estamos fazendo e por que isso é empolgante. Outra parte é muito regimental — o jurídico quer ter certeza de que conferimos tudo para que não sejamos processados.

Aqui, Christine está falando especificamente de uma campanha de marketing e fazendo a distinção entre os stakeholders que ela precisa mobilizar para levar a campanha adiante, e aquelas que têm que dar aprovação técnica, como o departamento jurídico.

Cada vez mais, a fim de "destacar-se" dos concorrentes, as organizações trabalharão em conjunto com outras empresas para criar soluções que ofereçam mais aos clientes do que eles podem isoladamente. A tarefa de ativação aqui começa com colocar o parceiro a par de tudo, deixando claro o que você precisa deles para ajudar a entregar a solução que vocês estão levando ao mercado em conjunto, e mantendo-se em segredo com parceiros externos durante toda a campanha. Este elemento da gestão das partes interessadas é uma tarefa nada trivial.

Do ponto de vista de vendas, a administração de stakeholders se tornou mais importante à medida que o número de executivos necessários para assinar um acordo cresceu. A gestão desses stakeholders envolve o desenvolvimento de propostas de valor para executivos de diferentes funções porque todos podem querer resultados diferentes a partir da mesma solução. Como se isso não fosse suficientemente difícil, se um acordo envolver uma solução que reúna parceiros de fora da organização, eles precisarão ser mantidos por dentro do que está acontecendo. Para grandes negócios, isso pode envolver o alinhamento de executivos seniores de cada organização, o que nunca é fácil.

DESAFIO

Portanto, eis um desafio: pense na sua última campanha de marketing ou de vendas. Quem eram os stakeholders? Que tipo de adesão ou ajuda você precisava deles? Quem precisava validar os elementos da campanha? De que engajamento executivo você precisava? Até que ponto você administrou bem os stakeholders? O que você pode aprender com isso para sua próxima campanha?

Competências para ativação

Até agora, na exploração das condições facilitadoras, dos sabotadores e dos mobilizadores para ativação, temos nos concentrado em grande parte no "o quê". Esperamos que você tenha tido a oportunidade de refletir sobre o que você está fazendo bem e o que precisa melhorar. Desejamos que isso o tenha feito pensar sobre sua própria capacidade e a de sua equipe de fazer estas coisas. Competência refere-se a como as pessoas fazem as coisas certas da forma correta. Com base no que você precisa resolver, pensamos que as competências-chave de ativação são:

- defesa equilibrada;
- escuta;
- negociação;
- tenacidade;
- foco nas pessoas;
- contextualização.

O restante deste capítulo se concentrará nestas competências. Nós encerraremos com uma checklist e atividades para ajudá-lo a identificar se você e sua equipe possuem essas competências.

Defesa equilibrada

Nós ouvimos muito sobre o papel do profissional de vendas como o defensor do cliente. Defendê-lo é saber o que ele quer e lutar por isso na empresa inteira, o que geralmente inclui assumir a responsabilidade pela satisfação do cliente.

O elemento satisfação do cliente foi algo que Christine, a vice-presidente de marketing de uma empresa global de telecomunicações com uma vivência de vendas, chamou a atenção:

> Você não pode ser um profissional de vendas de sucesso e ignorar a satisfação do cliente. Você tem que vender a eles algo que funcione

e que atenda às necessidades do cliente. Se algo não estiver funcionando, muitas vezes você será a pessoa indicada para ajudar o cliente a descobrir isso. O que tenho visto repetidas vezes — seus melhores profissionais de vendas também são grandes defensores do cliente.

Christine reconhece que o profissional de vendas corre o risco de "ir longe demais" e não separar o limite entre defesa e o "desperdício de muito tempo" que poderia ser usado para as vendas. Em um ambiente onde as organizações estão cada vez mais tentando obter vantagens através de um atendimento superior ao cliente, isso pode ser um fardo para os profissionais de vendas que terão que equilibrar o papel de defesa com a venda em si.

No ponto mais abrangente de ser o defensor de clientes para todas as suas necessidades, foi interessante ver um líder de vendas como Kirk, vice-presidente de uma linha de produtos em uma empresa de telecomunicações global, com uma longa carreira de vendas, enfatizando a *Defesa Equilibrada* como uma competência-chave para um papel das vendas:

> Portanto, antes de tudo, deve haver uma defesa equilibrada para sua empresa. Definitivamente, vejo organizações de vendas e profissionais do setor que esquecem que recebem um salário da empresa atual.

A implicação para as competências de vendas parece ser a capacidade de alcançar esta defesa equilibrada. Embora as vendas e o marketing tenham que ser a voz do cliente, então, para evitar a obsessão por produtos de dentro para fora, isso tem que ser equilibrado com realismo comercial.

Então, quão equilibrada é a sua defesa? Pergunte-se pelas três últimas campanhas de marketing ou vendas em que você trabalhou: você dedicou tempo e esforço suficientes para pensar em como sua ideia beneficiou sua própria organização, assim como o cliente?

Escuta

"A maioria das pessoas não escuta com a intenção de entender; elas escutam com a intenção de responder."
— Stephen R. Covey (2013)

OUVIR PARA COMPREENDER

O hábito 5 no livro *Os Sete Hábitos das Pessoas Altamente Eficazes* de Stephen Covey era "procurar primeiro entender, depois ser entendido".

Estamos certos, se formos honestos com nós mesmos, de que a maioria de nós é culpada de falsa escuta, com a intenção de responder, de não compreender o ponto de vista da outra pessoa. Covey descreveu a escuta empática como refletir o que alguém diz e sente em suas próprias palavras para satisfação dele; ao fazer isso, ele se sentirá ouvido e compreendido, mas será que você realmente faz isso?

Do ponto de vista das vendas, ouvir para entender o cliente em vez de apenas responder pode ser a chave para abrir a porta para o que é importante e urgente para eles ou perdê-los ao oferecer seus produtos de forma prematura. Jill Konrath (2015), em *Agile Selling* [Venda Ágil], disse que os compradores se afastam de vendedores porque são "Empurradores de produtos ambulantes que não trazem valor ao processo de tomada de decisão".

William, dono de uma empresa de treinamento e desenvolvimento, explicou o contraste entre boas e más práticas nas interações com os clientes:

> Se dois provedores de treinamento estivessem se encontrando com o mesmo diretor-geral, e eu estivesse conversando com esse diretor-geral, eu apostaria que dentro de cinco minutos eu ainda estaria ouvindo suas histórias e me tornando superinteressado, mostrando empatia, desfrutando da conversa. Ao passo que o profissional de

vendas número dois já estaria lhe contando sobre os produtos que ele oferece e falando sobre si mesmo.

Ele modela como seria uma boa escuta, ao realmente tirar um tempo e mostrar interesse no que é importante para o cliente, tanto do ponto de vista comercial quanto do pessoal. Ele continua dizendo que, enquanto o objetivo é sondar e questionar até que o cliente tenha "colocado tudo para fora", o profissional de vendas precisa ser capaz de se adaptar a indivíduos que podem ter diferentes restrições de tempo e preferências para essas conversas de avaliação de necessidades.

OUVIR PARA PERSUADIR

Herbert citou ouvir e observar como o ponto de partida essencial para persuadir os clientes e conseguir sua adesão:

> Em termos das competências necessárias para conseguir a adesão, acho que você tem que ouvir e observar. Você realmente precisa entender o que motiva as pessoas e como elas funcionam e como pensam. E o que você possui que pode influenciar isso para conseguir a adesão geral delas. Acho que muitas equipes de marketing falham porque alguém pensa em algo, passa a informação para o time de vendas e diz: "vamos fazer assim".

Adicionando à observação de William, Herbert também enfatizou a necessidade de se conectar com o que motiva as pessoas, além de entender quais são as necessidades do negócio. Só então se deve falar sobre o que pode ser feito pelo cliente.

Aqui, Herbert destaca um tema recorrente, de que muitas vezes a discussão sobre "empurrar" o produto vem porque alguém pensa em uma oferta que é "imposta" para o setor de vendas, o que reflete novamente a necessidade de os profissionais de marketing melhorarem sua própria vontade de ouvir, e não entrarem em conversas com as vendas com uma ideia totalmente pronta sem pedir a contribuição do setor.

Regina, vice-presidente de marketing de uma empresa de TI, conseguiu ilustrar de forma muito clara:

> Eu dispensei um profissional de marketing por esta mesma razão; ele não conseguia adesão, nem queria ouvir a contribuição de outras pessoas. Ele não acreditava em "juntos somos mais fortes". Ele precisava ser a pessoa mais inteligente da sala.

A fim de ativar com sucesso programas e campanhas de marketing, os profissionais da área têm que ouvir ativamente uma ampla variedade de stakeholders internos para mobilizá-los em direção a objetivos compartilhados: profissionais de vendas, executivos seniores, gestores de produto, operações, para citar alguns. A participação valiosa nos estágios iniciais do desenvolvimento de programas e campanhas requer um grande esforço. É importante ressaltar que ele pode ajudar a reformular as ideias, aceitando novas ideias de outros e conseguindo sua adesão.

Regina revelou as severas consequências para os profissionais de marketing que não conseguem aceitar esse elemento do trabalho, porque, em sua opinião, é o mesmo que não ser capaz de desempenhar efetivamente a função. De sua perspectiva, os profissionais de marketing:

> devem ser curiosos. Eles precisam colocar seus egos de lado; é necessário saber aceitar as sugestões e garantir que as pessoas se sintam ouvidas. Não importa quão céticos sejam. Ponham de lado suas crenças pessoais e tentem levar em consideração a perspectiva dos outros.

DESAFIO

Você ouve para entender? Você é um falso ouvinte ou um ouvinte empático? Com que frequência ouvir os outros reformula suas ideias? Você reconhece que ouvir é uma plataforma de persuasão?

Aqui está um exercício que pode ajudá-lo a testar como você é bom em ouvir; faça-o com um amigo e depois com sua equipe no trabalho, e da próxima vez que você estiver com um cliente.

Fale com um amigo ou colega por três minutos. Tente reter cinco informações que são importantes para seu colega. Procure ir além da "escuta falsa" ou "escutar com base em seu próprio interesse". Você pode ficar atento, resumindo o que pensa que foi dito ou repetindo o que acha que ouviu. Você realmente escutou com empatia, compreendendo o que era importante de verdade? Você realmente ouviu "com base no interesse do outro"? Reproduza as cinco coisas que você reteve — o que seu colega pensou?

FIGURA 6.1 Você realmente escuta?

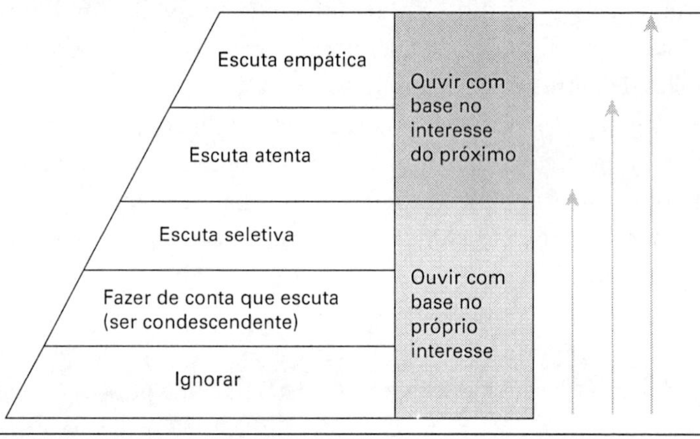

Negociação

A negociação tem sido vista há muito tempo como um elemento central do processo de vendas e algo que aparece fortemente no treinamento de vendas.

Há muitas variações ligeiramente diferentes do que é a negociação — nossa própria definição é:

> A negociação ocorre quando organizações ou pessoas, com opiniões diferentes, se reúnem para tentar chegar a um acordo sobre alguma questão.

A maioria dos acordos de vendas B2B significativos exigirá alguma forma de negociação, formal ou informal. Por este motivo, as metodologias de vendas mais ensinadas têm a negociação embutida nelas, o que enfatiza que os profissionais de vendas têm, por necessidade, que ser negociadores competentes. Por exemplo, se um profissional de vendas oferece um desconto de cinco por cento a um cliente em um negócio de um milhão de reais, então, se a margem bruta é de quatrocentos mil reais, o desconto retira 12,5 por cento da margem bruta. Se a rentabilidade foi inicialmente de cem mil reais, então o desconto acaba representando cinquenta por cento do lucro.

Portanto, onde os profissionais de vendas estão envolvidos em negócios multimilionários que podem afetar seriamente a rentabilidade de sua empresa, não é de se admirar que eles precisem ter habilidades de negociação poderosas.

Surpreendentemente, as habilidades de negociação estão em grande parte ausentes dos cursos universitários de marketing e recebem pouca consideração no treinamento de profissionais e líderes da área. Isso é surpreendente porque o CMO geralmente detém um dos maiores orçamentos correntes em qualquer empresa e, com o aumento da tecnologia de marketing, uma influência crescente nos gastos com TI. Cotidianamente, um profissional de marketing estará envolvido na negociação de contratos de todos os tamanhos, desde negócios com designers gráficos até grandes contratos com agências de publicidade. Com base em nossa experiência, afirmamos que os profissionais de marketing têm que negociar mais frequentemente do que os profissionais de vendas com organizações externas, portanto, a necessidade de ser um negociador competente é primordial.

Para uma ativação eficaz, a necessidade de um profissional de marketing ser um excelente negociador é maior porque cada novo programa ou campanha está em discussão, porque os stakeholders que você precisa mobilizar não começarão a partir da mesma posição que você. Portanto, o básico da negociação é não entrar em discussões com profissionais de vendas, executivos seniores ou gestores de produto com uma ideia pronta de antemão... a sua própria.

Os profissionais de marketing, assim como os de vendas, precisam adotar os princípios-chave de negociação encontrados em textos seminais como *Como Chegar ao Sim* (Fisher e Ury, 2018) usados por profissionais de vendas de todo o mundo. O ponto de partida é considerar uma série de resultados possíveis, caso contrário não há condições para negociação, como podemos ver na Figura 6.2.

FIGURA 6.2 Condições para a negociação

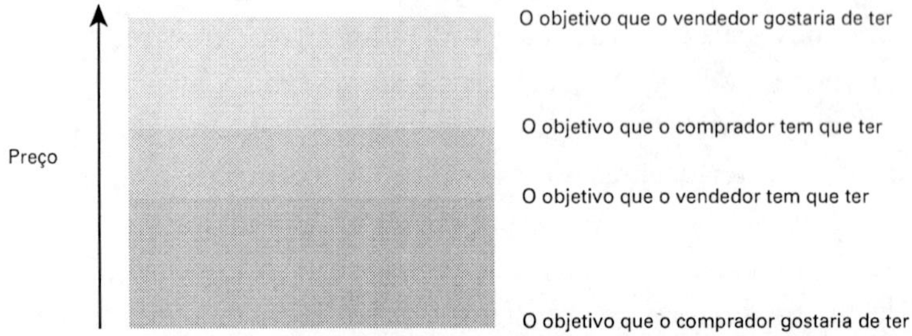

Podemos ver que há condições para negociação porque cada lado está vendo uma gama de possibilidades desde "obrigatórias" até "desejáveis" e estas duas faixas de possibilidades se sobrepõem.

Se você não tiver nenhuma forma de treinamento em negociação, sugerimos que obtenha um certificado, ou negocie para obter algum!

Felizmente, fazemos muito isso em nossa vida diária: com nossos filhos, sobre o tempo de tela em celulares, com amigos, sobre se vocês vão ver um filme ou ir ao pub, com nossos chefes, sobre quando podemos tirar férias. Assim, praticamos a negociação, quer queiramos, quer não. Não podemos fingir dar a você o que é preciso para ser um excelente negociador, mas aqui está um desafio para começar a negociar.

EXERCÍCIO DE NEGOCIAÇÃO

Da próxima vez que você entrar em uma discussão em que achar que seu único objetivo é vender sua ideia pronta, pense na outra parte e pergunte-se o que ela pode querer obter de sua proposta. Complete a tabela a seguir definindo seus objetivos, pensando sobre o que você gostaria de obter e o que você deve ter em troca. Depois disso, pense no que você está disposto a abrir mão ou negociar.

Concessões ajudam na negociação, então pense no que você pode oferecer, e o que você gostaria de receber de volta. Não se esqueça de pensar sobre o que o outro lado pode querer. Agora, traga isso para a discussão — como foi para você?

TABELA 6.2 Exercício de negociação

Quais são seus objetivos?		
O que você "tem que ter" e o que "gostaria" de ter?	Obrigatório:	Desejável:
O que você está preparado para abrir mão ou negociar?		
O que a outra pessoa poderia querer?		

Tenacidade

Se deixássemos este capítulo de lado para destacar apenas uma competência que recebe muita ênfase quando falamos com executivos, líderes de vendas e de marketing, falaríamos sobre tenacidade, a determinação de continuar o que você está fazendo.

A esta altura, já deve ser dolorosamente evidente que a ativação não é fácil. Embora possamos lhe dar alguns conselhos, ferramentas e estruturas para ajudá-lo a melhorar nos limites deste livro, aprender a se tornar um excelente ativador é algo que dura uma vida inteira... porque requer muito esforço.

Robson, presidente de uma empresa de tecnologia global, enfatizou o quanto de esforço a ativação pode exigir:

> A parte de adesão leva mais tempo do que as pessoas geralmente investem. Assim, para que milhares de pessoas aceitem algo, é preciso muito esforço e muito tempo para chegar lá, desde o envolvimento de baixo para cima na jornada até a resposta, a apropriação a nível de liderança, descendo efetivamente através da organização, reforçando diariamente o porquê de estarmos fazendo isso e quais são os benefícios. E depois continuar a reforçar isso com exemplos de sucesso.

Apesar de Robson estar dando aqui a perspectiva de uma grande organização, começando com uma visão de quão trabalhoso é conseguir a adesão inicial até a necessidade de reforço contínuo, os princípios se aplicam a empresas de todas as formas e tamanhos. Reconhecemos, porém, que, quanto maior a organização, maior a complexidade, e maior é a necessidade de ter tenacidade.

Já vimos que conseguir e manter a adesão é muitas vezes colocado no contexto de muitas outras iniciativas que competem por tempo e por espaço na mente das pessoas que precisamos que trabalhem conosco. Se você está pedindo a um cliente para mudar do que ele tem no momento para algo novo, ou que sua própria organização adote uma abordagem diferente de marketing ou venda, então, para citar Katie, CEO de uma pequena empresa de software e antiga CMO de grande companhia:

> É como trocar os pneus do carro enquanto tenta mantê-lo em movimento.

Katie descreve um panorama em que todos estão ocupados e concentrados no curto prazo, apresentando um desafio para os profissionais de marketing:

> Parece que todos estão correndo tentando afixar os números no quadro. Para construir um programa de marketing ou de vendas, é preciso poder dar um passo atrás e trocar os pneus do carro. Mas você sabe que tem que mantê-lo em movimento para que os lucros cheguem hoje. As pessoas estão apenas ocupadas e só veem o valor a curto prazo — elas não veem o valor que você está tentando construir a longo prazo se isso não as ajudar neste trimestre.

Enquanto facilitadores como a adesão do setor de vendas precisam estar em ordem, para Katie não há como escapar do fato de que conduzir os programas através da organização pode se resumir à tenacidade de um indivíduo em apenas insistir no esforço para que isso aconteça.

Jerry, dono de uma consultoria de marketing, combina a necessidade de tenacidade no contexto da ativação de toda a organização, um tema recorrente neste capítulo:

> A ativação não é um trabalho fácil. É complicado entender de verdade um mercado, e é difícil alinhar as forças na organização — é uma tarefa muito política. Nas melhores organizações, bons profissionais de marketing estão ativando toda a organização em direção a um objetivo de fazer algo pelos clientes. Mas, em muitas organizações, eles não têm essa confiança ou capacidade, então eles se tornam os empacotadores das coisas que a organização produz.

Jerry reconhece a natureza política da ativação, que requer competência para entender as preferências, motivações e valores pessoais de uma grande variedade de pessoas que precisam ser "postas para trabalhar". Uma consequência forte de não ser capaz de ativar os grandes programas de mudança no marketing e nas vendas a que Jerry se referiu está sendo reduzida a produzir táticas relacionadas à imagem da marca e a geração de leads. Como é feito na sua equipe?

Para os profissionais de vendas, a necessidade de tenacidade e resiliência, combinada com inteligência política, sempre esteve em primeiro plano. Ter que se recuperar da rejeição do cliente é uma característica permanente da personalidade de um bom vendedor. Operar em um ambiente onde agora, em média, 6,8 pessoas na organização do cliente têm que assinar um acordo (Toman, Adamson e Gomez, 2017) e potencialmente centenas devem ser mobilizadas em favor de sua proposta requer tenacidade e bom senso. Os princípios que Katie usou para descrever a tenacidade exigida internamente pelos profissionais de marketing se manifestam no ambiente do cliente para as vendas. Além disso, se o comprador requer algo ligeiramente personalizado ou novo, então o profissional de vendas terá que convencer uma série de stakeholders internos de que é algo que vale a pena fazer, o que pode exigir muita tenacidade.

Se você não tem a tenacidade de assumir os grandes negócios, pode ser reduzido aos pequenos ganhos rápidos — é o seu caso?

> DESAFIO
>
> Então, quão tenaz você é? Sua equipe tem tenacidade? Vocês contratam profissionais de vendas e marketing com foco na tenacidade? Você consegue pensar em uma época em que foi bem-sucedido ao enfrentar uma adversidade?

Foco nas pessoas

Tanto para profissionais de marketing quanto para os de vendas, a necessidade de focar o cliente, mostrando interesse no que ele precisa e em como é possível ajudá-lo, é largamente incontestável. O que surgiu das nossas entrevistas foi a necessidade de centrar o foco no cliente, geralmente querendo interagir e lidar com as pessoas de forma competente, e trabalhar em equipe eficazmente.

Quando perguntamos a Kirk sobre as competências que ele procurava em bons profissionais de vendas, a orientação foi sua primeira característica de referência:

> Eu procuro profissionais que gostam de trabalhar com pessoas. Já vi gente migrando para as vendas só porque achava que era uma boa oportunidade financeira. Mas então, às vezes, você olha e diz: você gosta de pessoas? Você não pode ser um lobo solitário.

Neste depoimento, Kirk traz à tona o traço necessário para que os profissionais de vendas consigam curtir o trabalho com o público. Ele parece advertir contra a motivação financeira extrínseca que algumas pessoas podem ter ao querer atuar com vendas. Ao caracterizar o tipo errado de pessoa como "lobo solitário", Kirk aponta para a necessidade de os vendedores operarem em um ambiente de equipe, pois é raro que uma pessoa seja capaz de sozinha começar e terminar uma venda.

Mudando seu foco para profissionais de marketing, Kirk enfatizou que os profissionais de marketing precisavam ter uma atuação orientada à equipe no seu DNA e comportamento. Ele viu o trabalho em grupo como um facilitador para a obtenção do alinhamento entre marketing e vendas, o que, como já discutimos, é uma necessidade para a ativação. Dada a fragmentação das organizações de marketing, esse ambiente de trabalho focado em colaboração é essencial para obter a adesão dos colegas de setor, dos executivos seniores e de outros stakeholders. Isso é ter o mindset "juntos somos mais fortes" do qual Regina falou no início deste capítulo.

Bob, diretor comercial com experiência no setor de materiais de construção, foi cético sobre a habilidade dos profissionais de marketing de lidar com pessoas:

> Não acho que muitos profissionais de marketing tenham feito a conexão em relação às pessoas ao redor; não acho que eles tenham entendido que a orientação de marketing também funciona em toda a organização.

Bob enfatizou que os profissionais de marketing estão na posição privilegiada de ter um trabalho que requer interação e mobilização de todos os tipos de pessoas e na organização como um todo. O problema que Bob enxerga é que eles parecem não perceber que seu trabalho é focado nas pessoas. Ele enfatizou novamente a necessidade de o marketing conseguir um engajamento maior com as vendas para conseguir aceitação, e com o financeiro para ter apoio para subsidiar seus programas para começo de conversa. Nós trataremos mais da relação financeira no Capítulo 9 quando analisarmos as competências de avaliador.

Este foco nas pessoas tem de trazer consigo um nível de habilidade social e agilidade que vem do entendimento de que você tem que lidar com pessoas de um amplo espectro de funções, muitas vezes de diferentes origens e certamente com diferentes traços de personalidade, como Bill, um empreendedor em série, apontou:

> Você tem habilidade social e agilidade, pois precisa trabalhar com uma gama de tipos diferentes: o obstinado, o empático, comunicar bem entre estes tipos é vital. Sei, ao fazer diferentes testes de personalidade, que outras pessoas não são como eu, então eu tenho que levar isso em conta.

Acrescentando a isso, Norman, *head* de marketing de uma empresa de jogos, enfatizou a utilidade de poder se comunicar tanto dentro como fora da organização, e como essa competência é relevante para profissionais de vendas e marketing:

As habilidades sociais são relevantes fora e dentro da organização. A simpatia é uma grande característica e possibilita a interação em todos os níveis, pois isso permite que você trabalhe de forma mais eficiente, já que, independentemente de quem seja, você consegue interagir com qualquer pessoa.

A capacidade de interagir em todos os níveis, em todas as funções, é sustentada pela última competência, a contextualização.

Então, você e sua equipe têm foco nas pessoas? Você contrata levando em consideração a ênfase nas relações interpessoais e na agilidade social? O foco nas pessoas é superado pela busca de mais habilidades técnicas?

Contextualização

Contexto é uma palavra que vem do latim *contextus*, em que *con* significa "juntos" e *texere* significa "tecer". Para ajudar sua organização a se destacar, as vendas e o marketing precisam "ficar juntos" para "tecer" propostas de valor, idealmente baseadas nas necessidades do cliente, de maneiras que só você pode atender.

O contexto é definido no Oxford English Dictionary como "As circunstâncias que formam o cenário de um evento, declaração ou ideia, a partir dos quais ele pode ser totalmente compreendido". Na prática, o que isso significa é que vendas e marketing precisam compreender as circunstâncias exatas da pessoa com a qual estão lidando, a fim de dar forma a propostas de valor que ressoem com ela, seja ela um cliente externo ou um executivo interno.

Textos de teologia são um bom lugar para dar sentido à contextualização. Fortes paralelos podem ser traçados às preocupações teológicas de colocar o evangelho no contexto e na cultura dos destinatários do evangelho, como definido aqui por Luzbetak (1988, p. 69):

> A contextualização são vários processos pelos quais uma igreja local integra a mensagem do Evangelho (o "texto") com sua cultura local (o "contexto"). O texto e o contexto devem ser misturados.

Colocando isso no contexto de marketing e vendas, os profissionais de marketing têm que estar à altura do desafio de passar do nível mais alto das mensagens da marca (o texto) e temas que funcionam para toda a sua base de clientes, para o contexto de indústrias específicas, como os serviços financeiros. Eles precisam então ajudar o setor de vendas ao contextualizar isso para clientes individuais, por exemplo, o banco HSBC. Em seguida, eles têm que se concentrar nos tomadores de decisão da área de compras do HSBC. Chamamos isso de "pilha de valor", que introduzimos anteriormente no Capítulo 2.

No fim das contas, se um profissional de vendas não conseguir criar uma proposta de valor que ressoe com os indivíduos em uma central de compras, então ele não contextualizou a oferta para o cliente. Sem ser capaz de colocar em contexto o valor do cliente, você estará, provavelmente, apenas empurrando produtos, e o cliente resistirá.

Kirk, explicando sua passagem da liderança de vendas para a gestão de um grupo de produtos, deu um exemplo comum do que chamamos de contextualização:

Parte da minha responsabilidade hoje é a gestão do produto. Somos responsáveis por trabalhar lado a lado com nossa força de vendas. Quando assumi este cargo, a primeira coisa que perguntei foi: "vocês têm um plano de batalha bem simples?" Isso diz, para um mercado específico: este é o cenário competitivo, estes são os pontos fortes deles, estas são suas fraquezas. Então, com base em tudo isso, eis a forma como você diferencia nossa empresa atual. As pessoas me olhavam como se eu tivesse duas cabeças.

O que Kirk encontrou em sua mudança para a gestão de produtos é um grupo de pessoas que se acostumou a distribuir "folhetos" genéricos de produtos, esperando que aqueles mais próximos ao cliente façam todo o trabalho difícil de contextualização. As chances de mobilizar a equipe de vendas para vender esse produto seriam muito maiores se trabalhássemos com eles para contextualizar a oferta.

EXERCÍCIO DE CONTEXTUALIZAÇÃO

Então: o quanto você e sua equipe são bons em contextualizar? Vocês contratam com base nesta competência?

Eis um exercício simples para testar a si mesmo.

TABELA 6.3 Exercício de contextualização

Contexto	Os maiores desafios dos clientes	Como você se destaca
Genérico em todos os níveis do cliente, por exemplo, o texto do site		
Vertente industrial, por exemplo, companhias aéreas		
Nível do cliente, por exemplo, British Airways		
Nível individualizado, por exemplo, o CFO da British Airways		

Comece pensando em desafios que são comuns em uma ampla variedade de clientes. Se você estivesse tentando se destacar usando seu site, o que poderia dizer e fazer?

Desça a tabela para ver se você pode adaptar como se destacar nos diferentes contextos, mantendo-se fiel às mensagens abrangentes que você desenvolveu para se destacar no nível genérico entre clientes. Você achou isso difícil ou fácil?

Agora faça o mesmo, mas olhando sob a perspectiva de implementar um programa de marketing ou de vendas internamente. Mude os itens da coluna "contexto" para corresponder a sua organização e programa, por exemplo: multiorganização, nível de diretoria executiva, equipe de marketing, profissionais de vendas. Você foi capaz de colocar seu programa em contexto para os diferentes tipos de pessoas?

Resumo do capítulo

Neste capítulo, demos a você uma visão das condições facilitadoras que precisam estar em posição para ter uma base forte de ativação. Chamamos sua atenção para algumas coisas que podem sabotar a ativação eficaz se você não tiver cuidado. Há alguns passos-chave que precisam ser dados para mobilizar as pessoas e equipes que você precisa colocar em "serviço ativo" para o cliente, e dentro de sua própria organização.

Não há como fugir do fato de que a ativação é algo que demanda esforço. As competências de ativador são, sem dúvida, essenciais para o marketing e os profissionais de vendas, pois "a visão sem ação é um sonho". Identificamos um conjunto de competências necessárias para uma ativação eficaz que deve ajudar sua organização a se destacar de forma significativa para os clientes. Desenvolver estas competências com êxito é uma tarefa não trivial, e, para ajudá-lo em seu caminho, demos-lhe alguns exercícios para testar onde você está agora. Você provavelmente precisará colocar em prática um plano que o coloque em um caminho de aprendizado para se tornar melhor nestas competências. O que nos leva à próxima competência a que recorreremos no Capítulo 7, Aprendizagem.

TABELA 6.4 Condições e competências de ativador

Condições facilitadoras	Sabotadores	Mobilizadores	Competências
Foco	Outras prioridades	Alinhamento de vendas e marketing; Obtenção de adesão	Defesa equilibrada; Escuta
Objetivo e resultado	Respostas prontas de antemão	Gestão dos stakeholders	Negociação; Tenacidade
Argumento de negócio	Adesão executiva; Abundância de programas de produtos		Foco nas pessoas; Contextualização

TABELA 6.5 Competências de Visionário e Ativador

V Visionário (*Visionary*)	A Ativador (*Activator*)	L Aprendiz (*Learner*)	U Utilidade (*Usefulness*)	E Avaliador (*Evaluator*)
Victor, o Visionário	Alison, a Ativadora	Laura, a Aprendiz	Ulisses, o Útil	Érica, a Avaliadora
Visão de fora para dentro Visão de futuro Zooming Previsão Imaginação	Defesa equilibrada Escuta Negociação Tenacidade Contextualização com foco nas pessoas			

Referências e leituras adicionais

Barker, J. A. *Discovering the Future: The power of vision*. Florida: Ed. Winter Park, 1992.

Barta, T. e Barwise, P. *The 12 Powers of a Marketing Leader: How to succeed by building customer and company value*. Nova York: Ed. McGraw-Hill Education, 2017.

BBC News. School strike for climate: Protests staged around the world, 2019. Disponível em: <www.bbc.co.uk/news/world-48392551>. Arquivado em: <perma.cc/Z4HL-BMBM>.

Covey, S. *Os 7 Hábitos das Pessoas Altamente Eficazes* (edição revisada e ampliada). Rio de Janeiro: Ed. Best Seller, 2015.

Dixon, M. e Adamson, B. *A Venda Desafiadora: Assumindo o controle da conversa com o cliente*. Rio de Janeiro: Ed. Portfolio-Penguin, 2013.

Fisher, R. e Ury, W. *Como Chegar ao Sim: Como negociar acordos sem fazer concessões*. Rio de Janeiro: Ed. Sextante, 2018.

Kelly, S., Johnston, P. e Danheiser, S. *Value-ology: Aligning sales and marketing to shape and deliver profitable customer value propositions*. Londres: Ed. Palgrave Macmillan, 2017.

KONRATH, J. *Agile Selling*. New York: Ed. Portfolio/Penguin, 2015.

LUZBETAK, L. J. *The Church and Cultures: New perspectives in missiological anthropology*. Nova York: Ed. Orbis, 1988.

MILLER, R. D., HEIMAN, S. E. e TULEJA, T. *The New Strategic Selling* (3ª ed. rev.). Londres: Ed. Kogan Page, 2011.

OPPENHEIM, M. Martin Luther King Day: Read civil rights leader's 'I have a dream' speech in full: One of the most definitive iconic moments of the 20th century, *Independent*, 18 jan. 2016. Disponível em: <www.independent.co.uk/news/ people/martin-luther-king-jr-day-read-civil-rights-leaders-i-have-a-dream-speech-in-full-a6819481.html>. Arquivado em: <perma.cc/U445-URA7>.

TOMAN, N., ADAMSON, B. e GOMEZ, C. The new sales imperative, *Harvard Business Review*, mar./abr. 2017.

WINKLER, J. *Bargaining for Results*. Oxford: Ed. Heinemann, 1996.

07

O aprendiz — competências para se manter em sintonia com seus clientes

Neste capítulo, nós vamos:

- compartilhar o que são competências de aprendizagem e por que elas são fundamentais para o desenvolvimento;
- explicar o que significa ser um bom aprendiz;
- fornecer ideias para se desenvolver como um aprendiz;
- discutir armadilhas comuns para o aprendizado no contexto de vendas e marketing B2B.

O aprendizado é contínuo

"Eu não falhei. Apenas descobri dez mil maneiras que não funcionam." — Thomas Edison (citado em Elkhorne, 1967)

Em 1859, aos 12 anos, Thomas Edison abandonou a escola primária. Seus professores o consideravam "lento" e um fracasso em sala de aula, então sua mãe o manteve em casa e ela mesma lhe ensinou. Ele tinha um laboratório no porão para experimentar e testar suas ideias. Como todos os bons inventores, Edison tinha um talento para construir a partir de invenções anteriores e melhorá-las. Você pode pensar nele como o inventor da lâmpada, mas, na verdade, seu projeto foi baseado no trabalho de vários inventores que vieram antes dele. O que tornou sua descoberta diferente é que ele descobriu uma maneira de tornar uma lâmpada comercialmente viável, que poderia ser produzida de forma barata e funcionar por várias horas/dias. Assim, a "primeira" lâmpada incandescente nasceu em 1879.

Edison não parou de aprender e inventar depois do sucesso de sua invenção. Ele trabalhou até bem depois de oitenta anos e detinha um recorde de 1.093 patentes na época de sua morte.

A história de Edison ilustra perfeitamente o conceito de aprendizagem como um processo contínuo. Em outras palavras, a jornada de aprendizagem é interminável. Embora nem todos possamos ser inventores famosos, nós temos uma grande quantidade de informações, conhecimentos e ferramentas à nossa disposição para estar constantemente aprendendo e crescendo... e esse é um importante mindset para se ter.

O que é um aprendiz?

"O aprendizado não é obrigatório... é voluntário."
— W. Edwards Deming (citado em Voehl, 1995)

Quando falamos de "aprendizagem", você pode pensar imediatamente em ser um estudante em um ambiente tradicional de sala de aula. No entanto, a maioria de nós passa apenas cerca de 25 por cento de nossas vidas recebendo treinamento e educação formal. O resto de nosso aprendizado ocorre fora da sala de aula no "mundo real".

Como delineamos no Capítulo 3, definimos "aprendiz" como alguém que "adquire conhecimentos ou habilidades ou modifica uma tendência comportamental" (Merriam-Webster.com). Essas habilidades ou conhecimentos podem ser adquiridos de várias maneiras — através de experiência pessoal, autodidatismo, educação e treinamento formal ou informal.

Há muita pesquisa sobre o tema do aprendizado, e seria útil descrever o que significa ser um bom aprendiz. O especialista em educação de adultos Malcolm Knowles (1990) observa algumas características importantes dos aprendizes adultos que se aplicam aos profissionais de vendas e marketing:

- eles sabem por que precisam aprender sobre mercados e clientes;
- eles assumem a responsabilidade e estão motivados a aprender o que é necessário para fazer seu trabalho;
- eles se baseiam na experiência.

Definimos as características principais de um *bom aprendiz* como:

1. Aberto a novas ideias — constantemente em busca de novas informações.
2. Pensador crítico — testando suas suposições.
3. Autodirigido — não espera que lhe digam o que fazer.
4. Delibera sobre a aprendizagem (informal e formalmente).
5. Colaborativo — fazendo perguntas e procurando a contribuição de outros.
6. Reflexivo — dando sentido ao que foi aprendido.
7. Flexível — adapta-se e não fica imobilizado.

Os bons aprendizes também praticam a aprendizagem em ciclo duplo, um modelo criado por Argyris e Schön (1978) que ajuda a identificar as causas subjacentes dos problemas, não apenas os sintomas.

Por exemplo, digamos que uma organização continua perdendo negócios para os quais ela concorre no setor de manufatura. Na superfície, ela pode culpar seus "preços altos" por não conseguir fechar novos contratos. Mas no aprendizado de ciclo duplo, ela iria mais fundo, procurando por padrões. Se continuarem se perguntando por que certas coisas estão acontecendo, os funcionários da empresa descobrirão a raiz do problema.

— Por que continuamos perdendo negócios na manufatura?
Apresentamos as propostas, mas obtemos a mesma resposta: "seu preço é muito alto".
— Por que os clientes em potencial pensam que nossos preços são muito altos?
Somos novos no mercado, e os compradores imaginavam que seríamos mais baratos.
— Por que eles pensaram que seríamos mais baratos?
Porque lhes dissemos que podemos ajudá-los a cortar custos.
— Por que lhes dissemos isso?
A maior parte de nosso conteúdo de mensagens e marketing/vendas é sobre como podemos ajudar a controlar seus custos e economizar dinheiro.
— Por que ainda estamos indo para o mercado com uma mensagem de economia de custos?
Porque não atualizamos nossa proposta de valor desde a recessão de 2008.

O valor da aprendizagem

O filósofo grego Heráclito disse uma vez: "A mudança é a única constante." Basta olhar para o panorama da tecnologia de marketing para comprovar esta famosa citação. Por exemplo, em 2011, havia apenas 150 tecnologias de marketing disponíveis; em 2018 profissionais da área tinham mais de sete mil soluções tecnológicas à sua disposição (Brinker, 2018). Com tantas opções disponíveis, eles precisam entender e, em última instância, escolher as tecnologias que melhor se adaptam às suas necessidades. Esta não é uma tarefa pequena.

Como nos disse Regina, vice-presidente de marketing de uma empresa de TI:

> Neste ano, introduzimos sete novas tecnologias e programas que todos tiveram que aprender. Temos que ser mais espertos que nossa

concorrência. E isso requer muitas ferramentas e capacidades novas, muitos sistemas novos.

O que Regina aponta é que as coisas estão mudando rapidamente, e todos na equipe devem aprender e se adaptar. O objetivo não é apenas implementar novas tecnologias para ter algo novo. Regina vê corretamente a tecnologia como uma plataforma para aprender mais sobre seus clientes para que eles possam ir ao mercado de forma diferenciada e operar uma equipe de marketing mais eficiente e eficaz.

Então por que estamos dedicando um capítulo inteiro para descrever a importância de ser um aprendiz?

Muito simplesmente, isso se resume ao que Christine, vice-presidente de marketing, compartilhou:

> Acho que o aprendizado é extremamente importante nos negócios globais. Tudo está em constante mudança. Portanto, você realmente tem que estar nesse mindset de aprendizagem.

Christine descreve a necessidade de "acompanhar" as mudanças ao longo do tempo. Quer se trate de variações nas exigências dos clientes, na indústria ou modificações organizacionais internas — seu trabalho e o sucesso da empresa dependem de sua capacidade de adaptação e de acompanhar o fluxo.

Em outras palavras, se não estiver dedicado a aprender e experimentar constantemente coisas novas, você se verá desconectado do que seus clientes realmente querem e esperam. Esta desconexão pode levar à criação de:

- produtos que ninguém quer;
- conteúdo de marketing que ninguém usa;
- interações de venda que desperdiçam o tempo de todos.

Além disso, mais do que qualquer outra coisa em sua carreira, aprender é algo sobre o qual você tem total controle.

Você pode ter seu próprio crescimento e investir no aprendizado de novas habilidades e conhecimentos. Este pode ser um processo altamente gratificante. De fato, pesquisas do LinkedIn* com trabalhadores (2019) descobriram que 89 por cento deles concordaram que adquirir habilidades é mais importante do que ter títulos profissionais.

Questionamos, porém, o motivo pelo qual as organizações e os indivíduos de hoje não estão dando mais ênfase ao aprendizado contínuo. Quando pedimos aos participantes da pesquisa que classificassem a importância de várias competências de marketing e vendas, descobrimos isso:

> Apenas 52,5 por cento afirmaram que "a dedicação para aprender coisas novas" era "muito importante". Por outro lado, noventa por cento afirmaram que "a capacidade de conectar os pontos das necessidades do cliente às soluções da empresa" é muito importante.

Isso indica uma diferença significativa entre "o que" é importante (conectar os pontos) e "como" isso realmente é feito (aprender sobre seus clientes).

Da mesma forma, a Hays, uma empresa líder em recrutamento de marketing localizada no Reino Unido, pesquisou trezentos profissionais da área para entender quais habilidades são mais importantes no mundo digital (ver Figura 7.1). Eles descobriram que as cinco competências mais essenciais em demanda entre os profissionais de marketing "generalistas" de hoje são o pensamento estratégico, a gestão de campanhas/projetos, a criatividade, o conhecimento comercial e o foco no cliente.

Novamente, o que é interessante é que a capacidade de aprender e se adaptar é um fio comum em muitas dessas competências (Figura 7.2). Por exemplo, como alguém pode alegar ter "foco no cliente" sem primeiro aprender sobre seus clientes? E seria impossível encontrar soluções criativas sem antes ter uma compreensão dos problemas que seus clientes estão tentando resolver.

Assim como as preferências de compra evoluem e mudam, você também deve fazer o mesmo.

As preferências de compra B2B têm evoluído drasticamente nos últimos anos. Os compradores exigem uma maior personalização das soluções e da comunicação, e estão cansados de perder tempo com fornecedores que não aprendem sobre seus negócios.

FIGURA 7.1 Principais habilidades generalistas de marketing

FONTE: Hays (2019)

FIGURA 7.2 Tudo começa com um mindset de aprendizagem

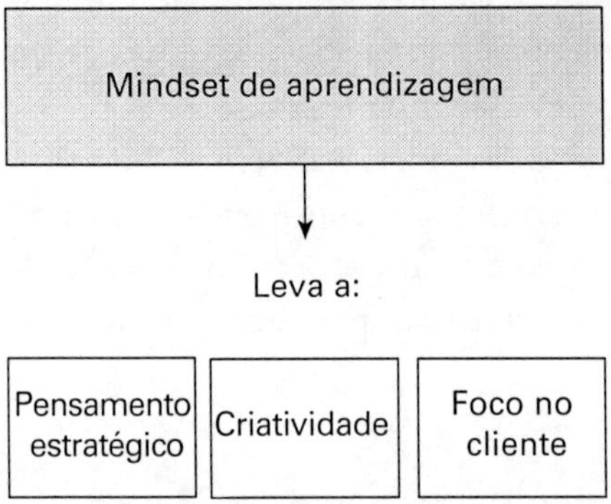

Em um estudo da Aberdeen de 2019, 97 por cento dos entrevistados descobriram que os compradores B2B querem representantes de vendas que possam "demonstrar um conhecimento maior de sua empresa e de suas necessidades" (Aberdeen, 2019).

Pense nisso por um segundo. Apenas três por cento dos entrevistados sentem que os representantes de vendas estão dedicando tempo suficiente para aprender sobre seus clientes em potencial e mostrando que entendem o mundo deles. A maioria deles simplesmente vai se encontrar com clientes em potencial sem se preparar. Isso leva à frustração do comprador e é por isso que 65 por cento deles acreditam que "os vendedores e representantes de vendas estão mais interessados em vender seus produtos/serviços do que em ouvir minhas necessidades" (Merkle, 2017).

Uma das melhores maneiras de sair deste modo de "empurrar produtos" é adotar um mindset de "aprendizado constante". Malcolm Knowles (1990) fala das pessoas no contexto da aprendizagem como dogmáticas (insistentes) — "é assim que funciona e eu vou dizer o que você necessita saber" — ou conciliadoras (constroem pontes) — "vamos tentar entender como trabalhar juntos". Portanto, pode ser que sua atitude instintiva para aprender impulsione como você interage com os clientes!

Em vez de pensar no que você quer vender, comece a pensar no porquê de seu cliente comprar sua solução e que problema ela resolverá. Isso exige que você seja curioso!

> Em uma pesquisa, 62,5 por cento dos entrevistados afirmaram que a "curiosidade" era uma competência "muito importante" para os profissionais de marketing e vendas de hoje.

As crianças são intensamente ávidas para aprender como tudo funciona no mundo. Pesquisas mostram que mães recebem quase trezentas perguntas por dia de seus filhos, totalizando aproximadamente 105 mil questões por ano (news.com.au, 2013)! Se você é pai ou mãe de uma criança mais nova, deve saber o quão incansável ela pode ser ao fazer os questionamentos. Mas, quando chegamos ao ensino médio, deixamos de fazer perguntas — perdendo nosso senso de encantamento e interesse.

No entanto, a curiosidade chega ao cerne do que os compradores B2B querem dos fornecedores de hoje — percepções, recursos de valor agregado e um parceiro que esteja interessado em ajudá-los. Os profissionais de marketing e vendas que desenvolvem o senso de curiosidade são capazes de construir melhores relacionamentos, descobrir mais insights e resolver problemas mais rapidamente. Como? Demonstrando um desejo genuíno de conhecer mais sobre o cliente e fazendo perguntas melhores.

Nós o incentivamos a olhar além de sua indústria ou do setor de seus clientes para se inspirar. Algumas das melhores ideias podem vir de fontes que não estão imediatamente conectadas ao seu mundo. Por exemplo, as técnicas de roteiro de Hollywood podem ser aplicadas ao storytelling dos negócios e na publicidade.

A melhor lição é que as organizações que valorizam um maior aprendizado sobre seus clientes estarão em posição de inovar mais rapidamente e ficar à frente da concorrência.

Então, agora que você entende por que é importante aprender, sua primeira pergunta pode ser — *o que preciso aprender para ajudar minha empresa a se destacar?*

Lembre-se, a premissa deste livro é ajudar você a se destacar em um Mar de Mesmice. Partindo do fato de que seus clientes querem e esperam que você entregue valor na forma de insights, orientação e soluções únicas, sugerimos que você tenha um entendimento completo das dimensões compartilhadas no Capítulo 5 (Visionário).

FIGURA 7.3 Construindo sua proposta única de valor

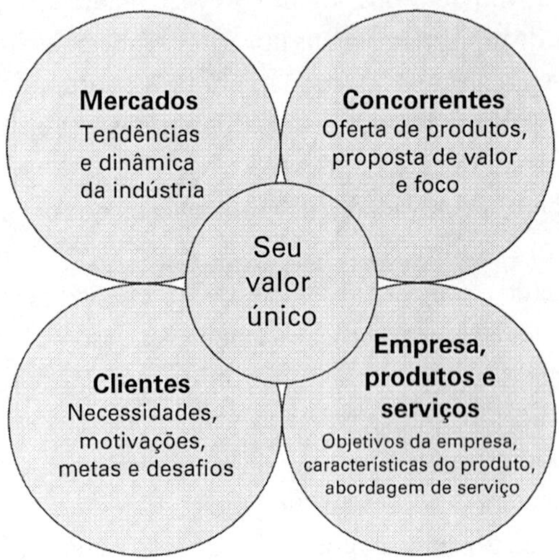

Muitas das empresas B2B com as quais trabalhamos admitem não ter pleno conhecimento sobre uma ou mais dessas áreas. Pior ainda, a maioria delas simplesmente ignora a pesquisa de clientes e concorrentes (ou a conduz uma vez e assume que as informações permanecem as mesmas ano após ano).

Mas argumentamos que é tarefa de *todos* ajudar a fornecer valor ao cliente — não apenas a equipe de vendas, produtos ou atendimento ao cliente.

As organizações que se destacam compreendem para onde estão indo, de que maneira são únicas e por que os clientes devem seguir. Portanto, reserve algum tempo para refletir sobre as perguntas da Tabela 7.1 e veja quantas você pode responder com confiança.

Quais você achou difícil de responder? Como isso se relaciona com o local onde você passa a maior parte do seu tempo no trabalho? Você pode se comprometer a aprender algo novo nessas áreas?

Que este seja o ponto de partida em sua jornada de aprendizagem.

TABELA 7.1 Questões de reflexão

Categoria	Perguntas para fazer a você mesmo
O mercado	• O quanto eu entendo sobre o mercado em que operamos? • Quais são as tendências de mercado para os próximos cinco anos? • Quanto eu entendo sobre o mercado em que meus clientes operam?
Seus clientes	• Quem é nosso cliente ideal? • Quais são as principais necessidades e pontos de dor do cliente? • O que nossos clientes estão tentando ganhar ou alcançar em seus negócios? • Por que os clientes trabalham conosco?
Seus concorrentes	• Quem são nossos principais concorrentes? • Como nossa empresa se compara com a concorrência? • O que nós fazemos diferente/ melhor do que a concorrência? • O que a concorrência faz melhor do que nós?

Sua empresa e soluções de serviço de produto	• Quais são nossas metas de receita neste ano e no próximo? • Qual é a missão da nossa empresa? Ou seja, por que estamos no negócio? • Como medimos o valor que fornecemos aos clientes? • Qual é o problema que resolvemos para os clientes?
Seu cargo	• Quais são os meus principais pontos fortes e fracos? • Onde poderia melhorar em meu trabalho atual? • Onde gostaria de ter mais conhecimento/experiência? • Quais habilidades eu preciso desenvolver para evoluir na minha carreira?

Desenvolvendo-se como um aprendiz

Antes de tudo, um *bom* aprendiz não é alguém passivamente sentado à espera que o conhecimento seja jogado no colo, mas sim alguém que procura ativamente novas e melhores informações e formas de fazer as coisas. Na essência, isso exige que você saia de sua zona de conforto.

Kristen, CMO de uma empresa de serviços financeiros, descreveu isso como "ser destemida":

> Você poderia estar assumindo um novo projeto como análise ou mineração de dados, e realmente não ter muita experiência nessa área. Mas você tem que ter essa disposição para tentar ver o que surge dele ou tentar descobrir e resolver os problemas. Há um elemento de não ter medo de tentar novas abordagens e de estar aberto para aprender coisas novas.

Embora o aprendizado seja considerado fundamental pelos líderes empresariais com os quais falamos, descobrimos que muitas pessoas não estão reservando o tempo necessário para fazê-lo. Na verdade, a razão número 1 pela qual os funcionários dizem que não estão se dedicando ao aprendizado no local de trabalho é a falta de tempo (LinkedIn®, 2019).

Isso foi resumido por Jeff, presidente da unidade de negócios de uma empresa global de serviços profissionais: "Acho que o aprendizado é importante... ele apenas não é priorizado."

Você provavelmente já experimentou em primeira mão o que Jeff está dizendo. É possível que tenha vários projetos para fazer ao mesmo tempo, uma lista crescente de "afazeres" e demandas internas de seus colegas que se intrometem no caminho do aprendizado. Mas a realidade é que você tem que assumir responsabilidade pessoal por seu aprendizado e crescimento.

Vamos seguir nossa próxima personagem fictícia, Laura, a Aprendiz, para ilustrar como isso pode ser feito dentro de uma empresa. Laura quer sempre aprender mais sobre seus clientes, novas tecnologias, abordagens comerciais e tendências de mercado. Ela passa pelo menos uma hora todos os dias lendo atualizações do LinkedIn®, notícias, alertas de negócios e do Google sobre sua indústria e seus clientes. Ela sabe que a pesquisa de clientes e concorrentes é uma prática diária — especialmente no agitado mundo da tecnologia no qual ela trabalha.

Como a maioria das coisas na vida, o aprendizado é uma competência que pode ser desenvolvida e praticada. Quanto mais tempo você dedicar para fazê-lo, mais fácil se tornará, e mais agradável e gratificante será!

A seguir compartilhamos algumas maneiras de desenvolver seu aprendiz interior.

Seja introspectivo

É útil primeiro entender um pouco sobre você mesmo — como qual é sua motivação para aprender e seu estilo de aprendizagem preferido. Quando se trata de motivação para aprender, você pode descobrir que é motivado por várias razões.

MOTIVAÇÃO INTERNA

Você tem um desejo natural e um impulso para melhorar? Por exemplo, Tom, vice-presidente de vendas, disse que frequentemente examina seu desempenho depois de fracassar em alguma coisa:

> Eu estudei habilidades de negociação no início da minha carreira de vendas porque perdi um grande negócio. Eu sempre quero saber — será que estou dedicando tempo suficiente para me manter relevante? Só faço isso por necessidade ou se estou sendo autocrítico.

Os psicólogos Ryan e Deci (2000) chamam esta motivação intrínseca de "teoria da autodeterminação". Em vez de confiarem em fatores externos para se tornarem motivados, os indivíduos buscam o aprendizado e o crescimento para terem o prazer de experimentar competência (maestria), autonomia (controle sobre a própria vida) e relacionamento (conexão com outros).

Thomas Edison e Stephen Hawking são dois exemplos de pessoas que dedicaram suas vidas ao aprendizado pela adrenalina que sentiam ao descobrir algo novo.

Esta forma de pensar não se aplica apenas aos cientistas e inventores. Em um contexto empresarial, imagine que *você* é o único a compartilhar sua descoberta sobre o que os clientes estão pensando e esperando de sua empresa. Ou que você é aquele que revela uma força que seus concorrentes não têm.

MOTIVAÇÃO EXTERNA

Adquirir novas habilidades ou assumir novos projetos também pode ajudá-lo a ganhar uma remuneração adicional ou uma promoção no trabalho. De fato, nossa pesquisa descobriu que muitos líderes reconhecem os funcionários que se esforçam mais para expandir suas habilidades para a melhoria da empresa.

Como nos disse Regina:

> Nem todos podem ser promovidos em uma empresa de nosso porte. Mas o que podemos fazer é ensinar aos nossos funcionários coisas novas que aumentem seu valor e lhes deem mais remuneração, pois eles demonstraram uma nova habilidade.

Kristen, CMO de uma empresa de serviços financeiros, compartilhou que está aberta a que sua equipe decida o que eles querem aprender e melhorar, desde que isso tenha um impacto positivo sobre a empresa:

> Se minha equipe tem interesse em algo, eu lhes digo para "levantar a mão".

Portanto, pense no que você está pessoalmente interessado em aprender — uma nova habilidade, como SEO, talvez — e como isso pode contribuir tanto para seu crescimento pessoal quanto para o avanço de sua equipe e empresa.

Isso pode ser mais viável se você trabalhar em uma empresa menor, onde as pessoas assumem muitas funções. Mas a questão é — você está tomando a iniciativa sobre o que quer aprender e pedindo a seu gestor que ajude a apoiar seu crescimento?

Aprender com um objetivo em mente também ajuda. O que você quer ou precisa saber? O que você está tentando alcançar? O que você quer incluir no seu currículo?

Preferência de aprendizagem

Cada um de nós tem uma maneira preferida de aprender. Você pode estar familiarizado com o modelo VARK® (Fleming and Mills, 1992), que sugere que existem quatro estilos principais de aprendizagem:

- visual;
- auditivo;
- leitor/escritor;
- cinestésico (mãos na massa).

Você pode preferir olhar gráficos e imagens em vez de ler um relatório ou ouvir um podcast, por exemplo. A maioria de nós possui uma combinação destes métodos, dependendo do que estamos aprendendo.

É útil entender quais são suas preferências para que você possa buscar oportunidades de aprendizagem que sejam consistentes com seu estilo. Por exemplo, sentar-se e ouvir um tutorial sobre como usar um novo software pode parecer extremamente entediante e ineficaz no seu caso. Em vez disso, você pode desejar simplesmente se aprofundar e começar a descobrir o que o software pode fazer.

Tenha em mente que seus clientes também têm um estilo de aprendizagem preferido. Você está criando conteúdo em apenas um formato? Ou você está produzindo materiais que cobrem todos os vários estilos de aprendizagem? Por exemplo, vídeos, podcasts, white papers e exibições ou testes práticos.

Seja o professor e o aluno

A todo momento, você é um mestre ou "especialista" em certas coisas e um amador em outras. Você pode ter trabalhado em marketing nos últimos quinze anos, mas só recentemente começou a atuar em uma nova empresa, por exemplo.

Na vida cotidiana, você tem constantemente a oportunidade de ser tanto o professor — passando seus conhecimentos para os outros — quanto o aluno — estando disposto a ser ensinado.

O primeiro passo é reconhecer quando é necessário desempenhar cada função. Se você é um líder em sua organização, pode sentir que precisa ter todas as respostas. Mas esta é uma expectativa irrealista; é impossível saber tudo o que há para saber. Este mindset de fingir saber tudo pode abafar a criatividade e eliminar boas ideias.

Algumas organizações podem valorizar a opinião de um executivo ou líder empresarial mais do que de qualquer outra pessoa. Mas quando apenas a voz de uma pessoa é importante, os funcionários e colegas de trabalho podem simplesmente parar de compartilhar suas ideias. Como Robson, ex-presidente de uma empresa de telecomunicações dos Estados Unidos, salientou: "Se alguém já tem todas as respostas para tudo, então por que precisaria aprender com outras experiências?" Este é um lugar perigoso para se estar, pois leva à mentalidade de rebanho e ao pensamento de grupo, como discutido no Capítulo 1 — onde todos seguem cegamente o líder.

Se você já foi um mentor, sabe que pode aprender tanto com o mentorado quanto ele pode aprender com você. Kirk, vice-presidente sênior e gestor de produtos de uma empresa de tecnologia, explica isso desta forma:

> Todos os mentores perceberam que isso é muito mais bidirecional do que jamais imaginariam. Especialmente com os millennials e sendo capaz de trocar aprendizados com eles. Na verdade, isso ajuda os mentores do ponto de vista da inteligência emocional — como se relacionar melhor com esta próxima geração de funcionários.

O segundo passo é estar aberto a aprender com os outros e demonstrar humildade. Isso contribuirá muito para criar confiança e um ambiente aberto para o aprendizado. Na era das mídias sociais, em que todos podem compartilhar amplamente sua opinião, no entanto, a humildade se tornou uma competência ameaçada de extinção.

Então, o que você pode fazer para combater isso?

- **Encoraje uma cultura questionadora** — Tenha o hábito de estimular comentários e ser aberto e receptivo ao que você ouve. Uma das melhores perguntas a fazer nos negócios é "por quê?". Jerry, dono de uma agência, trabalha com muitos clientes B2B no Reino Unido e vê que diversas organizações travam ao criar novos conteúdos porque não perguntam "Por que estamos criando isso?" Como as necessidades dos clientes mudam, é imperativo continuar questionando se seu conteúdo e programas de marketing ainda são relevantes.
- **Pergunte constantemente: "Temos todas as informações?"** — Quer esteja tentando aprender mais sobre seus clientes, ou simplesmente tentando melhorar suas iniciativas internas, alguém tem que se levantar e apontar que existe mais de uma maneira de fazer as coisas. Tom, CMO de uma agência sediada nos EUA, compartilhou que eles fizeram do questionamento parte de sua cultura: "Temos uma cultura de incentivar os contrários e questionar as coisas. Somos brutalmente honestos uns com os outros. Isso requer humildade para questionar constantemente o que você sabe."
- **Esteja presente** — Se há algo importante que você gostaria que as pessoas aprendessem, esteja presente e participe você mesmo. Por exemplo, trabalhamos com clientes que investiram em importantes iniciativas interdepartamentais, como a revisão de sua proposta de valor. No dia do treinamento, o executivo enviará encarregados de nível júnior ou participará de forma pouco entusiasmada do workshop. Como resultado, eles perdem informações-chave que estão sendo compartilhadas e que, em última instância, impactam a forma como sua empresa se comunica e oferece valor

aos clientes. Nosso conselho — não pule oportunidades de aprendizado crítico, especialmente se você for um líder dentro de sua organização!

- **Ouça ativamente** — Talvez uma habilidade subutilizada nos negócios hoje em dia, ouvir ativamente requer que você se concentre no que está sendo dito. Deixe seu aparelho de lado e preste atenção ao orador. O que ele está dizendo? O que a linguagem corporal dele está transmitindo? Você ficará surpreso com o que pode aprender quando realmente se conectar com as palavras, o tom de voz e os gestos usados pelo interlocutor.

OPORTUNIDADE DE APRENDIZAGEM PERDIDA

Jessica, diretora de marketing de produto de uma empresa de tecnologia de médio porte, recebeu um e-mail de um fornecedor de software que ela não conhecia, e de cujos produtos ela nunca havia ouvido falar. Como a maioria dos e-mails frios típicos que Jessica recebe, o remetente não lhe fez nenhuma pergunta ou demonstrou que até mesmo sabia o que sua empresa fazia antes de lançar sua oferta de produto e "teste gratuito".

Ela queria ver como este profissional de vendas reagiria se ela fornecesse um pouco mais de informação. Ele seria curioso (ou esperto) o suficiente para reconhecer a contribuição que ela estava lhe dando para posicionar melhor sua solução?

Assim, ela respondeu e lhe disse que atualmente não estava interessada, pois tinha "outras prioridades máximas", e que estava se preparando para "o lançamento de um novo produto no terceiro trimestre", o que deveria levar a mudanças nos negócios.

A resposta do profissional de vendas foi típica — "Ótimo, vou entrar em contato novamente no final do ano!"

Jessica pensou — por que ele não pediu mais informações sobre minhas "prioridades máximas" ou sobre o que era o meu "lançamento de novos produtos"?

Este exemplo aponta para um erro comum que os profissionais de vendas cometem todos os dias — ignoram a oportunidade de aprender mais sobre seus clientes. Algumas perguntas simples teriam aberto a porta e, em última instância, ajudado este profissional de vendas a posicionar melhor sua solução.

Reservar tempo para o aprendizado formal e informal

Nem tudo o que você aprende precisa estar em um ambiente tradicional ou formal. Nós o encorajamos a encontrar uma combinação de oportunidades de aprendizagem tanto formais quanto informais.

APRENDIZAGEM FORMAL

Este tipo de aprendizado é mais estruturado e pode incluir aulas, conferências e seminários em sua universidade local, on-line ou em associações profissionais. Procure a associação para sua função de trabalho (vendas ou marketing), a indústria em que sua organização opera e o setor de seus clientes (manufatura, por exemplo).

> A maioria dos entrevistados da pesquisa participa de conferências ou seminários uma vez por ano (14 por cento) ou duas vezes por ano (43 por cento).

Várias pessoas com quem falamos mencionaram que sua empresa tem uma abordagem semiformalizada para ajudar a manter todos os funcionários informados. Seja um boletim eletrônico interno, um webinar, uma teleconferência semanal ou um site ou grupo de bate-papo interno, a expectativa é de que os funcionários estejam tendo tempo para consumir as informações que estão sendo compartilhadas.

Kirk, vice-presidente sênior de gestão de produtos para uma empresa de tecnologia, disse que sua empresa recebe regularmente webinars internos:

> Organizamos dois tipos de webinars: um para compartilhar atualizações sobre produtos e campanhas de marketing, e outro para tópicos interessantes e de tendências — como imersões sobre bitcoin e sobre as melhores práticas para e-commerce e mídias sociais.

Pense em como é benéfico ter as equipes de vendas e de marketing completas ouvindo as mesmas informações.

Outra abordagem é tornar as reuniões de seu departamento ou equipe mais valiosas e acionáveis. Regina, vice-presidente de marketing de uma empresa de TI, disse que implementou uma abordagem com sua equipe que a torna mais empenhada no próprio crescimento:

> Começamos a ter reuniões gerais de marketing a cada duas semanas. Mas elas não são só expositivas. Espera-se que todos apareçam para ensinar uns aos outros algo que eles pensam que será de valor.

Adoramos esta ideia de reunião para aprender em contraste com reunião para atualizar!

Quer sua organização tenha ou não um departamento ou programa formal de treinamento interno, é crucial que você busque oportunidades de aprender fora de sua empresa.

Katie, diretora-executiva de uma empresa de software dos EUA, observou que:

> Muitas empresas se livram dos sistemas de treinamento e de gestão do conhecimento quando tentam cortar custos. E, a partir daí, elas passam a depender de cada funcionário em posições-chave para aprender e se manter atualizado.

De fato, cabe a você criar seu próprio plano de aprendizado.

APRENDIZAGEM INFORMAL

Há infinitas oportunidades *ad hoc* para aumentar seus conhecimentos quando você está "totalmente focado". Por exemplo, digamos que você esteja montando uma nova campanha de marketing voltada para a saúde. Em preparação para desenvolver seu plano de campanha, você pode procurar uma variedade de diferentes tipos de informação:

- um artigo ou relatório de pesquisa delineando as tendências em saúde;
- dados internos/estatísticas sobre como seu conteúdo/tática se comportou com clientes do setor de saúde no passado;
- telefonar para um colega de vendas para perguntar sobre as dificuldades com as quais estão se deparando nas reuniões com clientes;
- conversar individualmente com clientes ao telefone ou em um evento do setor;
- assistir a um vídeo on-line ou webinar sobre as tendências de conteúdo em B2B/saúde.

Embora o aprendizado neste caso não esteja estruturado, você ainda precisa começar com uma meta ou objetivo em mente para manter-se concentrado e evitar cair no buraco negro da internet! Comece identificando o que você quer saber que ajudará a tornar seus programas e conteúdos mais fortes.

E vamos ressaltar algo que muitas vezes é esquecido pelos profissionais de marketing — aproveitar o encontro frente a frente com seus clientes. Os profissionais de marketing são responsáveis pelo planejamento de eventos voltados para o cliente, patrocínio de feiras e participação em reuniões da indústria local. No entanto, em nossa experiência, a maioria não consegue se envolver significativamente com os clientes quando eles estão frente a frente no evento. Esta é uma enorme oportunidade perdida de aprender diretamente com eles.

Quanto tempo você investe em cada método de aprendizagem depende de você. O importante é reservar tempo para aprender!

Voltemos à nossa inspiração, Laura, a Aprendiz. Laura é membro de uma associação de marketing B2B nacional e local, bem como de uma organização interprofissional de mulheres. Ela estabelece uma meta para si mesma de participar de um evento (pessoalmente ou on-line) por trimestre. Recentemente, ela começou a acompanhar seus principais concorrentes para conhecer melhor a forma como eles estão se comunicando, que produtos estão oferecendo e quais canais de marketing estão usando mais intensamente. Embora não tenha uma ferramenta ou tecnologia sofisticada para utilizar, ela está começando com uma simples planilha para ver que tipo de insights ela pode descobrir.

Armadilhas comuns que impedem o aprendizado

Além da óbvia armadilha de não dedicar tempo ao aprendizado, há três obstáculos comuns para os quais queremos chamar a atenção ao embarcar em sua jornada de aprendizado.

Não refletir sobre o que foi aprendido

"Nós não aprendemos com a experiência... aprendemos com a reflexão sobre a experiência." — John Dewey (1933)

Refletir sobre o que aprendeu — ou seja, pensar profundamente sobre isso — permite que você pegue algo teórico e veja como ele poderia se aplicar em seu mundo. A especialista em aprendizagem e educação Patricia Alexander definiu a reflexão como "a deliberação, ponderação ou ruminação sobre ideias, circunstâncias ou experiências".

Donald Schön, professor do MIT e fundador do conceito da prática reflexiva, acreditava que os executivos que refletem sobre sua prática têm mais êxito do que aqueles que não o fazem. O objetivo é entender o que funciona e o que não funciona e como se pode melhorar as coisas.

Fazer perguntas reflexivas durante e depois de ler, ouvir, observar ou executar algo ajuda a "fixar" o aprendizado em seu cérebro. Isso poderia ser feito informalmente, sentado sozinho em sua mesa com um bloco de notas ou notebook, ou você poderia organizar uma reunião formal de "discussão" com uma equipe de projeto ampliada.

As perguntas que você faz a si mesmo variam de situação para situação, mas elas devem cobrir tanto o processo de aprendizagem quanto as especificidades do que foi aprendido. Isso pode ser resumido de forma clara ao considerar:

- o quê;
- e então;
- e agora.

Por exemplo, ao final de uma iniciativa de marketing ou vendas, você pode refletir sobre o seguinte:

- O quê:
  — Alcançamos os resultados que desejávamos?
  — O que correu bem no projeto? O que não deu certo?

- E então:
  — O que de mais importante aprendemos sobre nossos clientes?
  — O que de mais importante aprendemos sobre nós mesmos?
  — Qual é o impacto para nossa organização?

- E agora:
  — Como podemos aplicar essas informações em campanhas futuras?
  — Como isso pode ser aplicado a outras áreas/segmentos de nossos negócios?
  — Quem mais precisa saber o que aprendemos?
  — Quais são algumas das barreiras que podem atrapalhar a aplicação do que aprendemos?

Além de discussões sobre projetos e questionamentos reflexivos, nossa pesquisa anterior descobriu que as organizações com mais êxito — aquelas que excedem as metas de receita — realizam análises formais de ganhos e perdas após cada negócio. Esta é uma ótima ferramenta para ajudar a entender o porquê de você estar fechando contratos ou perdendo negócios. Colete estes dados ao longo do tempo e você pode começar a ver em quais áreas de seu negócio você talvez precise se esforçar para ajudar na diferenciação em relação à concorrência — por exemplo, aperfeiçoamento de produtos, melhores processos de vendas e de orçamentos, mais envolvimento de sua equipe de liderança etc.

Não compartilhar o que você aprendeu

De quantas feiras, seminários ou webinars você participou no último ano? Quanto de seus novos conhecimentos você transmitiu à sua equipe? Todos nós temos boas intenções de compartilhar o que aprendemos, mas voltamos aos nossos trabalhos atuais e nossos novos conhecimentos desaparecem.

Você já ouviu falar da curva do esquecimento de Ebbinghaus? Conceito estabelecido pela primeira vez em 1885, ele foi criado pelo psicólogo alemão Hermann Ebbinghaus, que descobriu que o cérebro começa a perder conhecimento ao longo do tempo (Ebbinghaus, 1885). Veja a Figura 7.4 para ver a rapidez com que deixamos escapar novos conhecimentos. Dentro do primeiro mês, nossos cérebros esquecem noventa por cento do que aprendemos!

É por isso que resumir e compartilhar imediatamente o que você aprendeu é importante. Essa nova tendência tecnológica sobre a qual você acabou de ler? Compartilhe com sua equipe de produtos. Aquela técnica de questionamento de vendas B2B que você acabou de usar com sucesso com um potencial cliente? Compartilhe-a com o resto de sua equipe de vendas. Aquela informação crucial que seu cliente mencionou sobre o motivo pelo qual ele trabalha com a sua empresa? Compartilhe-a com o setor de marketing!

Além disso, quantos departamentos estão "acumulando compulsivamente" as informações coletadas sobre clientes ou concorrentes? Descobrimos que a maioria das organizações carece de um processo formal para reunir informações sobre clientes e concorrentes e compartilhar esses dados em toda a organização.

FIGURA 7.4 A curva do esquecimento

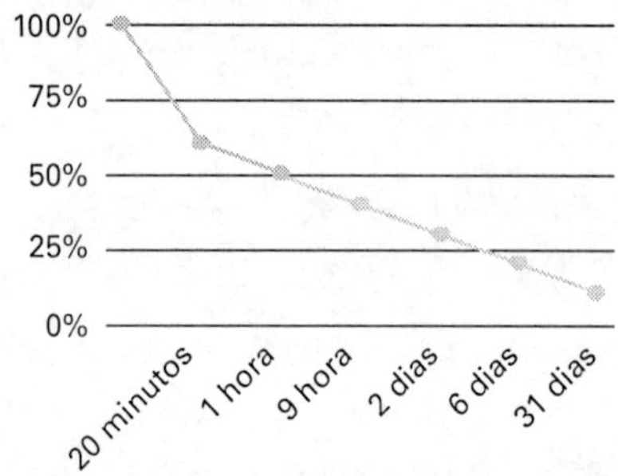

Aprendizes esquecem cerca de noventa por cento do que aprenderam no primeiro mês

Pense em todas as interações que sua empresa tem com os clientes — desde as vendas até a entrega do produto, passando pelo serviço de integração, atendimento ao cliente e faturamento. Quando o conhecimento e a experiência estão presos dentro de um departamento, isso impede a colaboração e o desenvolvimento de ideias inovadoras.

Em nosso livro, *Value-ology*, concluímos que "A coesão é o novo diferenciador". O que queríamos dizer era que as organizações que possuem um ciclo de feedback dos clientes para o resto da organização se diferenciarão.

A criação de um ciclo de feedback não é fácil. Mas é um passo crucial para ajudar sua empresa a dar sentido ao que está resultando das chamadas diárias de vendas e serviços e, em seguida, reformular as propostas de valor de acordo com o que os clientes querem.

Use a ideia do ciclo de aprendizagem de Kolb, que decompõe o processo de aprendizagem em quatro etapas. A Figura 7.5 mostra um exemplo para avaliar sua proposta de valor após fechar ou perder um negócio.

Nos negócios, contornamos continuamente esse ciclo e, para que funcione, ele depende inteiramente do feedback em cada etapa.

A esse respeito, vale a pena fazer uma "revisão geral de feedback" com seus colegas para garantir o que está funcionando e o que não está, para que toda a organização compartilhe informações e aprenda continuamente.

Não aplicar o que você aprendeu

Talvez o mais prejudicial que você pode fazer após dedicar tempo para aprender algo novo é simplesmente não o colocar em prática.

Imagine que você está aprendendo a tocar violão. Você investiu em um curso on-line e assistiu diligentemente a dez horas de vídeos de treinamento para conhecer os fundamentos. Talvez você até tenha colhido algumas dicas de fóruns on-line e de amigos. Mas e se você nunca pegar o violão e realmente praticar o que aprendeu?

Isso pode parecer ridículo, mas muitos profissionais de marketing e vendas caem nesta armadilha. Eles leem artigos, participam de conferências, conversam com os colegas sobre "melhores práticas" e depois... não fazem nada. Não basta obter novos conhecimentos, é preciso colocá-los em prática.

No cerne disso, os líderes precisam capacitar suas equipes para agir sobre o que aprenderam. A vice-presidente de marketing Caroline afirma:

Eu sou uma grande fã de "falhar rápido". Se você falhar, descubra qual foi o ponto em que falhou, corrija-o e siga em frente e use-o para aprender. Eu acho que não tem problema em falhar. Não aprender com isso é que não é nada bom.

FIGURA 7.5 Aplicando o ciclo de aprendizagem de Kolb

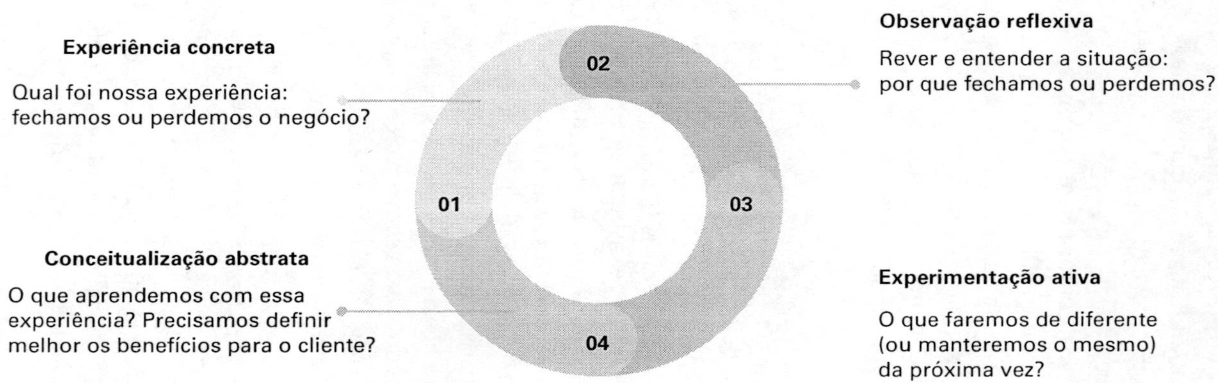

Aceite o fato de que, da primeira vez que seus novos conhecimentos forem aplicados, as coisas podem não correr como planejado. Em outras palavras, você vai cometer erros. Você pode estar ansioso para testar uma nova mensagem voltada para o cliente em sua campanha de e-mail com base em algumas informações ou dados coletados. Mas e se ninguém abrir seus e-mails? É melhor eliminar tudo isso e descartar como uma "má ideia"? Talvez. Mas, antes de responder isso, vale a pena refletir sobre o que aconteceu, ajustar sua mensagem e tentar novamente.

Como nos disse Regina:

> Se você realmente quer aprender a aderir ou se tornar impactante, você tem que capacitar as pessoas a ir e agir de acordo com o que aprenderam, e depois deixá-las fazer isso em um ambiente ou cultura onde, se elas falharem total ou parcialmente, estará tudo bem.

Assim, adotar um mindset de experimentação é fundamental, como mostrado no modelo de Kolb acima. Se você é um líder em sua organização, é seu trabalho incentivar a equipe a implementar o que aprenderam. Caso contrário, eles continuarão presos a um padrão de comportamento. O outro lado da moeda é que, como colaborador individual, seu trabalho é tomar a iniciativa de praticar e agir de acordo com o que você descobriu.

Olhando mais uma vez para Laura, nossa ávida aprendiz, ela desafia e encoraja a equipe dela a buscar novas informações e conhecimentos. Quando seu funcionário Jack apresentou uma nova abordagem que ele aprendeu sobre como melhorar as taxas de abertura de e-mails, ela disse a ele para ir implementá-la e testá-la naquela mesma semana. E você acha que ela esqueceu de verificar com ele como foi o teste inicial? Claro que não!

Pensamentos finais

É fácil ficar preso à sua rotina atual e aos maus hábitos, especialmente quando as coisas estão indo bem. Como já assinalamos, porém, sua organização continuará presa ao Mar de Mesmice, a menos que você se comprometa a ser um aprendiz.

Se você ainda está em dúvida sobre o quanto deve levar a sério o aprendizado, considere estas estatísticas do Relatório de Aprendizado no Local de Trabalho do LinkedIn® de 2019. Eles descobriram que aprendizes intensivos — aqueles que passam mais de cinco horas por semana estudando — são:

- 74 por cento mais propensos a saber para onde querem ir em sua carreira;
- 48 por cento mais propensos a ter encontrado um propósito em seu trabalho;
- 47 por cento menos propensos a se sentirem estressados no trabalho.

Portanto, comece estabelecendo alguns limites em torno do que você precisa aprender. Consulte a Tabela 7.1 no início do capítulo para obter ajuda para decidir no que se concentrar primeiro.

Em seguida, faça uma avaliação com base na Tabela 7.2 para ver como você pode precisar se desenvolver como um aprendiz. Avalie-se para cada área em uma escala de 1 a 5 (discordar totalmente — concordar totalmente). Se você é um gestor de pessoas ou líder de negócios, avalie-se pessoalmente, bem como em seu papel como gestor.

TABELA 7.2 Avaliação da aprendizagem

Pergunta	Individual	Líder de equipe
Conheço meu estilo de aprendizagem preferido (Visual, Auditivo, Leitor/Escritor, Cinestésico)		
Crio um ambiente de aprendizagem em minha equipe		
Sou curioso e sempre tenho muitas perguntas		
Arranjo tempo para buscar oportunidades de assistir a novas aulas/conferências/webinars		
Não tomo as coisas como garantidas. Questiono por que estamos fazendo as coisas		
Quando aprendo novas informações, reflito sobre como isso afetará nossa organização e nossos clientes		
Compartilho o que aprendi com outros em toda a organização		
Experimento novas e melhores maneiras de fazer meu trabalho		
Encorajo outros a tentar algo novo, mesmo que isso signifique cometer um erro		

No Capítulo 8, vamos desenvolver suas competências de aprendizagem e analisar o que as organizações de hoje precisam fazer para se manterem relevantes e úteis aos clientes. Veja a seguir um resumo das competências que vimos até agora:

TABELA 7.3 Competências de valor do aprendiz

V Visionário (*Visionary*)	A Ativador (*Activator*)	L Aprendiz (*Learner*)	U Utilidade (*Usefulness*)	E Avaliador (*Evaluator*)
Victor, o Visionário	Alison, a Ativadora	Laura, a Aprendiz	Ulisses, o Útil	Érica, a Avaliadora
Visão de fora para dentro Visão de futuro Zooming Previsão Imaginação	Defesa equilibrada Escuta Negociação Tenacidade Contextualização com foco nas pessoas	Curiosidade Proativo e engajado Reflexivo Experimentação "sem medo" Receptivo		

Referências e leituras adicionais

Aberdeen. Why do B2B Buyers Struggle? The answer is in the data, 2019. Disponível em: <www.aberdeen.com/old-resources/b2b-buyers-survey/>. Arquivado em: <https://perma.cc/3DWP-9KQP>.

Alexander, P. Reflection and reflexivity in practice versus in theory: challenges of conceptualization, complexity, and competence, *Educational Psychologist*, 52 (4), pp 307-14, 2017.

Argyris, C. e Schön, D. *Organizational Learning: A theory of action perspective*. Boston: Ed. Addison-Wesley, 1978.

Biography.com. Thomas Edison, 2019. Disponível em: <www.biography.com/inventor/thomas-edison>. Arquivado em: <perma.cc/58HK-C5NG>.

Brinker, S. Marketing Technology Landscape Supergraphic (2018): Martech 5000 Disponível em: <chiefmartec.com/2018/04/marketing-technology-landscape-supergraphic-2018/>. Arquivado em: <perma.cc/J9EE-B9QA>.

Burgoyne, J. e Reynolds, M. *Management Learning*. London: Ed. Sage, 1997.

Dewey, J. *How we think*, p 78, Boston: D.C. Heath & Co, 1933.

Ebbinghaus, H. *Uber das Gedächtnis.* Leipzig: Ed. Dunker, 1885.

Elkhorne, J. L. Edison — The fabulous Drone, *73 Magazine*, XLVI (3), 1967. Disponível em: <www.arimi.it/wp-content/73/03_March_1967.pdf>. Arquivado em: <perma.cc/2EQD-5K9B>.

Fleming, N. D. e Mills, C. Not another inventory, rather a catalyst for reflection, *To Improve the Academy*, 11, p 137, 1992.

Gibbs, G. *Learning by Doing: A guide to teaching and learning methods*, Further Education Unit. Oxford: Ed. Oxford Polytechnic, 1988.

The Indian Express. Mothers asked nearly 300 questions a day by kids, 2013. Disponível em: <archive.indianexpress.com/news/mothers-asked-nearly-300-questions-a-day-by-kids/1094922/> Arquivado em: <perma.cc/5JHW-J7HN>.

Hays. Elements of a Marketer: Skills for a digital world. 2019. Disponível em: <www.hays.co.uk/job/marketing-jobs/marketing-skills-report>. Arquivado em: <perma.cc/Q6MX-QREX>.

Knowles, M. *The Adult Learner: A neglected species*, 4ª ed. Houston: Gulf Publishing, 1990.

Kolb, D. *Experiential Learning.* Englewood Cliffs: Prentice Hall, 1984.

LinkedIn. Workplace Learning Report, 2019. Disponível em: <learning.linkedin.com/content/dam/me/business/en-us/amp/learning-solutions/images/workplace-learning-report-2019/pdf/workplace-learning-report-2019.pdf>.

Merkle. Programs That Connect: B-to-B loyalty programs that create pathways to new opportunities and business growth, 2017. Disponível em: <www.merkleinc.com/thought-leadership/white-paper/programs-connect> Arquivado em: <perma.cc/EPE6-ZSA6>.

Murre, J. M. e Dros, J. Replication and Analysis of Ebbinghaus' Forgetting Curve. PloS one, 10 (7), e0120644, 2015. Disponível em: <doi.org/10.1371/journal.pone.0120644>. Arquivado em: <perma.cc/C6K4-YWYC>.

news.com.au. Littlewoods Retailer survey finds mothers asked 228 questions a day, 2013. Disponível em: <www.news.com.au/lifestyle/

parenting/littlewoods-retailer-survey-finds-mothers-asked-228-questions-a-day/news-story/9cca3e25f5981147 d1e0bff293f6e3f2>. Arquivado em: <perma.cc/DSZ2-8KBJ>.

Ryan, R. e Deci, E. Self-determination theory and the facilitation of intrinsic motivation, social development, and well-being, *American Psychologist*, 55 (1), pp 68-78, 2000.

Voehl, F. *Deming: The way we knew him*. Flórida: CRC Press LLC, 1995.

08

Utilidade — competências para se tornar indispensável para seus clientes

Neste capítulo, nós vamos:

- explicar o que significa utilidade e por que ela é importante;
- discutir seu papel na conexão dos pontos para os clientes;
- cobrir as competências necessárias para ser útil;
- fornecer um exercício para você testar a utilidade de seu próprio conteúdo de marketing e vendas.

O que significa ser útil?

Você já teve um amigo que parece ter sempre uma recomendação perfeita, não importa o problema que você esteja enfrentando? Se você está procurando uma casa nova, ele pode lhe apresentar o corretor imobiliário ideal. Tentando decidir onde vai passar suas próximas férias? Ele acabou de voltar de uma viagem incrível à Itália. Com dificuldade para motivar sua equipe de vendas? Ele conhece o melhor livro de desempenho.

Tais amigos são extremamente úteis. Eles parecem ser bem versados, ter viajado bastante e demonstram amplos conhecimentos. O segredo é que eles não compartilham tudo o que sabem de uma só vez. Eles esperam até que seu conhecimento e experiência sejam relevantes e apropriados para você. Da mesma forma, os sites que contêm avaliações e classificações de hotéis, produtos ou restaurantes são contextualmente úteis, pois dizem o que você precisa saber no momento exato em que precisa da informação. O benefício? Isso simplifica suas escolhas e facilita sua decisão.

FIGURA 8.1 O Triângulo da Utilidade

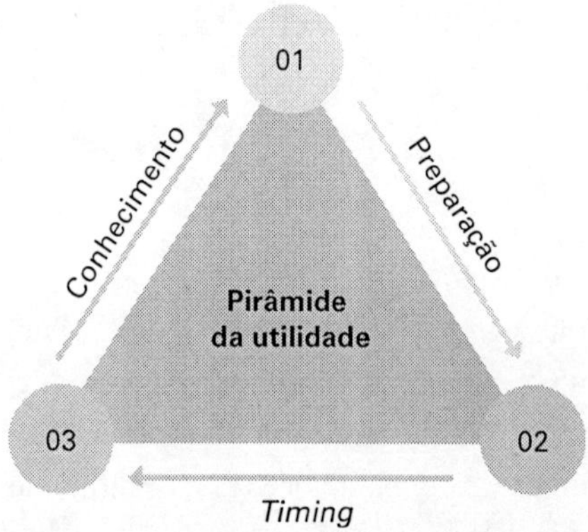

Este mesmo princípio se aplica aos negócios. Quanto mais relevante, ou em outras palavras, conectado, você estiver com seus clientes, maior a probabilidade de que eles continuem voltando até você para obter conselhos e soluções.

A utilidade é onde tudo o que abordamos nos capítulos anteriores se une. Crucialmente, isso significa que seu negócio está no caminho certo. Quando está sendo útil a seus clientes, você identificou com sucesso o conjunto certo de clientes, estudou minuciosamente seus pontos de dor e desafios e agora pode oferecer-lhes algo tão adequado e perfeito que eles estão inclinados a dizer "sim".

No Capítulo 3, resumimos que ser útil era ser prático, aplicável e útil para os outros. O cerne de ser útil é entender que não se trata de você, mas do que seus clientes vão achar valioso e útil.

Ser útil significa que você tem que entender profundamente seus clientes — o que os motiva, o que os frustra e o que eles achariam benéfico ao tomarem decisões sobre seus negócios.

Para ser útil, você precisa ter todas as três características-chave mostradas no Triângulo da Utilidade, Figura 8.1.

Conhecimento

Primeiro, você tem que possuir conhecimentos, habilidades e experiência relevantes que outros considerariam úteis. Assim como você não levaria seu carro para ser consertado por um mecânico sem treinamento, seu cliente não vai comprar algo de você se você não demonstrar domínio e compreensão. É claro que este conhecimento se acumula com o tempo e não é algo que você possa "fingir" ter.

Se você não possui o conhecimento que seus clientes estão procurando, pode ter certeza de que eles irão a outro lugar para encontrar o que eles precisam (provavelmente a um de seus concorrentes).

Os compradores B2B, em particular, querem e esperam trabalhar com profissionais de vendas que entendam seus negócios. É por isso que muitos clientes seguirão seus profissionais de vendas favoritos quando trocarem de emprego. Por exemplo, Joe, um comprador B2B experiente dentro da indústria de TI, nos explicou que a principal razão pela qual ele escolheu trabalhar com uma determinada empresa de telecomunicações foi que eles "entenderam o que estávamos procurando, dedicaram tempo para entender nosso negócio e nos deram a atenção de que precisávamos para encontrar uma solução".

Como profissional de marketing ou de vendas, seu nível de compreensão e conhecimento é extremamente valioso para os clientes. Mas seus clientes não são os únicos que se beneficiarão de sua experiência. Sua organização interna também encontra valor quando você compartilha o que aprendeu sobre seus clientes. As informações que você coleta podem ajudar a influenciar o lançamento de novos produtos, novas estratégias e novos programas de marketing e vendas.

De acordo com o relatório da Deloitte, Redefining the CMO (O'Brien, Veenstra e Murphy, 2018), o principal fator que impulsiona o sucesso do CMO é "ser a voz do cliente na mesa da liderança". Em outras palavras, quem desenvolve e compartilha informações e insights úteis sobre seus clientes ganha o direito de influenciar a direção estratégica de sua organização.

Preparação

Outro elemento de se tornar útil é ter certeza de que você está pronto e disposto a ser prestativo. Isso exige que você antecipe o que seus clientes podem precisar. Você provavelmente já ouviu falar da frase "colocar-se no lugar dos clientes". A ideia é que você precisa pensar como seu cliente se quiser realmente entender o ponto de vista dele e ser capaz de oferecer valor. Como profissional de marketing e vendas, parte de seu trabalho é lembrar constantemente de ser a voz do cliente dentro da sua empresa.

Mas vemos que a maioria das empresas não acerta nesse ponto, tentando seguir uma abordagem "uniformizada".

Por quê? Pois é difícil e demorado colocar-se no lugar de um cliente, e você ainda ter que aplicar isso a todos os níveis de tomada de decisão, e é provável que acabe desistindo! Como nos disse Katie, ex-vice-presidente sênior de marketing, "compreender como nossos clientes avaliam suas opções e a modelagem financeira que utilizam é, sem dúvida, o mais difícil". Você pode estar pensando — bem, eu estou sendo pago para promover ou vender algo em nome da minha empresa, então é claro que eu estou motivado e disciplinado para isso! Mas vemos muitos profissionais de marketing e profissionais de vendas pararem de tentar porque é muito difícil ou entediante criar algo útil para seus clientes.

Por exemplo, imagine que você esteja preparando uma proposta para um possível cliente. Você pode ser tentado a usar apenas uma proposta antiga, substituir o nome e o logotipo da empresa e enviá-la a seu cliente em potencial. Mas você tem uma taxa de sucesso muito maior na aceitação de sua proposta se ela for adaptada à situação e às necessidades de seu cliente.

Este nível de pensamento exige que você aceite que seus clientes não são apenas um grande grupo homogêneo. Cada um deles tem suas necessidades individuais, preferências e critérios de decisão que podem ser diferentes de um cliente para o outro.

No entanto, as pesquisas mostram que o esforço extra vale a

pena, já que 65 por cento dos compradores empresariais dizem que trocariam de marca se uma empresa não fizesse esforços para personalizar suas comunicações (Salesforce, 2017).

Timing

Você provavelmente já ouviu a frase "o momento certo é tudo". E compreender este princípio é especialmente crítico nos negócios e para o quão útil você é percebido por seus clientes.

Enquanto os compradores B2B estão fazendo mais pesquisas on-line para se informar, de acordo com o estudo CSO Insights 2018 Buyer Preferences, a grande maioria dos compradores B2B (noventa por cento) está aberta a interagir com um representante de vendas mais cedo no processo de compra. O relatório descobriu que os compradores estão mais dispostos a se envolver quando o problema comercial que estão tentando resolver é:

- novo para o comprador;
- particularmente arriscado para a organização;
- percebido como um risco para o comprador (como um indivíduo);
- difícil e complexo (por exemplo, envolvendo muitos departamentos).

Isso representa uma enorme oportunidade para o profissional de vendas que pode entrar mais cedo enquanto o cliente ainda está definindo suas necessidades e seus critérios de decisão.

A pesquisa Xant (2014) também mostra que de 35 a 50 por cento das vendas vão para o fornecedor que responde primeiro a uma consulta do cliente.

Por exemplo, imagine que você precisa de um eletricista para consertar uma luz quebrada na cozinha da sua casa. Você faz uma rápida busca on-line ou pergunta a alguns vizinhos se eles conhecem algum bom profissional. Em seguida, envia uma mensagem de texto para as três primeiras pessoas de sua lista. Se John foi altamente recomendado por seu vizinho, mas não está disponível para fazer o conserto até a próxima semana, você não o escolherá. Talvez você tenha que ir para a terceira ou quarta opção em sua lista, porque seu *timing* é "agora".

Por outro lado, muitos clientes ficam acomodados em seus empregos esperando que alguma catástrofe ocorra antes de fazer uma grande mudança, como mudar de fornecedor ou implementar uma nova solução. Nessas situações, é provável que você tenha que ajudar seus clientes a ver uma conexão com algo maior, como, por exemplo, como a queda do preço de suas ações está ligada às suas ineficiências na área para a qual sua empresa fornece soluções.

Tomar providências

É claro que tudo isso não tem sentido, a menos que você aja. No Capítulo 6, falamos amplamente sobre a importância de se tornar um ativador. Portanto, pense na utilidade como uma fórmula:

Conhecimento + Preparação + Timing + AÇÃO = Utilidade

Por que ser útil é tão importante?

Os compradores B2B de hoje em dia estão sobrecarregados. Com acesso a mais informações e uma lista sempre crescente de opções e soluções ao alcance das mãos, os compradores simplesmente não têm tempo a perder com fornecedores que não agregam valor. Em outras palavras, quando seus clientes não acham útil o que você tem para compartilhar, eles simplesmente trocam de fornecedor.

De acordo com o relatório "Service is the New Sales" da Accenture de 2019, 44 por cento dos compradores B2B pesquisados trocaram de profissionais de vendas no ano anterior. As razões principais se encaixam em duas categorias básicas:

1. Funcional:
    - preços não competitivos (25 por cento);
    - longos prazos de entrega/concretização (25 por cento);
    - datas de entrega não cumpridas (25 por cento).

2. Utilidade:
    - site ruim (15 por cento);
    - insistência na utilização de um representante de vendas para todas as compras (15 por cento);
    - oferta de produtos e serviços irrelevantes (14 por cento).

As razões *funcionais* para a troca parecem bastante óbvias. Se seu cliente compra um produto que não funciona corretamente, é provável que você seja informado sobre isso. Seu cliente reclamará da fatura, do mau funcionamento do produto e de seu desapontamento com a instalação e o processo de integração. É provável que eles cancelem o contrato enquanto você faz melhorias.

As razões de *utilidade*, entretanto, são um pouco menos óbvias, pois seu cliente pode não reclamar diretamente para você. Em vez disso, ele pode apenas começar a procurar outras soluções e alternativas on-line ou explorar a conversa com os representantes de vendas de seus concorrentes. Você se sentirá cego quando ele anunciar que não renovará o contrato.

Como profissional de vendas, seu trabalho é ajudar o cliente a aprender mais sobre o problema que ele tem e explicar como sua solução ajudará a resolvê-lo. Apesar de isso parecer simples, os compradores B2B reclamam que os profissionais de vendas estão "mais interessados em vender seus produtos e serviços do que em ouvir minhas necessidades" (Merkle, 2017). Imagine a frustração que seu cliente sente quando espera aprender alguma coisa com você enquanto profissional de vendas, mas acaba tendo que aturar mais uma apresentação do produto.

Às vezes, esta é uma lição aprendida melhor da pior maneira, como Jeff, um líder de unidade de negócios de um grande conglomerado de TI, compartilhou sobre seus primeiros dias como representante de vendas:

> No início da minha carreira, eu tinha uma apresentação inteira preparada e o cliente passou para a última página e disse, "isso parece caro". Eu fiquei constrangido e lhe disse que queria passar por toda a apresentação e ele disse: "Cara, não vamos passar por todos os slides." Fui expulso de seu escritório por "desperdiçar o tempo dele" e fiquei muito envergonhado.

Infelizmente, experiências como estas são típicas, pois a pesquisa da RAIN descobriu que 58 por cento das reuniões de vendas não são valiosas para os compradores! Se você quiser se destacar como profissional de vendas, pare de se concentrar em seus produtos e pense em como ajudar seus clientes — já que 63 por cento dos compradores se conectarão com um profissional de vendas que se ofereça para compartilhar algo de valor (Schultz, Murray e Smith, sd).

Agora pense em quantas oportunidades seus clientes têm de interagir com sua empresa. Há seu site, redes sociais, e-mails, downloads de conteúdo, chamadas telefônicas recebidas ou frias, reuniões de vendas, eventos etc. Cada interação representa uma oportunidade para seu cliente encontrar valor a partir do que você está compartilhando, ou não.

Como Kirk, vice-presidente sênior de gestão de produtos, compartilhou:

> Toda interação com o cliente é uma oportunidade. Talvez eu seja completamente da velha guarda. Eu não pego o telefone e ligo para o cliente. Já penso de antemão no fato de que vou ocupar trinta segundos do tempo deles. Qual é a semente que eu quero plantar? Qual é a

mensagem que eu quero reforçar? Para qual pergunta eu quero ter resposta? Eu quero respeitar o tempo deles.

Esta forma de pensar coloca seu foco no cliente de suas decisões e o ajuda a lembrar que as necessidades dele são diferentes das suas próprias.

MOSTRE AO SEU CLIENTE O VALOR DE SUA SOLUÇÃO

Mark, um pequeno empresário, precisava de um novo site para seu negócio em expansão. Como todos os consumidores experientes, ele fez algumas pesquisas on-line para entender quais eram as opções disponíveis. Em uma ponta do espectro, ele mesmo poderia desenvolver e construir o site. Na outra, ele poderia contratar uma agência de web design cara. Ele tinha habilidades técnicas e de design limitadas, então o caminho do "faça você mesmo" não era para ele. Ele pediu a alguns de seus colegas uma recomendação sobre um web designer local, e decidiu entrevistar duas agências para ver qual delas era a mais adequada.

As reuniões introdutórias não poderiam ter sido mais diferentes.

Tom, um desenvolvedor web experiente, começou sua apresentação falando sobre si mesmo, há quanto tempo estava no negócio, quantos projetos de redesign da web ele tinha concluído e quanto tempo o processo geralmente leva. Em seguida, ele passou a compartilhar uma série de detalhes técnicos e de segurança que deixaram Mark confuso e perplexo sobre como Tom poderia ajudá-lo. Ele não parou para explicar os termos usados e presumiu que Mark tinha o mesmo nível de treinamento e compreensão dos acrônimos que ele tinha.

Jason, também um talentoso e experiente desenvolvedor web, guiou Mark ao longo de sua apresentação de vendas. Ele começou com "por que um site é importante" e compartilhou resultados e depoimentos de clientes de projetos passados. Em seguida, ele prosseguiu, deixando Mark à vontade, descrevendo o processo passo a passo, e explicou os benefícios e o porquê de cada passo ser necessário. Mark deixou a reunião sentindo-se mais esperto e confiante de que fazer um investimento em seu novo site ajudaria a alcançar os resultados que ele buscava para seus negócios.

No final, Mark optou por trabalhar com Jason em vez de Tom.

Como você pode ver a partir deste exemplo, as apresentações de vendas e o conteúdo de marketing que é todo voltado sobre quem é você, sua empresa e seus produtos deixam seu cliente se sentindo por fora e saturado.

Conectando os pontos

Os intérpretes profissionais são contratados porque têm domínio de vários idiomas e podem decifrar o que cada pessoa está dizendo. Sem sua ajuda, ambas as partes estariam olhando uma para a outra sem entender nada, levando a uma reunião e conversa muito improdutiva.

Da mesma forma, uma das principais funções dos profissionais de marketing e vendas é traduzir as características do produto (o que você vende) em benefícios (por que seu cliente o compraria). Pense nisso como o conceito de "conectar os pontos". De um lado está seu cliente, e do outro está o que você oferece. Seu sucesso está em sua capacidade de construir uma ponte entre ambas as partes e caminhar pacientemente com seu cliente de um lado para o outro da ponte.

> Noventa e três por cento dos entrevistados da pesquisa acreditam que "conectar os pontos" das necessidades dos clientes às soluções da empresa é uma competência "muito importante" que o marketing e os profissionais de vendas de hoje devem desenvolver.

É um conceito simples, mas não é fácil de implementar.

Uma razão para isso é que nem sempre está claro de quem é a responsabilidade de garantir que algo seja considerado "útil" aos clientes. Seja um novo conteúdo ou um novo produto que está sendo desenvolvido, a realidade é que precisa ser um processo colaborativo que envolva toda a organização, já que raramente existe uma visão coesa sobre o cliente.

Líderes com quem falamos concordaram que as informações sobre o cliente existem em vários departamentos e que, como disse Caroline, CMO de uma empresa imobiliária, "apresentar essas informações de uma forma digerível para um produto complicado" é uma responsabilidade compartilhada entre produto, marketing e vendas.

Outra razão pode residir no desequilíbrio do treinamento interno. A partir de nossa experiência de trabalho com inúmeras organizações B2B, vimos que os profissionais de vendas devem participar de treinamentos internos semanais ou mensais para aprender sobre os produtos que vendem. Por outro lado, eles raramente (ou nunca) participam de workshops para aprender sobre o cliente, o que está acontecendo na indústria dele, e suas necessidades e expectativas em mutação. Como resultado, quando os profissionais de vendas se encontram com clientes em potencial, eles se apegam ao que se sentem mais à vontade para falar — fatos e características do produto.

Então pergunte-se — até que ponto você e seus funcionários de vendas traduzem bem os fatos sobre seus produtos ou serviços no valor que eles trazem aos clientes?

Quando seu cliente concorda em se reunir com você, não é porque está interessado em ouvi-lo recitar um catálogo do produto. Eles concordam com o encontro porque estão genuinamente interessados em aprender com você algo que pode ajudá-los a resolver o problema deles.

Cada um de seus clientes pensa a mesma coisa quando recebe um e-mail ou um telefonema ou quando interage pessoalmente com você e sua empresa — *isso vale meu tempo?* Robson, ex-presidente de uma operadora de telefonia sediada nos EUA, nos disse que suas interações com os profissionais de vendas devem ser relevantes para um problema que ele enfrenta: "O que eu realmente quero saber é — *como isso vai melhorar minha vida enquanto cliente?*"

Considere que 73 por cento dos compradores B2B em um relatório da Demand Gen de 2019 afirmaram que, embora consumam entre três e sete conteúdos antes de contatar um profissional de vendas, eles têm menos tempo para se dedicar à leitura e à pesquisa de soluções. Imagine que sua organização poderia se destacar ao garantir que suas interações de vendas e marketing facilitem e agilizem a instrução de seus clientes.

Finalmente, notamos uma tendência apontando que muitas empresas não sabem como explicar o que fazem em termos relevantes para o cliente. Temos visto muitas comunicações de marketing e vendas recheadas de jargões da indústria, siglas de empresas e linguagem técnica profunda que supõem que o leitor tem o mesmo nível de conhecimento e interesse sobre o assunto. Jerry, um consultor de marketing que trabalha com inúmeras organizações B2B no Reino Unido, traz à tona o fato de que, quanto mais próximo você está de seu produto, mais difícil é imaginar que nem todos têm o mesmo nível de familiaridade e profundidade que você: "É muito difícil escrever sobre o benefício para o cliente e não sobre as características de seu produto. Não consigo fazer isso facilmente nem para meu próprio negócio."

Para sair deste ciclo, vamos ver que competências você pode desenvolver para tornar a si mesmo e suas interações com os clientes mais úteis.

Qual é o ideal? Competências de utilidade

Voltando ao nosso Triângulo da Utilidade (Figura 8.1), você precisa de Conhecimento, Preparação e *Timing* para obter êxito. Identificamos três competências-chave que apoiam sua jornada para tornar-se mais valioso e indispensável para seus clientes.

Vamos ver o que nosso modelo, Ulisses, o Útil, faz para garantir que esteja produzindo apenas materiais considerados extremamente úteis e práticos por seus clientes.

Construir conhecimento por ser um aprendiz

Tudo começa com... conhecer seu cliente

Primeiro — é provavelmente óbvio apontar isso, mas sua capacidade de ser útil está em quão bem você entende seus clientes e o que eles precisam. Você não pode começar a oferecer soluções se não tiver primeiro esse conhecimento e essa base.

No Capítulo 7, abordamos como ter uma sintonia maior com seus clientes, algo que realmente começa com um mindset de aprendizagem. No centro do aprendizado está a compreensão de que as circunstâncias e prioridades de seu cliente estão em constante mudança. Alguns padrões são fáceis de reconhecer, mas outras mudanças podem não ser tão óbvias. É crucial, se quiser ficar à frente, que você seja sensível às necessidades de seu cliente.

Isso pode ser um desafio, já que muitas organizações não são criadas para ter um pulso constante sobre o cliente ou seus concorrentes.

Se sua organização for uma dessas, não se preocupe. Você ainda pode assumir responsabilidade pessoal em sua busca para se tornar mais útil, tendo uma compreensão de quais clientes você atende e por que seu cliente está no negócio.

Para começar, considere o que o Fórum Econômico Mundial emitiu em seu Manifesto de Davos de 2020, "O Propósito Universal de uma Empresa na Quarta Revolução Industrial":

> O propósito de uma empresa é envolver todos os seus stakeholders na criação de valor compartilhado e constante. Ao criar tal valor, uma empresa serve não apenas a seus acionistas, mas a todos os stakeholders — funcionários, clientes, fornecedores, comunidades locais e a sociedade em geral (Fórum Econômico Mundial, 2020).

O que este manifesto delineia é que uma empresa não pode mais existir apenas para o benefício exclusivo de gerar lucro para seus investidores. A nova geração exige que as empresas representem algo maior — integridade em vez de corrupção, ajudar o planeta e a comunidade em vez de prejudicá-los, respeito e diversidade em vez de desdém e intolerância.

Então como isso se relaciona com a demonstração de relevância e utilidade para seus clientes? Se entender o propósito dele, você pode estabelecer um vínculo mais forte com a forma como sua solução o ajudará a atingir seus objetivos.

Como a intenção é saber mais sobre o que seus clientes estão tentando alcançar, aqui estão algumas perguntas que você vai querer responder:

- Quem o seu cliente atende?
- Que problema seu cliente resolve para os clientes dele?
- Qual é a proposta de valor dele?
- Como ele ganha dinheiro?
- Quais desafios/questões ele enfrenta quando tenta cumprir sua proposta de valor?
- Como o seu cliente atende a sociedade em geral?
- Qual é a proposta de valor dele como empregador? Ou seja, por que as pessoas trabalham lá?
- De quem mais o cliente depende para ser bem-sucedido? Por exemplo, parceiros e fornecedores.

Kirk, vice-presidente sênior de gestão de produtos, aponta com perspicácia que a maioria das empresas está tentando resolver quatro coisas:

1. Crescer sua receita bruta.
2. Crescer o rendimento líquido e lucratividade, ou pelo menos ficar no zero a zero.
3. Diferenciar-se.
4. Mitigar o risco.

Em algumas empresas, são as quatro. Às vezes, é uma combinação de algumas delas. Em outras palavras, dê um pontapé inicial nas conversas com seu cliente, tentando entender quais dessas quatro áreas problemáticas são as mais importantes para ele. Você não precisa reinventar a roda todas as vezes. E, certamente, você não deve tratar cada conversa do cliente como um caso novo em folha. Seus clientes esperam que você tenha informações básicas sobre a indústria, a empresa, o departamento deles e assim por diante. Construa sobre sua base de conhecimentos e continue a mergulhar mais fundo para entender o que seus clientes querem alcançar.

Como profissional de marketing, quanto mais você souber sobre seus clientes, mais provável é que você consiga criar conteúdos e ferramentas interessantes e práticos para eles. Isso significa que você também precisa se encontrar com os clientes. Você não pode simplesmente confiar na equipe de vendas para passar informações para você. Muitos profissionais de marketing, porém, ficam atrás de seus computadores e não interagem com os clientes! É um ponto de dor e uma observação que Kevin Tolson, ex-vice-presidente sênior de marketing de uma empresa de software sediada nos EUA, notou em sua equipe: "Vejo muitos profissionais de marketing que não se envolvem de fato com os clientes, ou que não acompanham a equipe de vendas na visita ao cliente." Esta é uma oportunidade perdida para os profissionais de marketing, pois é muito difícil aprender sobre eles quando se está sentado atrás de uma mesa.

O ponto é: se você quer ser mais útil, você tem que ter contato constante com seus clientes — e uma das melhores maneiras de fazer isso é sair do escritório e ir falar com eles!

Ulisses, o Útil, é extremamente engenhoso, coletando informações de clientes por conta própria utilizando dados disponíveis publicamente na internet (no relatório anual, por exemplo). Outras informações são coletadas através de conversas frente a frente com eles. Embora Ulisses esteja no departamento de marketing, ele participa ativamente de eventos de clientes, feiras comerciais e eventos de networking realizados pelas associações industriais das quais eles fazem parte. Ele lê regularmente publicações comerciais e notícias para acompanhar as tendências e mudanças ocorridas no setor — o que o torna uma excelente fonte de informação.

A disciplina conduz a preparação

Há muitos filósofos e gurus empresariais que falam sobre a importância da preparação. Afinal, o sucesso não acontece por acaso; ele vem do trabalho duro, do treinamento e da preparação. O site Vocabulary.com explica a preparação como "o ato de se preparar — estar pronto, planejar, treinar ou estudar com um objetivo em mente". Por exemplo, a escola culinária é a preparação para chefs, assim como o campo de treinamento é a preparação para soldados. Como isso se relaciona a ser "útil"? São todas as atividades que devem ser realizadas antes que você possa se tornar útil.

Primeiro, é preciso ter a disciplina de reconhecer que fornecer valor a seus clientes se refere ao que a outra pessoa quer, não ao que você ou sua empresa estão tentando alcançar. Uma das razões pelas quais as empresas enfrentam dificuldades para produzir conteúdos e programas relevantes e práticos é porque elas são muito voltadas para dentro de si mesmas. Quando você está preocupado em atingir seu número de vendas em vez de ajudar os clientes, você perde as pistas que eles estão dando para que você e sua solução sejam inestimáveis.

Pense na última vez em que comprou algo para sua vida pessoal ou comercial. Você fez isso porque quis ajudar o profissional de vendas a atingir suas metas de receita para o ano? Ou porque precisava de algo para melhorar sua própria vida? A maioria das empresas esquece que um cliente só compra um produto ou serviço se este resolver seu problema. No entanto, ao criar conteúdo de marketing e vendas, Tanya, diretora de contas de uma agência de marketing digital B2B, descobriu que muitas empresas "estão muito concentradas em seus próprios objetivos, tais como produzir mais vídeos ou promover certas mensagens".

De fato, é importante saber o que sua organização está tentando alcançar antes de começar a criar conteúdo para seus clientes. Certamente, se seu esforço e seus recursos não estiverem diretamente ligados a um objetivo comercial, você perderá tempo e dinheiro. Mas considere também que sua reputação está em jogo. Se sua organização é conhecida por produzir conteúdo inútil e com interações de venda invasivas, quantos clientes vão querer trabalhar com você?

Entre na lógica do comprador

Cinquenta e sete por cento dos compradores B2B pesquisados pela Forrester disseram achar inútil grande parte do conteúdo que recebem dos fornecedores (Ramos e Camuso, 2018).

Para combater isso, é conveniente entender como é o processo de tomada de decisão de seus clientes. Há muitas estruturas de jornada de compra por aí. Em nosso livro, *Value-ology*, mostramos cinco decisões básicas pelas quais os clientes passam: Reconhecimento, Educação, Comparação, Compra e Confirmação. Este pode ser um processo complicado quando vários tomadores de decisão estão envolvidos, pois leva o cliente a ficar preso em uma fase ou avançar e regredir entre uma etapa e outra.

A jornada do comprador pode ser uma ótima ferramenta a ser usada antes de criar um conteúdo, pois obriga você a descobrir como ela será útil para seu cliente. Quando apenas 41 por cento dos profissionais de marketing sempre/frequentemente elaboram conteúdo baseado em pontos específicos da jornada do comprador (Content Marketing Institute, 2018), demonstrando que você o entende — não importa em que estágio do processo de compra ele esteja — é certamente uma forma de diferenciar seu conteúdo.

Também é interessante notar que os compradores B2B estão usando como referência uma média de 5,2 fontes de informação ao tomar uma decisão (TrustRadius, 2019). No topo da lista estão:

- Demonstração de produtos;
- Avaliação dos usuários;
- Site do fornecedor ou do produto;

- Avaliação ou conta grátis;
- Representante de vendas do fornecedor.

Quando perguntados sobre quais fontes eram as menos confiáveis, os compradores classificaram os materiais produzidos pelos próprios fornecedores, tais como estudos de caso, suporte de vendas, blogs, materiais de marketing e sites nos cinco últimos lugares. Em outras palavras, os compradores precisam dos recursos e informações que os fornecedores produzem, mas não confiam necessariamente no que estão lendo ou ouvindo.

Pensamos que existe uma grande oportunidade para que as organizações possam melhorar seu conteúdo de marketing e vendas através de parcerias com fontes respeitáveis, tais como pesquisadores, acadêmicos e outros especialistas em seu setor. Em vez de conteúdo de marketing e catálogos de produtos produzidos internamente, uma camada de transparência e credibilidade é necessária para ajudar a apresentar toda a história.

Em sua próxima reunião interna para discutir uma nova iniciativa ou campanha do cliente, nós o incentivamos a lembrar seus colegas de serem tão disciplinados quanto Terry, CEO de uma empresa de telecomunicações europeia, é com sua equipe:

> Só comunicamos alguma coisa quando temos algo de importante a dizer. Fazemos todo o possível para não divulgarmos novidades só por divulgar. E, quando se trata de linguagem, o nosso objetivo é usar verbos mais fortes, frases curtas e não utilizar a mesma linguagem técnica que todos os outros usam.

Com esta abordagem, Terry garante que sua empresa está sempre agregando valor a seus clientes e leitores. Afinal, se seu cliente tivesse que escolher entre ler um artigo que o ajude a encarar de maneira mais inteligente seu problema comercial, ou um artigo autopromocional sobre um fornecedor — qual você acha que ele acharia mais prático?

Para ser oportuno... você deve ser flexível

Por fim, sua capacidade de ser útil aos clientes depende muito do seu envolvimento oportuno e da resposta às necessidades deles. Uma das competências mais críticas para permitir isso é a flexibilidade e a adaptabilidade. Por quê? Porque, como disse o filósofo grego Heráclito: "A única constante na vida é a mudança" (Mark, 2010).

Você pode ter pensado claramente em planos de marketing e vendas que são sabotados por circunstâncias fora de seu controle.

Como exemplo, em 2008, a economia global estava em um estado de incerteza e turbulência. A crise financeira deixou tanto os consumidores quanto as empresas na defensiva e poupando seu dinheiro. As empresas que antes estavam focando em crescimento e investimento, agora estavam subitamente mais preocupadas em cortar custos para se manterem ativas. Se você estava no marketing durante este tempo, lembrará que suas campanhas e mensagens que prometiam "crescimento comercial" se tornaram ineficazes. Esse tipo de mensagem deixou de ser o mais importante ou prático na mente das pessoas. As empresas que foram capazes de adaptar sua mensagem para refletir os tempos eram mais propensas a se conectar com seus clientes e permanecer vivas no mercado.

Uma das maneiras de criar flexibilidade em seus programas de marketing é apostar na ideia dos conteúdos temáticos. No lugar de desenvolver toda a sua comunicação no nível do produto, você se comunica com base no que seu cliente está tentando alcançar. Em nosso livro, *Value-ology*, fornecemos detalhes aprofundados sobre como implementar uma abordagem baseada em temas. A essência é que, através da pesquisa com seus clientes, você identifique dois ou três temas universais que são *mais* relevantes para eles.

Defendemos que um tema deve:

- ser fundamentado em questões comerciais;
- ressoar com seus clientes;
- levar a soluções que você pode vender para ajudar com os problemas;
- ser duradouro;
- ser capaz de acomodar tópicos e produtos para maximizar o impacto do tema.

Olhando novamente para nossa inspiração, Ulisses, o Útil, ele entende que, para criar conteúdos e programas úteis e que valham a pena, é preciso ficar atento ao que é importante para seus clientes. Recentemente, ele descobriu em conversas com eles que "reduzir riscos" é uma grande preocupação para os donos das empresas onde eles atuam. Como resultado, ele desafia sua equipe de produtos a mostrar claramente como seus produtos ajudam os empresários a reduzir os riscos e criar paz de espírito. Agora, em vez de criar 25 catálogos de marketing de produtos autônomos, sua equipe tem um enredo consistente e focado no cliente para implementar em todas as suas comunicações.

Além de dispensar a abrangência no marketing, uma abordagem temática garante que você não está produzindo conteúdos de marketing desconectados do que é benéfico para o cliente. Regina, vice-presidente de marketing de uma empresa de TI, compartilhou que sua equipe está tentando criar um conteúdo mais útil, concentrando-se em três áreas diferentes: "Casos utilitários, tendências e na capacitação de nossos compradores para vender internamente — *como posicionar sua estratégia de segurança para a diretoria, por exemplo.*"

A Marketo descobriu em seu relatório sobre o Estado de Envolvimento que a razão número 1 pela qual os clientes não se envolvem mais frequentemente se deve ao "conteúdo irrelevante" (Marketo, 2017). Fazer a transição entre conteúdo focado somente no produto para uma abordagem baseada em temas e focada no cliente leva tempo, mas também dá a você e sua equipe uma plataforma flexível para garantir que o que você está lançando no mercado seja sempre pertinente aos clientes.

EXERCÍCIO

Seu conteúdo é relevante e útil?

Você já publicou algum conteúdo ou enviou algo a um potencial cliente que você sabia que não era cem por cento relevante?

Isso está fortemente ligado ao Capítulo 6 sobre ativação. Algumas empresas se tornam tão focadas na execução que perdem de vista o PORQUÊ de estarem executando para começo de conversa.

Nós descobrimos que muitos profissionais de marketing gostam especialmente de "sentir-se ocupados", gerando muita atividade. Como disse Christine, vice-presidente de marketing, "já vi muitos profissionais de marketing que executam programas só por executar". Muitos vendedores também são culpados por enviar mensagens inúteis aos potenciais clientes na esperança de que alguém responda às suas ofertas genéricas.

Uma das maneiras de combater isso é avaliar a si mesmo em uma matriz de utilidade, como mostrado na Tabela 8.1.

Dê uma olhada em seu site, redes sociais, peças de marketing e de vendas para avaliar a eficácia e a centralidade do cliente de suas mensagens. Em seguida, preencha a avaliação a seguir.

Pontue-se em uma escala de 1 a 4:

1 = Discordo totalmente

2 = Discordo

3 = Concordo

4 = Concordo totalmente

TABELA 8.1 Matriz de utilidade

Categoria	Sua pontuação (1-4)
Está claro a quem nossa empresa pretende servir.	
Comunicamos e articulamos o problema comercial do cliente e suas dores.	
O nosso objetivo é ajudá-lo a compreender seu próprio problema.	
Nosso conteúdo é focado no cliente em vez de focado no produto.	
Usamos o equilíbrio certo entre "nós" e "você" em nosso conteúdo.	
Cada conteúdo tem um propósito claro na jornada do comprador.	
Entendemos como a história de nossa empresa é diferente.	
Demonstramos como nosso produto resolve de forma única o problema dos clientes.	
Mostramos os benefícios, não apenas as características do produto.	
Quantificamos o valor que nossas soluções proporcionam aos clientes.	
Os casos reais são usados para apoiar nossa mensagem.	
Evitamos jargões e acrônimos da indústria.	
Em geral, nossos clientes consideram nosso conteúdo útil e conveniente.	

Qual foi a sua pontuação? Confira a seguir seus resultados e reveja nossas recomendações.

Se você marcou menos de 20 pontos: É provável que seu conteúdo seja focado internamente e preenchido com "jargões" e que sua mensagem não mostre claramente uma perspectiva de como você pode ajudar a resolver o problema dos clientes:

- Defina seu cliente ideal, depois desenvolva buyer personas [representação semifictícia de seus clientes] com base em conversas reais com eles. Mais do que apenas um perfil de seu comprador, uma persona deve ajudá-lo a entender como pensa seu potencial cliente, seus pontos de dor, objetivos, desejos, como e por que eles compram e que informações/fontes são importantes para eles no processo de tomada de decisão.
- Substitua qualquer jargão e acrônimos em seu conteúdo de marketing com explicações simples e diretas.
- Identifique os temas que são mais importantes para sua base de clientes — o que eles estão tentando alcançar?

Se você marcou entre 20 e 35 pontos: Você tomou algumas medidas para entender e se comunicar com o cliente em suas condições. Mas você está produzindo consistentemente conteúdo que ajude seu cliente em potencial ao longo de sua jornada de decisão?

- Envolva o setor de vendas no brainstorming de temas/tópicos de conteúdo que ajudarão a levar um comprador adiante. Que objeções a equipe de vendas frequentemente recebe? Como sua empresa responde consistentemente a estas preocupações?
- Mostre ao cliente em potencial como será trabalhar com sua empresa. Descreva (use visuais, vídeos, gráficos etc.) para que seu potencial cliente possa visualizar-se usando sua solução e alcançando os resultados desejados.
- Conduza uma auditoria para determinar se o seu envio de mensagens é consistente em todos os canais. Por exemplo, seu site, texto de vendas, folhetos de produtos etc. contam a mesma história sobre seu cliente e como você os ajuda a atingir seus objetivos?

Se você marcou mais de 36 pontos: Parabéns! Sua organização está fazendo um excelente trabalho de conexão com potenciais compradores e demonstrando por que eles devem escolher sua solução. Mantenha o ímpeto:

- Invista em programas e processos multifuncionais para colher percepções dos clientes. Cada ponto de contato com seu cliente — desde sua equipe de vendas até sua equipe de atendimento ao cliente — representa uma oportunidade de aprendizado.
- Compartilhe melhores práticas e principais aprendizados em toda a organização de marketing e vendas para continuar a aumentar o valor fornecido através de todas as interações com os clientes.
- Garanta que sua equipe de vendas seja hábil na criação e entrega de propostas de valor frente a frente para o cliente. Para contas de alto valor e oportunidades, os programas de marketing baseado em contas (ABM, do inglês Account-Based Marketing), através dos quais vendas e marketing em conjunto criam estratégias, pesquisam e executam em contraposição a um plano específico do cliente, podem ser altamente eficazes.

Resumo do capítulo

É provável que você tenha cancelado a assinatura de newsletters on-line que você descobriu que não eram mais relevantes, deixado de seguir perfis de redes sociais porque seu conteúdo não era útil, ou ignorado um profissional de vendas que tentou marcar uma reunião com você. Seus clientes se deparam com o mesmo dilema diário: muita informação e pouco valor.

Como nós compartilhamos neste capítulo, utilidade é sintonizar com o que seus clientes valorizam para que você possa apresentar conteúdo relevante e soluções para seus problemas. Quando estiver em dúvida, certifique-se de responder à única pergunta crítica compartilhada por Christine, vice-presidente de marketing:

Isso retorna a questões como qual é o grande problema que estamos resolvendo ou qual é o grande ganho que estamos possibilitando para nossos clientes?

Se você não puder responder a isso, é hora de voltar à prancheta de esboço antes de apresentar algo que é irrelevante e inútil.

No próximo capítulo, compartilharemos por que ser capaz de avaliar seus programas de marketing e vendas é a competência final que ajudará sua organização a se destacar.

A Tabela 8.2 apresenta um resumo das competências que cobrimos até agora:

TABELA 8.2 Resumo das competências de valor

V Visionário (*Visionary*)	A Ativador (*Activator*)	L Aprendiz (*Learner*)	U Utilidade (*Usefulness*)	E Avaliador (*Evaluator*)
Victor, o Visionário	Alison, a Ativadora	Laura, a Aprendiz	Ulisses, o Útil	Érica, a Avaliadora
Visão de fora para dentro Visão de futuro Zooming Previsão Imaginação	Defesa equilibrada Escuta Negociação Tenacidade Contextualização com foco nas pessoas	Curiosidade Proativo e engajado Reflexivo Experimentação "sem medo" Receptivo	Conectando os pontos Aprendiz Foco no cliente Disciplina Flexibilidade e adaptabilidade	

Referências e leituras adicionais

Accenture Interactive. Service is the New Sales: The Through line for B2B growth, 2019. Disponível em: <www.accenture.com/ca-en/insights/digital/service-new-sales>. Arquivado em: <perma.cc/E6RK-KELU>.

Content Marketing Institute. B2B Content Marketing 2018: Benchmarks, Budgets, and Trends — América do Norte, 2018. Disponível em: <contentmarketinginstitute.com/2017/09/research-habits-content-marketers>. Arquivado em: <perma.cc/GDZ3-RDUP>.

CSO Insights. The growing buyer-seller gap: results of the 2018 buyer preferences study. Miller Heiman Group, 2018.

Demand Gen. Content Preferences Survey Report, 2019. Disponível em: <www.demandgenreport.com/resources/reports/2019-content-preferences-survey-report>. Arquivado em: <perma.cc/42RZ-FXNZ>.

Kelly, S., Johnston, P. e Danheiser, S. *Value-ology: Aligning sales and marketing to shape and deliver profitable customer value propositions*, p. 77. Londres: Ed. Palgrave Macmillan, 2017.

Mark, J. J. Heraclitus of Ephesus, *Ancient History Encyclopedia,* 2010. Disponível em: <www.ancient.eu/Heraclitus_of_Ephesos>. Arquivado em: <perma.cc/5HR4-8NMK>.

Merkle. Programs That Connect: B-to-B loyalty programs that create pathways to new opportunities and business growth, 2017. Disponível em: <www.merkleinc.com/thought-leadership/white-paper/programs-connect>. Arquivado em: <perma.cc/RLY2-GYNV>.

Marketo. The State of Engagement: Insights on engagement from 2,000 global consumers and marketers, 2017. Disponível em: <www.marketo.com/analyst-and-other-reports/the-state-of-engagement>. Arquivado em: <perma.cc/ L6SQ-9M8X>.

O'Brien, D., Veenstra, J. e Murphy, T. *Redefining the CMO*, Deloitte Insights, 2018.

Quelch, J. e Jocz, K. How to market in a downturn, *Harvard Business Review*, abr. 2009.

Ramos, L. e Camuso, M. 'Crap' content continues to describe B2B marketing — don't let it describe yours, Forrester Research, 2018. Disponível em: <go.forrester.com/blogs/crap-content-continues-to-describe-b2b-marketing-dont-let-it-describe-yours>. Arquivado em: <perma.cc/42BA-P2CE>).

Salesforce Research. Fourth Annual State of Marketing Report, 2017.

Schultz, M., Murray, J. e Smith, G. 5 sales prospecting myths debunked: 488 buyers sound off about how sellers get through and win their business, Rain Group Center for Sales Research, (sd). Disponível em: <www.rainsalestraining.com/resources/sales-white-papers/5-sales-prospecting-myths-debunked>. Arquivado em: <perma.cc/GTN3-BWJV>.

TrustRadius. The 2019 B2B Buying Disconnect: An in-depth study on buying preferences, vendor impact, and the persistent trust gap in b2b technology, 2019.

World Economic Forum. Davos Manifesto 2020: The universal purpose of a company in the fourth industrial revolution, 2020. Disponível em: <www.weforum.org/agenda/2019/12/davos-manifesto-2020-the-universal-purpose-of-a-company-in-the-fourth-industrial-revolution>. Arquivado em: <perma.cc/Y6YM-L9ZX>.

Xant. Lead Response Report, 2014. Disponível em: <www.xant.ai/resources/2014-lead-response-report>. Arquivado em: <perma.cc/H9XA-3F9S>.

09

O avaliador — competências para a tomada de boas decisões

Neste capítulo, nós vamos:

- compartilhar nossas pesquisas de competência — concentrando-se no que os líderes de vendas e marketing disseram sobre competências de avaliador;
- delinear por que essas competências são importantes para se destacar;
- explicar o que são competências de avaliador e por que elas são importantes;
- fornecer uma checklist das principais competências de avaliador.

O que queremos dizer com competências de avaliador?

O dicionário Merriam-Webster define avaliação como "o ato ou resultado de avaliar uma situação que requer um julgamento cuidadoso". Aqui, avaliação significa: "determinação do valor, natureza, caráter ou qualidade de algo ou alguém".

No Capítulo 3, dissemos que são necessárias competências do avaliador para fazer escolhas informadas sobre as apostas que sua empresa precisa para assumir estratégias que a ajudarão a ter um melhor desempenho, com base em insights sobre o futuro, ou na interpretação do desempenho até o momento.

Embora concordemos com o mantra "Se você não pode medir, não pode administrar", acreditamos piamente que você não mede para relatar algo, você mede *e* avalia para melhorar: para seus clientes, para sua organização e para superar seus concorrentes. As competências de avaliador são grandes facilitadores para se destacar; se bem estabelecidas, podem viabilizar uma maior credibilidade, confiança e impacto comercial.

Vemos as competências de avaliação como primordiais em diferentes fins do ciclo de marketing e vendas. O ponto de partida para a avaliação está muito ligado às competências de visionário. Como saber o valor que uma oportunidade potencial pode ter no futuro? Enquanto um visionário teria que ser o tipo de pessoa que pode ter uma visão original de onde o futuro pode levar o cliente, isso deve ser combinado com mais competências analíticas do lado esquerdo do cérebro para ser capaz de avaliar o valor potencial de uma oportunidade futura.

Ouvimos Christine, uma vice-presidente de marketing, falar sobre a relação entre as competências de visionário e de avaliador no Capítulo 4:

> Os profissionais de marketing também precisam ter perfil empreendedor. Eles precisam entender qual é o perfil de lucro do que estamos tentando fazer aqui. Então, além das táticas de marketing, como funciona o negócio? Como essas coisas geram dinheiro?

Todos nós já ouvimos falar sobre "big data", tema que contém mais de cinco milhões de artigos se você fizer uma pesquisa no Google Acadêmico. Simplificando, big data refere-se à capacidade potencial de coletar e analisar a grande quantidade de dados que estão sendo gerados no mundo, desde transações de supermercados até as fotografias que colocamos no Facebook e no Instagram. Com todos os dados que supostamente estão disponíveis para as equipes de marketing e vendas, você e sua equipe têm as competências de avaliador para dar sentido ao que eles estão dizendo? Seus funcionários podem fornecer interpretações únicas dos dados que os concorrentes talvez não percebam?

Na outra ponta do ciclo, está a análise dos resultados dos programas de marketing e vendas. O advento das mídias sociais e das tecnologias de internet tornou uma série de coisas mais fáceis de medir, tais como visualizações de páginas, taxas de cliques etc..., mas estas podem estar dissociadas dos números reais de vendas e lucratividade.

Então, você ou seus funcionários podem realmente demonstrar o ROI (retorno sobre o investimento)? O papel do CMO não é tradicionalmente muito reconhecido pelo CEO ou CFO por causa da dificuldade que eles parecem ter para medir o retorno. Não é como se a desconexão com o CEO ou o CFO fosse um novo problema para os profissionais de marketing. Já em 2005, Shaw e Merrick apontaram que quantificar os impactos dos gastos de marketing em termos que a comunidade não integrante do marketing poderia apreciar não era apenas um capricho, ou um extra opcional (Shaw e Merrick, 2005). Portanto, por que a medição e avaliação ainda parecem ser vistas como um "extra opcional", apesar dos danos que isso causa à percepção dos CMOs? Você tem as competências para avaliar novas oportunidades potenciais, programas de marketing e vendas? Ou você está apenas supondo — se é que está fazendo isso de alguma forma?

Nosso modelo de avaliação, Figura 9.1, retrata onde a avaliação ocorre no ciclo de marketing e vendas. No início do ciclo, o avaliador recebe informações do visionário e através de insights do mercado para avaliar o potencial de crescimento de receita e lucratividade futura. Esta avaliação é o ponto de partida para a tomada de decisões; se o "insight" visionário parecer potencialmente viável, um argumento de negócio é apresentado para financiamento e recursos, que passa para a fase de ativação como um programa de marketing e vendas. As competências de avaliador entram então em jogo para rever o programa para decidir se ele deve ser melhorado e continuado ou se é preciso encerrar o programa. A revisão deve levar a um programa melhor ou proporcionar uma oportunidade de reinvestir o orçamento em uma campanha mais eficiente.

FIGURA 9.1 Avaliação no processo de marketing e vendas

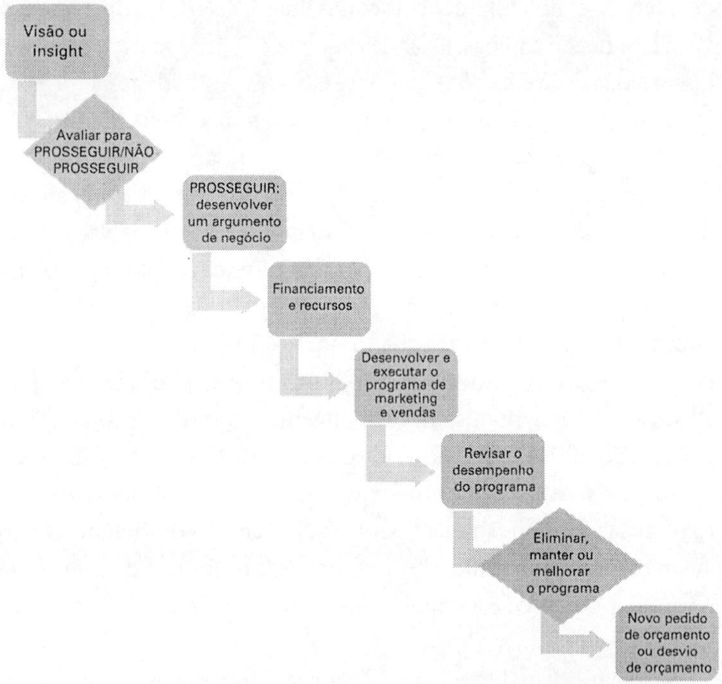

A chave para este processo de avaliação é analisar se as metas de receita e lucro de sua organização foram atingidas. De acordo com o retorno sobre investimento em marketing (ROMI) apresentado por McDonald e Mouncey (Woodburn, 2006), acreditamos que uma avaliação da vantagem competitiva é um critério-chave no processo de avaliação: a ideia lhe dá uma vantagem competitiva? Será que ela o ajuda a cumprir os "fatores de qualificação" que os clientes esperam agora? Ou aumenta a produtividade, ampliando as vendas ou reduzindo os custos?

Por que a avaliação é tão importante?

A avaliação de desempenho não é particularmente um problema para os profissionais de vendas, uma vez que, geralmente, se eles atingirem seus números de vendas e receita, está tudo bem. Dito isso, sabemos que apenas 54,3 por cento dos profissionais de vendas alcançam sua meta (CSO Insights, 2018). Para os profissionais de marketing, a avaliação é um momento de crise; o relacionamento entre o CMO e o CEO é um problema em parte explicado pela falta de capacidade do CMO de provar o impacto comercial. Uma pesquisa feita por Korn Ferry (2017) mostrou que a permanência média de um CMO é de apenas 4,1 anos, a mais baixa no nível de diretoria-executiva, em contraste com a permanência média de oito anos dos CEOs. Uma pesquisa recente de CMO realizada pela Deloitte Touche (2019) descobriu que, ao perguntar quais são os três principais fatores de sucesso para a posição de CMO, o uso de dados de clientes veio em primeiro lugar, com a comprovação do impacto quantitativo vindo em quarto lugar, atrás de ter uma visão de toda a empresa e ser a voz do cliente. Em pesquisa recente realizada pela Hays (2020) explorando o DNA de um líder de marketing, 69 por cento dos profissionais de marketing sentiram que efetivamente relatar o ROI ia se tornar mais importante. Não é surpresa que os CMOs tenham a mais curta estabilidade de qualquer cargo de C-level, já que cada vez mais se espera que eles forneçam números. Se eles não conseguirem falar a linguagem do valor e da margem operacional para os acionistas, eles não ressoarão com o CFO e o CEO, o que só pode acelerar sua saída.

De acordo com a Gartner (2019), apenas um terço dos CMOs dizem que o ROMI é um indicador-chave de desempenho (KPI), enquanto um estudo da Forrester descobriu que 77 por cento dos CMOs das B2B citaram o uso de dados para orientar as decisões de marketing como um dos cinco maiores pontos fracos de seu departamento (Snow, 2018). Sem a capacidade de medir e avaliar o desempenho, o marketing pode ser visto como uma função "artística" que só serve para produzir eventos — o departamento decorativo, um centro de despesas que fornece *mousepads*. Esta percepção está muito longe de ser vista como parte da máquina geradora de receita da empresa que utiliza métricas e avaliações que interessam ao CEO e ao CFO.

De acordo com um estudo de *accountability* de marketing da Forbes (Forbes, 2019), os profissionais de marketing que medem e gerenciam o desempenho de marketing obtêm um aumento de cinco por cento em ROMI e um crescimento sete por cento melhor. Ao mesmo tempo, 78 por cento dos CMOs sentem que a incapacidade de medir o desempenho de marketing os prejudica tanto pessoal quanto profissionalmente. Assim, sem a capacidade de comunicar, quantificar e avaliar o valor de marketing, não só a credibilidade dos CMOs sofre, como também o seu crescimento.

O resumo da ópera é que a avaliação é um problema específico dos profissionais de marketing, afetando a reputação pessoal, as perspectivas de carreira, as relações com outros atores-chave que precisam ter ao seu lado e a capacidade de fazer argumentos coerentes para solicitar mais dinheiro.

Como você pode nadar para longe do Mar de Mesmice se não consegue comprovar o que funcionou com os clientes ou o curso correto se as coisas não estão funcionando? Você tem pessoas em sua equipe que são avaliadoras eficazes?

> O fato de apenas 35 por cento dos entrevistados de nossa pesquisa verem a "análise de dados" como uma competência "muito importante" é um reflexo disso como uma competência emergente que acreditamos que virá à tona no futuro. Os 81 por cento que apontaram a "capacidade de execução" como muito importante, só podem provar uma execução eficaz com uma avaliação robusta.

Quão bem você está avaliando atualmente?

Então, até que ponto os líderes de marketing e vendas com quem falamos acreditam que suas organizações estão avaliando o desempenho, para ajudar a melhorá-lo? Vamos começar dando uma olhada na avaliação da primeira impressão dos insights.

Kirk, atualmente vice-presidente de gestão de produtos em uma grande empresa de TI, baseou-se em seus muitos anos de experiência em vendas para contrastar como duas organizações diferentes para as quais ele trabalhou utilizaram dados confiáveis de terceiros para ajudar a desenvolver inteligência e percepção, colocando-os em extremos opostos de uma escala de dez pontos. Kirk via o uso de dados de terceiros com credibilidade, como Gartner e Forrester, como um sinal de intenção para desenvolver e avaliar o insight e para fornecê-lo às vendas, uma vez que o marketing tinha extraído sentido dos dados:

A equipe de marketing coletou todos esses dados, os agregou, os fatiou e os cortou em cubos e os entregou ao setor de vendas para ajudar a desenvolver interações de vendas mais poderosas.

Ao mencionar "todos esses dados", Kirk referiu-se à inteligência de terceiros combinada com outras informações relacionadas ao mercado. O contraste entre as duas organizações citadas por Kirk foi forte e demonstrou como a coleta e avaliação de dados poderia ajudar um concorrente a se destacar do outro.

> Sua empresa se baseia em pesquisas e dados confiáveis de terceiros? Você tem alguém que agrega os dados e os avalia para potenciais insights lucrativos?

Mineração de dados — ainda em seus primórdios?

A mineração de dados tem tudo a ver com a busca de padrões interessantes e úteis a partir de grandes volumes de dados, para ajudar a desenvolver programas que melhorem o desempenho. Há um enorme potencial para seu uso em organizações B2B, especialmente dado o grande número de vendas e chamadas de serviço feitas aos clientes todos os dias. Big data só pode medir e descrever comportamentos, portanto ainda há necessidade de avaliar por que esses comportamentos acontecem e o que isso pode significar para o negócio.

Robson, um presidente corporativo com experiência em vendas e administração sênior em várias grandes empresas de tecnologia, disse que não havia experimentado a mineração de dados utilizada nas empresas em que havia trabalhado:

> Talvez ainda estejamos muito no início da jornada e as pessoas estejam encontrando seu caminho com a mineração de dados. Todos conhecem os conceitos e já ouviram falar sobre isso, mas não vi ninguém operacionalizar e dizer que melhoramos a experiência do cliente em dez pontos.

Ele prosseguiu dizendo que tinha visto exemplos na publicidade, mas para ele ainda parecia "um grande experimento científico", como se estivesse acontecendo em um laboratório dissociado da realidade.

Christine enfatizou a necessidade de ter a capacidade de minerar dados para facilitar a avaliação:

> A mineração para a percepção do cliente é uma capacidade-chave. Você tem que ter alguém fazendo isso. Você pode imaginar na Global Telco, temos dezenas de milhares de clientes que geram milhões de pontos de dados para que haja uma infinidade de coisas a serem mineradas lá.

É preciso haver alguém na equipe de marketing que possa realmente extrair os dados e procurar por padrões e tendências. Christine também falou da infinidade de ferramentas que estão por aí para ajudar as organizações a fazerem mineração de dados, dizendo que é fundamental que as organizações tenham pessoas que possam trabalhar com essas ferramentas para extrair os dados. Parte do papel do avaliador é buscar tecnologias de mineração de dados para aplicar em sua área, e aprender com aplicações em outras indústrias que são mais avançadas em seu uso. Por exemplo, se você trabalha em uma indústria altamente regulamentada, como seguros, saúde ou serviços financeiros, você pode procurar ver como outros estão resolvendo de forma criativa problemas similares aos que você está enfrentando.

Com base em opiniões — não em fatos

Apesar da proliferação de dados, alguns de nossos entrevistados disseram que a avaliação de novos programas potenciais de marketing e vendas se baseava em grande parte em opiniões e não em fatos. Por exemplo, Katie, CEO de uma empresa de software e ex-líder de marketing de uma empresa de tecnologia global, questionou:

> As organizações têm pessoas avaliando a lucratividade futura de programas potenciais? Na verdade, não. Você realmente depende da opinião das pessoas, em vez de um processo de avaliação que diz que vai funcionar.

Aqui Katie está destacando um ponto-chave, que na ausência de dados há opinião, e na presença de dados ainda há opinião, porque as pessoas fazem sua própria interpretação. Ela está sugerindo que as empresas devem ter algum tipo de estrutura ou processo para ter uma visão mais objetiva sobre o que pode ou não funcionar. Talvez seja tarefa do avaliador desenvolver o processo e trazer uma análise mais objetiva, tal que ela exista, para a mesa de tomada de decisões.

Os dados são usados para justificar seu próprio fim — é algo politizado

A avaliação que ocorre nas organizações é frequentemente um mundo altamente politizado e é manchada pelo interesse próprio, o que aumenta a necessidade de competências dos avaliadores. Como sua organização pode ter um melhor desempenho e se destacar dos concorrentes de forma positiva para os clientes, se muito esforço está sendo aplicado a levar coisas sem importância para o mercado? Isso é difícil porque na fase em que se procura aprovação para direcionar um insight para um programa de marketing ou lançamento de produto, é preciso fazer suposições e previsões sobre a lucratividade potencial.

Herbert, antigo vice-presidente de vendas de uma grande empresa de telefonia móvel, estava entre os vários líderes que pensavam que os dados eram frequentemente usados apenas para promover os próprios fins de alguém. Ele falou sobre um produto específico que uma antiga empresa levou ao mercado para o qual claramente não havia um mercado, dados os resultados:

> Quando penso no Produto Global X, imagino que, se tivessem avaliado corretamente os dados, eles teriam percebido que se tratava de um produto sem futuro, pois não havia demanda suficiente para isso. As pessoas não precisavam dele, então por que perder tempo desenvolvendo este serviço?

No caso citado por Herbert, o gestor global do produto foi a pessoa que conduziu o argumento para o produto, o que significou que a "avaliação" que foi realizada necessariamente apoiou o caso para o Produto X para promover seus próprios fins.

Herbert, como muitos outros, não via o Produto Global X como um caso isolado; em sua experiência, as pessoas estavam protegendo seus empregos em vez de aceitar a realidade do que os números diziam: "'Estou fazendo isso parecer melhor do que realmente é porque meu chefe disse que eu precisava fazer isso.' Eu vejo muito disso acontecendo."

Parte do papel do avaliador deve ser desafiar essas suposições e se basear em diferentes pontos dos dados para testar a eficácia das previsões e tentar garantir que os produtos certos sejam desenvolvidos e os projetos sejam levados adiante.

Quão boas são as organizações na avaliação do ROMI?

Agora que analisamos como as organizações avaliam bem as oportunidades potenciais, que tal a outra ponta do ciclo de vendas — quão boa é a sua própria avaliação do ROMI (retorno sobre o investimento em marketing)?

No Capítulo 3, nos baseamos em algumas entrevistas de pesquisa feitas para nosso livro anterior *Value-ology*, no qual analisamos o quão bem alinhados estavam o marketing e as vendas no desenvolvimento do valor do cliente.

Vimos que os profissionais de marketing costumam medir as coisas de forma diferente em relação ao setor de vendas, e sabemos que isso pode causar estranhamentos. Kyle, presidente de uma empresa de processamento de dados global, ao falar sobre um cargo anterior como líder de vendas, disse:

> Me lembro de todo o quadro de avaliação do marketing sendo atingido enquanto minha avaliação inteira estava no negativo; isso simplesmente não podia estar certo.

Sentir a necessidade de ter que provar que o marketing tem valor para ter credibilidade conferida a eles pode muitas vezes levar à tensão com as vendas.

Davina, vice-presidente de marketing de uma empresa fintech global e veterana de cinco empresas blue chips em diferentes setores, disse:

> Acho que é um equilíbrio muito delicado entre provar o valor e o ROI do que estamos fazendo. E isso eu acho que é um ponto de tensão.

O que Davina está sugerindo aqui é que a pressão para provar valor às vendas e à organização em geral pode levar o marketing a reivindicar em demasia o papel que eles podem ter desempenhado para trazer negócios que já poderiam ter sido fechados.

Na pesquisa para este livro, estávamos interessados em entender quão efetivamente os líderes de vendas e marketing sentiam que o ROMI estava sendo medido do ponto de vista de ajudar as organizações a tomar decisões, para ajudá-las a ter um melhor desempenho, com base em uma avaliação dos resultados.

Você mede as coisas que importam?

Descobrimos que alguns de nossos entrevistados estavam medindo várias coisas. A pergunta é: eles estão medindo o que realmente importa? A maioria das organizações provavelmente está medindo pelo menos um aspecto dos programas de marketing, mas normalmente isso é feito em sigilo.

Kristen, CMO de uma empresa de serviços financeiros, disse que eles usaram dados de ROI para ajudar a tomar decisões futuras:

> Usamos os dados para tomar decisões — definitivamente os de eventos porque é aí que realmente rastreamos o ROI. Isso influenciará o número de eventos que fazemos. Nossa abordagem, a quem convidamos.

É bom saber que Kristen tenta basear as decisões em algum cálculo do ROI. Em nossa experiência, muitas vezes os eventos B2B podem ser medidos nas "pesquisas de satisfação" com os clientes, sobre se eles gostaram do evento em vez de se o evento entregou algo para a empresa. A tarefa do CMO é tomar decisões sobre se o Evento A supera a Tática B em decisões futuras, portanto, seria interessante saber se Kirsten aplicava a abordagem sobre o ROI em todas as atividades de marketing. Os clientes não interagem com sua empresa apenas uma vez — eles vão ao seu site, inscrevem-se para receber seus e-mails, participam de seus eventos, conversam com os profissionais de vendas etc. Alguém precisa ser capaz de avaliar quais táticas parecem estar funcionando melhor para aquele público em particular.

Depois há a difícil questão de quanto pode ser atribuído à presença de um cliente ao evento, como Davina aludiu anteriormente.

Como você avalia a atribuição?

Em nossa experiência, o quanto pode ser atribuído a um determinado programa ou campanha de marketing é uma área muito contestada. Enquanto Robson, entre outros, aceitou que a correlação entre dólares gastos e dólares ganhos não era científica, ele achou que era preciso haver mais rigor na avaliação do ROMI, começando com revisões mais minuciosas:

> O olhar em retrospectiva é fácil para muitas organizações, e é por isso que o marketing parece sempre levar na cara. Foram gastos cinco milhões e o que você conseguiu? O ROMI é cinza; é difícil de fazer, mas é preciso fazê-lo para começar a valorizar esses investimentos.

Então, Robson está dizendo que é difícil dizer quanto um dólar de marketing impactou em uma venda final. Ele prosseguiu apontando que, apesar das áreas cinzentas, as empresas precisam ter algum tipo de estrutura para avaliar investimentos e campanhas. Como Davina, Robson reconheceu que é preciso fazer um julgamento sobre o quanto uma campanha de marketing impactou no resultado final. Se você não pode fazer uma tentativa séria de avaliar o desempenho do programa de marketing e vendas, como podem ser tomadas decisões sobre investimentos futuros?

O ROMI ajuda a defender futuros investimentos

No contexto de se destacar, toda a ideia de ROMI é ajudar sua organização a decidir quais programas devem ser expandidos porque têm ressonância com os clientes, e reinvestir dólares de programas que não estão funcionando.

Kirk comparou novamente duas organizações com as quais ele trabalhou para dar um forte contraste entre a Empresa A, onde as pessoas não entendem o ROMI, e a Empresa B, onde ele foi usado para ajudar a orientar futuras decisões de investimento.

Falando de seu exemplo de empresa de boas práticas, a Empresa B, ele disse:

> Eu diria que foi um oito ou nove e reforcei isso. Se tivermos o ROMI certo, em vez de pedir dez mil dólares este ano, vamos subir para quinze mil dólares no próximo ano. Quando dizem, espera, isso é um pouco audacioso demais, um aumento de cinquenta por cento, eu posso dizer que vamos dar um passo atrás para ver qual era o ROMI que tínhamos nos programas.

Neste simples exemplo, Kirk está demonstrando que a Empresa B pode investir mais em um programa que tenha funcionado e que mais investimento pode ajudá-los a ter um melhor desempenho ou a se destacar. Enquanto isso, a Empresa A pode estar desperdiçando dinheiro com programas que talvez tenham uma boa execução, mas que não dão nenhum retorno.

A definição de sucesso pode ser aberta à interpretação, e tão politizada quanto a avaliação da primeira impressão do programa.

Medindo ROMI — politizado

No início do capítulo, vimos que a avaliação de oportunidades futuras potenciais era vista como muito política. Isso também aconteceu no outro final do ciclo quando perguntamos como os programas de marketing e vendas que estavam em andamento eram medidos e avaliados para o ROMI.

Herbert, depois de dizer que a empresa global de telefonia móvel em que trabalhava era boa na medição de programas, mais uma vez se voltou para a natureza política da avaliação. Embora ele aceitasse que havia toneladas de dados e de análises, ele disse que a principal consideração era "Quem está interpretando os resultados e com que propósito?" Ele sentiu que nas grandes organizações em que havia trabalhado era improvável que alguém "atirasse no próprio pé" e relatasse um programa ou produto de baixo desempenho.

Aqui Herbert está apontando que a reputação pessoal de um indivíduo pode estar em jogo, o que pode muito bem prejudicar o relato honesto dos resultados. Esta visão começa a apontar para os traços de um bom avaliador como alguém que pode argumentar para melhorar e continuar um programa, ou extingui-lo, de um ponto de vista onde seu sucesso pessoal não está em jogo. Muitas vezes, o comportamento é motivado pela necessidade de obter novamente o financiamento de seu programa de estimação, ao mesmo tempo em que melhora sua imagem, às custas de desenvolver algo que poderia ajudá-lo a se destacar no mercado.

Qual é o ideal?

Para que uma empresa faça bem uma avaliação, ela deve ser capaz de demonstrar que está possibilitando um melhor desempenho para os clientes e para si mesma, destacando-se da concorrência. Isso significa avaliar o desempenho com base no que está funcionando para o cliente, o que gera dinheiro e não gasta (Ambler, 2000). Em última análise, se você estiver fazendo uma avaliação bem-feita, então você está medindo o efeito sobre a receita e fazendo concessões sobre o que investir no futuro, com base no sucesso provável. Isso requer discernimento sobre o que medir e avaliar, concentrando-se em coisas que guiarão as decisões que precisam ser tomadas para impulsionar mais receita e lucro. A avaliação deve levar em conta os pontos de vista dos principais atores, tais como o CEO e o CFO.

O que nossos líderes de vendas e marketing acham que é o ideal? Eles tinham algum exemplo de boas práticas?

Ser responsável

Os líderes de marketing parecem satisfeitos em aceitar a necessidade de prestar contas; alguns de nossos entrevistados devem fazer parte dos 78 por cento dos líderes de marketing B2B que medem o impacto das receitas, de acordo com um estudo da Marketo de 2020.

Regina, vice-presidente de marketing de uma grande empresa de TI, concentrou-se na necessidade de prestação de contas para todos sobre a equipe de marketing e vendas:

> Todos precisam ter a responsabilidade de entender, quando eu gasto um dólar, o que estou ganhando com isso?

Na organização onde Regina trabalha, os relatórios de vendas e marketing eram apresentados para a diretoria um ao lado do outro, portanto tinha que haver um fluxo coerente entre a atividade de marketing e os números de vendas. Mesmo que atualmente os profissionais de marketing não possam medir o ROMI, eles têm que ter um mindset de impulsionar a receita.

Caroline, CMO de uma empresa de serviços financeiros e imobiliários, reflete um nível semelhante de responsabilidade em sua própria organização:

> Temos uma reunião trimestral onde nos sentamos com o líder de vendas e conversamos sobre o funil de capacitação. Esse é o número de contatos que entregamos; quanto dinheiro realmente entra. Eles veem tudo.

Aqui, Caroline analisa o desempenho a um nível mais tático com a equipe de liderança de vendas. É bom ver que a revisão inclui "quanto de dinheiro realmente entra", pois com muita frequência os profissionais de marketing medem o volume de leads e os de vendas reclamam sobre a qualidade deles.

Vincular a atividade de marketing ao desempenho comercial

Embora as revisões táticas de leads sejam importantes para executar contra o papel-chave de geração de demanda atribuído ao marketing no Capítulo 4, são necessárias mais revisões estratégicas para que os profissionais de marketing possam avaliar o impacto no desempenho geral dos negócios.

Kristen comentou sobre o quanto seu CEO adora a revisão de desempenho trimestral, classificando-a como sua "reunião favorita na empresa" porque a equipe de marketing "monitora tudo", desde o tráfego do site e downloads até as taxas de retenção de conta. O que é instrutivo aqui é que Kristen está fazendo uma conexão desde a atividade de marketing até o impacto comercial, além das métricas usuais de vaidade de marketing das visitas ao site e taxas de clique.

Trata-se de contrapartidas

Christine, vice-presidente de marketing em uma empresa de tecnologia global, fez um comentário essencial de que a avaliação serve para sustentar decisões sobre "contrapartidas":

> Alguém tem que conectar nossos programas aos resultados do mundo real. No fim das contas, tudo isso é contrapartida entre tempo e dinheiro. Meu tempo e meu dinheiro são melhor gastos aqui ou acolá? E sem medir e alguém apresentar essas ideias de uma forma organizada, você acaba seguindo seu instinto.

O papel do avaliador é analisar todos os programas de marketing e fornecer informações que relatem as decisões sobre contrapartidas para investimentos futuros. Como dissemos anteriormente, não faz sentido medir apenas o ROMI dos eventos se você não tiver um processo de medição e avaliação semelhante em todas as atividades de marketing e vendas.

No fim das contas, tudo se resume aos números de vendas

Katie observou que nos últimos dez anos tem havido um grande foco em melhores ferramentas para ajudar o marketing a tomar decisões mais facilmente sobre investimentos futuros:

> Mas, no fim das contas, a forma como encaro isso é se os números de vendas justificam os investimentos de marketing, não qualquer tipo de dados que são divulgados sobre a campanha, as métricas que uma equipe de marketing teria: visitas ao site, conversões SEO e todas as outras coisas que são interessantes e úteis. Mas, em termos de retorno sobre o investimento para a empresa, significa: Meus números de vendas justificam minhas despesas de marketing?

Aqui, mais uma vez, Katie defende a primazia dos "números de vendas" acima da métrica de vaidade do marketing. Em consonância com Ambler (2000), ela julga o sucesso de um programa de marketing baseado na rentabilidade do programa (vendas menos despesas de marketing).

Números de vendas são transferidos para as métricas de CFO e CEO

Quando Katie fala de "números de vendas", ela refere-se à receita ou novas vendas. Fazer destes números um foco-chave de sua avaliação coloca você em um bom caminho para abordar as preocupações do CFO e do CEO, por sua vez.

Bruce, um experiente vice-presidente de marketing que já atuou em várias empresas de tecnologia global, colocou isso de forma muito sucinta:

> A linguagem do sucesso com um CFO é receita, margem, lucratividade. Assim, quando você pensa nos profissionais de marketing e na maneira como eles frequentemente falam com os CFOs, eles recebem o que merecem porque falam sobre a métrica da vaidade: participantes do

evento, cliques etc. Você então se torna o cara que consegue quinze minutos na agenda.

Ter um sistema de avaliação que se concentre em medidas importantes para o CFO provavelmente o colocará do seu lado quando se trata de investir em programas futuros. Bruce explicou como sua abordagem para articular o desempenho se estendeu também ao CEO:

> Eu sempre tento falar das coisas de uma maneira que seja importante para a pessoa com quem estou falando, por exemplo: CFO — margem; CEO — sucesso comercial, capacidade, grandes negócios conquistados.

Portanto, o ideal é utilizar medidas e avaliações que estejam em sintonia com os principais interessados: receita, margem, novas vendas, satisfação do cliente apoiada por histórias de novos sucessos comerciais. Não uma métrica de vaidade à vista!

A avaliação corta nos dois sentidos

Jeff, um vice-presidente de desenvolvimento de negócios em uma empresa global de TI, disse que alguns de seus grandes clientes realmente lhe perguntaram como era fazer negócios com eles:

> Alguns de nossos clientes nos sondam e nos pedem que comentemos sobre como é trabalhar com eles. Quão responsivos eles são, quão fácil é trabalhar com eles, como avaliaríamos seu processo etc. Isso é interessante e algo que eu nunca tinha visto antes.

Nós concordamos que esta é uma abordagem interessante. Se a avaliação tem tudo a ver com tornar-se melhor, então por que não encarregar algumas das pessoas que estão tentando vender a você para ajudá-lo a implementar sistemas de TI? Se esta abordagem pode ajudar a desbloquear melhorias, facilitar o fechamento de novos negócios e tornar sua empresa mais ágil, ela pode ajudá-lo a se diferenciar daqueles no Mar de Mesmice que têm medo de perguntar.

Trata-se de estar a par dos números — todos os dias

Bob, diretor comercial de uma empresa de serviços de construção, sentiu que os profissionais de marketing B2B precisavam fazer mais para estar no "compasso do negócio" a cada dia:

> Acho que os profissionais de marketing não dedicam tempo suficiente para entender, semanal ou diariamente, o que está realmente acontecendo. Não creio que, tipicamente, os profissionais de marketing olhem para um painel de números no início do dia.

O que Bob está sugerindo aqui é que mesmo os profissionais de marketing que tentam medir e avaliar o desempenho de seus programas de marketing não se mantêm em contato com o desempenho geral da empresa ou mudam suas campanhas de acordo com isso:

> Quantos profissionais de marketing mudaram o plano deles, aquela campanha, posso chamar assim, como resultado do desempenho comercial? Eles não mudam. Eles podem estar em ambientes de varejo ou setores diferentes, mas certamente dentro de muitas das coisas relativas ao B2B nas quais estive envolvido, eu realmente não vi isso.

Bob está insinuando que o ideal é corrigir e ajustar os planos de curso informado pelo desempenho comercial. Embora os ciclos comerciais possam ser diferentes, Bob sugere que os profissionais de marketing B2B podem ser capazes de aprender algo de outros setores, como o varejo, sobre o ajuste de planos para o desempenho comercial.

Competências de avaliador — então quais são elas?

A esta altura, você já terá apreciado o fato de que neste livro apresentamos um conjunto de competências humanas de excelência que podem ajudar as organizações a "se destacarem". As competências de avaliador são necessárias para fazer escolhas certas sobre as apostas que sua empresa precisa fazer para assumir estratégias que a ajudarão a ter um melhor desempenho mais adiante, com base em insights sobre o futuro, ou na interpretação do desempenho até o momento. Para nós, o foco não está nas habilidades técnicas necessárias para "fazer a máquina funcionar", alcançando os números, mas nas competências para fazer escolhas informadas com base na avaliação.

Antes de chegarmos às melhores competências, vamos tentar abordar uma questão que pode estar em sua mente: de quantos avaliadores você precisa?

De quantos avaliadores você precisa?

É importante continuar fazendo a distinção entre se manter atento ao desempenho e fazer julgamentos baseados na avaliação de dados que vêm da atenção ao desempenho ou de padrões vindos da mineração de dados.

Caroline fez questão de pontuar que não é necessário um monte de avaliadores em sua equipe:

> Para mim, o papel de avaliador é fundamental para tudo o que fazemos. Mas eu não preciso que todos da minha equipe façam isso. Isso seria ineficiente e uma perda de tempo. Em geral, o meu profissional de dados não é colaborador da minha equipe e eu não preciso que seja. Mas se eu não tenho um profissional de dados, então todo o marketing em si e de si mesmo é inútil.

É interessante notar que, enquanto Caroline vê o papel do avaliador como "fundamental", ela parece ver o avaliador como o "profissional de dados", alguém que não tem que colaborar com outras pessoas na organização. Isso parece sugerir que Caroline vê o "avaliador" como a pessoa que passa os resultados para outra pessoa da equipe de marketing para que ela faça algo com eles.

Por outro lado, embora ela concorde que nem todos precisem ser avaliadores, Christine parece ver um alcance maior para o papel de avaliador:

> Bem, eu não sei se todos precisam ter um avaliador ou não, mas alguém tem que ter e, na verdade, essa pessoa atua em uma função bastante poderosa. Ela precisa ter uma voz ressonante e uma grande influência, seja por título ou por competência, porque, com certeza, esse tem que ser um processo de decisão orientado por dados.

Concordamos com Christine que o avaliador tem que ter uma voz mais potente, tanto por competência quanto por título, indo muito além da visão de análise de desempenho do cargo de "profissional de dados", e é por isso que algumas das melhores competências que compõem o avaliador podem surpreender algumas pessoas. Então, quais são elas?

Competências para avaliadores de destaque

INTEGRIDADE

Duas definições do dicionário ajudam a explicar o que entendemos por integridade no contexto de competência de avaliador:

Integridade — a qualidade de ser honesto e de ter princípios morais fortes (Cambridge English Dictionary).

Integridade — o estado de ser inteiro e indivisível (Merriam-Webster Dictionary).

O avaliador precisa ter a coragem de relatar honestamente os resultados e fazer recomendações sobre se o programa A deve continuar a avançar, ou ser substituído pelo programa B. Eles precisam ser capazes de fazer isso de uma perspectiva holística que leve em conta o objetivo geral da avaliação, que é ajudar a organização a ter um melhor desempenho e se destacar. Eles precisam estar acima da tendência dos profissionais de marketing de serem vistos como "seletivos ou manipuladores". Os líderes empresariais seniores precisam ser capazes de olhar o avaliador nos olhos e dizer: "Confio que você está me oferecendo recomendações equilibradas porque você é uma pessoa íntegra." A equipe de liderança de marketing e vendas precisa ter confiança de que o avaliador está sugerindo que o programa A supera os programas B e C porque ele pode ter uma visão completa e indivisível em toda a gama de programas potenciais que poderiam ser executados.

Você contrata avaliadores por integridade, por eles serem confiáveis?

DEFESA EQUILIBRADA

No Capítulo 6, falamos sobre a necessidade de que o ativador seja um defensor equilibrado, e esta é definitivamente uma competência que você precisa em seu avaliador, uma competência que os bons profissionais de marketing e de vendas precisam ter em igual medida. No Capítulo 6, ouvimos Kirk falar da defesa equilibrada como uma competência-chave em um cargo de vendas, exigindo que as pessoas defendam os interesses do cliente e das pessoas de quem elas recebem um salário, sua própria empresa.

No contexto das competências de avaliador, o profissional de vendas precisa ser capaz de demonstrar que uma necessidade do cliente que ele defende é, na verdade, do melhor interesse de sua própria empresa também. Todos nós nos sentamos em salas ouvindo alguns profissionais de vendas apresentarem ideias em nome de seus clientes que sabemos que não fariam um centavo para nossa própria empresa.

O avaliador tem que adotar um modelo de defesa equilibrada, procurando a sobreposição entre as necessidades do cliente e os interesses da empresa, e aprovar ideias que possam ajudar sua empresa a se destacar da concorrência, o que ao mesmo tempo demonstra integridade. Na Figura 9.2, vemos que o avaliador está procurando programas que caiam na "Zona C", derivando valor para o cliente e para a empresa às custas do concorrente.

Enquanto o ponto de partida para uma ideia deve ser o que podemos fazer melhor para o cliente, e podemos nos colocar no lugar dele para realmente entender isso, para conseguir passar pelo portão de prosseguir ou não do avaliador, a ideia precisa pousar na Zona C, onde os interesses do cliente e da empresa são atendidos, às custas do concorrente.

Você contrata com base em uma defesa equilibrada? Pense nos três últimos programas de vendas ou marketing que obtiveram aprovação em sua empresa — eles pousaram na Zona C?

FIGURA 9.2 Zona C para programas de marketing e vendas de destaque

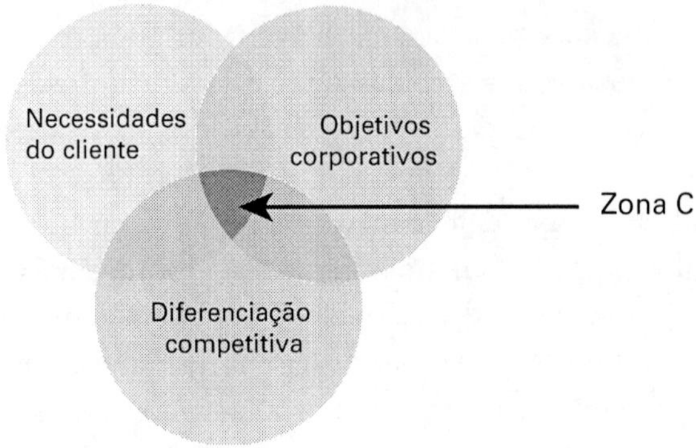

CONECTANDO OS PONTOS

Vimos no Capítulo 4 que conectar os pontos significava descrever a situação de forma clara para os clientes, fornecendo um insight de possíveis mudanças adiante para trazer parceiros potenciais para o desenvolvimento de soluções (ver Figura 4.1).

No contexto das competências de avaliador, "conectar os pontos" significa fazer a ligação entre os objetivos gerais da empresa ao desempenho do programa e conduzir um ciclo de aprendizagem para ajudar a melhorar continuamente o desempenho.

A partir desta perspectiva, o avaliador será capaz de erradicar casos de negócios que parecem estar baseados em métricas de vaidade em favor daqueles que apoiam o crescimento da receita com margens atraentes. Este seria também um teste para ajudar a decidir se um programa existente deve continuar a ser executado.

Transcendendo a análise numérica, o avaliador deve ser capaz de desenvolver um olhar aguçado para o porquê de uma ideia potencial funcionar, e por que um programa funcionou ou não de um ponto de vista qualitativo. Com o tempo, um avaliador deve ser capaz de fornecer conselhos aos líderes de programas de marketing e vendas que os ajudem a melhorar propostas e métodos para a execução de novos programas.

Persuasão e bom senso político

Apresentar uma visão do mundo futuro em que todas as decisões sejam baseadas puramente em "fatos" apresentados por um avaliador que observa tudo e é completamente objetivo, seria uma ingenuidade ao extremo. Embora tenhamos fornecido algumas ideias para tomar decisões mais ponderadas com melhores dados, essas decisões serão sempre de natureza política, como muitos dos líderes de vendas e marketing que entrevistamos apontaram.

Mesmo que o avaliador tenha dados de fonte confiável para mostrar que o programa A não teve sucesso ou que a nova ideia

B parece mais favorável do que a nova ideia C, a apresentação dos resultados tem que ser feita com sensibilidade. O CMO pode muito bem pensar que eles foram "jogados aos leões" se um programa for apresentado como sendo ineficaz e se os resultados forem apresentados à equipe executiva antes que o CMO os tenha visto.

Por experiência própria, sabemos que alguns novos imperativos que realmente precisam avançar podem exigir a aprovação de pessoas que talvez não vejam inicialmente a nova ideia como sendo do seu melhor interesse. Lembramos de uma época no início do milênio em que muitas empresas de tecnologia vendiam principalmente através de sua força de vendas diretas. O senso comum apontava para a mudança para um modelo multicanal com um envolvimento maior de profissionais dentro do escritório e em canais indiretos. Lembramos que apresentar esta ideia a uma sala cheia de vice-presidentes de vendas foi um erro político, pois parecia pedir aos perus que votassem a favor do Dia de Ação de Graças e do Natal, tudo ao mesmo tempo. O avaliador precisa ter o bom senso político para saber quando apresentar recomendações e de que forma. Ou, se o avaliador estiver desenvolvendo um material de apresentação para um executivo defender um programa em detrimento de outro, ele precisa levar em conta a necessidade de persuadir as pessoas indo "além dos números" e estar ciente do clima político em que a decisão está ocorrendo.

O que sabemos é que os profissionais de vendas e marketing estão sendo solicitados a fornecer uma justificativa mais forte para novas ideias, e a continuar os programas existentes. O que traz à tona a competência de avaliar por que as coisas devem ou não ser feitas.

Resumo do capítulo

Neste capítulo, oferecemos uma visão da importância das competências dos avaliadores para ajudar sua organização a ter um melhor desempenho e a se destacar. Demos a você uma visão do que os líderes de marketing e vendas pensam que não está funcionando atualmente, e alguns exemplos de boas práticas. Ao fornecer um conjunto de competências extraídas de nossa análise, nós pretendemos descrever a força que atribuímos às competências dos avaliadores e como eles desempenham as funções de marketing e vendas. Acreditamos que o avaliador deve ter uma voz ressonante, o que exige um operador altamente crível tanto em termos de título quanto em termos de competências.

As competências de avaliador vão muito além de alcançar números, ao fornecer inteligência e percepção sobre quais iniciativas em potencial devem ser levadas adiante, pois podem ajudar sua empresa a se destacar. Érica, a Avaliadora, tem que ser alguém que pratica defesa equilibrada, buscando programas que cheguem à Zona C onde os interesses do cliente e da empresa ajudem a se destacar da concorrência. Alguém que possa conectar os pontos de uma nova iniciativa potencial e de uma campanha contínua eficiente. Ao fazer isso, Érica precisa ser vista como íntegra e com bom senso político. A Tabela 9.1 resume as melhores competências exigidas para um avaliador, e seus componentes.

TABELA 9.1 Competências e componentes de avaliador

Competências de avaliador	Componentes
Integridade	• Avaliação honesta de novos programas potenciais com base em dados confiáveis • Relatório honesto dos resultados do programa • Bravura para acabar com programas de baixo desempenho e reinvestir em programas de alto desempenho • Visão para avaliar o desempenho de forma consistente e justa
Defesa equilibrada	• Pode avaliar programas com base no impacto positivo sobre o cliente, a própria empresa e a diferenciação competitiva

Conectando os pontos	• Pode vincular desde as metas gerais da empresa até o desempenho do programa • Conduz um ciclo de aprendizagem para ajudar a melhorar continuamente o desempenho • Fornece conselhos que ajudam a melhorar propostas e métodos para desenvolver e executar novos programas
Persuasão e senso político	• Habilidade política e sensibilidade para lidar com executivos ao tomar decisões baseadas em fatos para encerrar, manter, ou desenvolver programas

No próximo capítulo, consideraremos as condições que devem existir nas organizações para que as competências de destaque que cobrimos nos Capítulos 5 a 9 se desenvolvam.

Antes disso, segue um resumo das competências desde Victor, o Visionário, até Érica, a Avaliadora.

TABELA 9.2 Competências V.A.L.U.E.

V Visionário (*Visionary*)	A Ativador (*Activator*)	L Aprendiz (*Learner*)	U Utilidade (*Usefulness*)	E Avaliador (*Evaluator*)
Victor, o Visionário	Alison, a Ativadora	Laura, a Aprendiz	Ulisses, o Útil	Érica, a Avaliadora
Visão de fora para dentro Visão de futuro Zooming Previsão Imaginação	Defesa equilibrada Escuta Negociação Tenacidade Contextualização com foco nas pessoas	Curiosidade Proativo e engajado Reflexivo Experimentação "sem medo" Receptivo	Conectando os pontos Aprendiz Foco no cliente Disciplina Flexibilidade e adaptabilidade	Integridade Defesa equilibrada Conectando os pontos Persuasão e bom senso político

Referências e leituras adicionais

Ambler, T. Marketing Metrics, *Business Strategy Review*, 11 (2), pp 59-66, 2000.

CSO Insights. Selling in the Age of Ceaseless Change: The 2018–2019 Sales Performance Report, 2018. Disponível em: <www.csoinsights.com/wp-content/uploads/sites/5/2018/12/2018-2019-Sales-Performance-Report.pdf>. Arquivado em: <perma.cc/A28C-MMLS>.

Deloitte Touche Tohmatsu Limited. CMO Survey Fall 2019: What insights can we gain from marketing leaders?, 2019. Disponível em: <www2.deloitte.com/us/en/pages/chief-marketing-officer/articles/cmo-survey.html>. Arquivado em: <perma.cc/ N8R8-R9M9>.

Farris, P. et al *Key Marketing Metrics: The 50+ metrics every manager needs to know* (2ª ed). Harlow: Ed. Pearson, 2017.

Forbes. Marketing accountability report, 2019. Disponível em: <www.forbes.com/cmo-practice/marketing-accountability-report/>. Arquivado em: <perma.cc/ W2C6-9PTT>.

Gartner. Gartner CMO spend survey 2018–19, 2019. Disponível em: <www.gartner.com/marketing/research/the-2018-2019-cmo-spend-survey-spotlight.html>. Arquivado em: <perma.cc/ZDR6-PKGM>.

Hays. The DNA of a marketing leader, 2020. Disponível em: <www.hays.co.uk/job/marketing-jobs/dna-of-a-marketing-leader>. Arquivado em: <perma.cc/2XZH-D2D3>.

Kelly, S., Johnston, P. e Danheiser, S. *Value-ology: Aligning sales and marketing to shape and deliver profitable customer value propositions*. Londres: Ed. Palgrave Macmillan, 2017.

Korn Ferry. Age and tenure in the C-suite: Korn Ferry Institute study reveals trends by title and industry, 2017. Disponível em: <www.kornferry.com/press/age-and-tenure-in-the-c-suite-korn-ferry-institute-study-reveals-trends-by-title-and-industry>. Arquivado em: <perma.cc/6SXB-H3XM>.

Marketo. The Definitive Guide to Marketing and Sales Analytics, 2020. Disponível em: <www.marketo.com/definitive-guides/marketing-metrics-and-marketing-analytics>. Arquivado em: <perma.cc/TQ3Z-8SQ2>.

Shaw, R. e Merrick, D. *Marketing Payback: Is your marketing profitable?. North York:* Pearson Education, 2005.

Snow, A. Anchor sales and marketing alignment with revenue growth analytics best practices to collaborate on analytics that support growth, *Forrester,* 2018. Disponível em: <www.forrester.com/report/Anchor+Sales+And+Marketing+Alignment+With+Revenue+Growth+Analytics/-/E-RES136061>. Arquivado em: <perma.cc/ LH2H-F5UX>.

Whitler, K. A. e Morgan, N. Why CMOs never last and what to do about it, *Harvard Business Review*, 95 (4), 2017.

Woodburn, D. Marketing measurement action research model, *Measuring Business Excellence*, 10 (2), pp 50-64, 2006.

10

Construindo uma cultura de competência V.A.L.U.E.

Neste capítulo, nós vamos:

- ver o que os líderes de vendas e marketing disseram sobre a forma como a cultura e a liderança da empresa afetam a capacidade da empresa de se diferenciar no mercado;
- explicar por que a cultura de empresa correta é essencial para que a competência V.A.L.U.E. se desenvolva;
- discutir as atitudes e comportamentos profissionais que são necessários para produzir propostas de valor B2B diferenciadas;
- fornecer-lhe um inventário de autoavaliação da cultura de competência V.A.L.U.E.

A diferenciação é uma iniciativa da empresa como um todo

O que se passa dentro da organização afeta diretamente o que acontece fora dela. Cultura e liderança definem profundamente a forma como as propostas de valor são desenvolvidas, entregues e comunicadas, e a maneira como o feedback dos mercados e clientes é usado para criar uma diferenciação real. Quando Robson, presidente de uma empresa de telecomunicações norte-americana, conversou conosco sobre cultura e liderança e como isso afeta a competência e a busca da diferenciação, ele levantou uma questão vital sobre a capacidade geral de diferenciação de uma empresa. Segue o que ele disse:

A organização valoriza de verdade o que você tem que fazer para se destacar no Mar de Mesmice? Será que o chefe executivo realmente entende, valoriza e concorda com isso? Você poderia tentar durante todo o dia convencer o CEO de que o Mar de Mesmice é um problema sério e dizer-lhe que o cliente não está interessado em ouvir "sobre" empresa dele e sobre a vasta área de alcance de sua rede. Você não vai ter sucesso, a menos que exista um desejo do topo da empresa para baixo de se comprometer com isso.

Três coisas se destacam no que Robson diz:

1. Além dos cinco elementos individuais de competência V.A.L.U.E. que introduzimos nos capítulos anteriores, podemos ver que eles estão unidos por uma capacidade organizacional abrangente e uma atitude de criação de valor para o cliente, o que pode ter um efeito positivo ou negativo na obtenção da diferenciação.
2. A atitude e o foco do CEO desempenham um papel crítico no estabelecimento das condições certas para a competência V.A.L.U.E. operar.
3. As características, o "sobre nós" e as declarações de vaidade não criam uma diferenciação de proposta de valor relevante para o cliente.

Estes fatores são sobre a "sensação" da organização. Estabelecer a cultura certa que valoriza a importância da tarefa de diferenciação é essencial. Isso é muito diferente de empreender com eficiência as tarefas e processos diários de vendas e marketing e tem tudo a ver com o que os pesquisadores e autores de gestão estratégica Johnson et al (2017) descrevem como "a forma como fazemos as coisas por aqui". Robson passou a captar a ideia da seguinte maneira:

É uma questão de cultura. Também é uma questão de liderança sênior porque você pode ter os melhores executivos de vendas e marketing e eles podem estar completamente em sintonia, mas a mesmice vai piorar se a cultura estiver errada e eles não tiverem a adesão da organização.

Então, o que queremos dizer com cultura organizacional?

Como os leitores podem perceber, a ideia de cultura é bastante abstrata, portanto é útil ter em mente alguns princípios gerais ao considerar como a cultura funciona em um contexto de vendas e marketing B2B. A cultura nos negócios B2B pode ser pensada como:

> Os padrões de valores e crenças compartilhados que ajudam os indivíduos a compreender o funcionamento organizacional e, assim, fornecer-lhes normas de comportamento na organização (Deshpande, Farley e Webster, 1989).

Ed Schein (2016), ex-professor da Escola de Administração Sloan Ed, explicou que a cultura organizacional é melhor pensada como camadas, como as de um bolo. A camada mais visível no topo são os elementos tangíveis que representam a cultura, no nosso caso, propostas de valor e outras formas de comunicação de marketing (Schein os chamou de "artefatos"). Por baixo disso, estão os comportamentos das pessoas, o que inclui coisas relacionadas com o que exploramos nos capítulos anteriores sobre competência, como a tomada de ação, a comunicação dos insights dos clientes e os esforços de avaliação. Abaixo do nível de comportamento está uma camada invisível de normas, que são as regras de conduta não declaradas na empresa, coisas que se espera que aconteçam naturalmente, como respostas imediatas às reclamações de clientes, trabalho colaborativo, resolução proativa de problemas e assim por diante. A camada final é constituída de valores, que são os princípios orientadores e a orientação do negócio, tais como confiabilidade, atenção aos detalhes e paixão pelo cliente.

Podemos ver pelo que Robson disse acima que ele reconheceu o poder das normas e valores de afetar tudo o que o negócio faz. Robson também reconheceu que, em muitas organizações, as normas e valores seguem a forma como o CEO vê o negócio e como ele deve ser administrado. É a visão de mundo do CEO que tipicamente conduz os valores e as normas do negócio. Isso significa que a imagem que o CEO tem em sua mente de como o negócio deve ser e como as vendas e o marketing devem funcionar pode ter consequências produtivas ou muito improdutivas. A seguir está um grande exemplo de como normas de liderança e valores e crenças compartilhados têm uma influência positiva sobre os comportamentos, vindo do diretor comercial Bob:

> Tenho uma expressão dentro do meu negócio que eu chamo de "fazer diferente". É algo que tenho usado nos últimos quinze anos. Se você "faz diferente", tem mais chances de ter sucesso no mercado, de se divertir em termos do que está fazendo e de conseguir que falem de você nas salas de diretoria de seus concorrentes.

Neste exemplo, temos uma declaração simples e fácil de entender sobre normas e expectativas que definem o tom cultural da organização em termos de ser diferente da concorrência.

TABELA 10.1 A estrutura geral da cultura organizacional

Coisas; Comportamentos	Visíveis
Normas; Valores	Invisíveis

Por outro lado, podem ocorrer problemas e divisões quando um líder organizacional tem uma visão particular que difere da dos colegas sobre o que é culturalmente aceitável e o que não é. As crenças de liderança definem a interação organizacional e as interações definem a ação. Neste exemplo, um diretor da organização foi cético em relação à ideia de marca. Consequentemente, estava proibido falar sobre isso e desenvolver ideias e ações de branding. Siobhan, diretora de marketing no ensino superior, compartilhou conosco este exemplo:

> Historicamente tem havido um problema sobre nossa marca, e em desenvolver a estratégia e o reconhecimento de marca. Para nosso antigo diretor, "marca" parecia ser quase um palavrão, porque era encarada como algo que pertencia ao mundo dos negócios e não ao segmento de educação superior. Por isso, ninguém nunca mencionava a palavra marca. Como resultado, acho que realmente sofremos com a nossa falta de compromisso e atenção a uma estratégia de marca mais abrangente.

Este é um exemplo claro que mostra que o que acontece na organização e, em última instância, no mercado, é definido pelas ideias e preferências particulares do líder que então as expressa como normas e comportamentos desejados. De fato, o professor Malcolm McDonald, especialista em marketing, e Peter Mouncey, pesquisador visitante da Universidade de Cranfield, observam que:

> CEOs e diretores-gerais estão aceitando cada vez mais que devem assumir o papel de diretor de marketing se quiserem criar organizações verdadeiramente orientadas para o cliente (McDonald e Mouncey, 2011, p. 57).

Portanto, é claro que a cultura e a liderança do negócio precisam ser fundamentalmente orientadas para o mercado se a busca pela diferenciação for tratada com seriedade. De fato, a competência V.A.L.U.E. indica e ao mesmo tempo depende da orientação de mercado (Gebhardt, Carpenter e Sherry, 2006; Narver e Slater, 1990):

A orientação de mercado é essencialmente uma cultura organizacional informal, um mindset compartilhado ao se assumir que a criação de valor para os clientes é o principal motor da rentabilidade do negócio (Frosen et al, 2016).

Uma cultura de competência V.A.L.U.E. é uma cultura inovadora

Uma coisa é reconhecer e descrever a cultura em uma organização e outra é definir o tipo de cultura necessária para produzir o desempenho de competência de valor que você procura. Os leitores sem dúvida estão familiarizados com todos os tipos de culturas que os estudiosos de negócios, especialistas e gurus afirmam ser essenciais para o sucesso, tais como uma cultura vencedora, uma cultura de "pode ser feito" etc.

Os estudos acadêmicos formais identificaram muitos tipos de atributos culturais. Handy (1993) detectou culturas que eram dominadas pelo poder (em que autoridade e controle estão nas mãos de um líder dominante), culturas de cargos (organizações altamente burocráticas), culturas de tarefas (em que a adaptabilidade da equipe é a norma) e culturas de pessoas (nas quais as pessoas e seu desenvolvimento e bem-estar são importantes). Quinn e Cameron (2011) identificaram a cultura de clã (enfatizando o papel fomentador das equipes), a cultura de hierarquia (enfatizando a eficiência e fazendo as coisas da forma correta), a cultura de mercado (focando em competitividade) e a cultura de adhocracia (enfatizando ser adaptável, se arriscar e ser o primeiro a se movimentar).

Johnson et al (2017) veem a rede cultural como uma forma de captar os símbolos, estruturas, histórias, rotinas e visão de mundo em diferentes organizações. Cada cultura tem seu próprio estilo, pontos fortes e fracos; entretanto, quando se trata da cultura certa para buscar diferenciação no B2B, acreditamos que há algo que é essencial para a criação de propostas de valor efetivo e de marketing de destaque e que é uma *cultura de valor*, que é uma cultura organizacional que incentiva e apoia a inovação e a diferenciação.

Nós temos uma visão abrangente do conceito de inovação e, portanto, para nós, a inovação não é apenas a introdução de novos dispositivos e tecnologias, é a tarefa de introduzir qualquer nova ideia ou método que crie valor para o cliente. Produzir propostas de valor diferenciadas é, então, uma tarefa inovadora. Consequentemente, é razoável dizer que, para criar propostas de valor diferenciadas, é necessário ter uma cultura que apoie a inovação. Também é crucial entender que as propostas de valor não são apenas uma tarefa de comunicação feita *após* o fato, desenvolvidas para simplesmente captar a atenção do cliente e despertar seu interesse em produtos e serviços, promovendo distintividade e promessa de marca. As propostas de valor são *seminais* e refletem o modelo de negócios da organização. Elas são, portanto, conceitos inovadores que definem e impulsionam os elementos essenciais do projeto de cada solução de produto/serviço que o cliente busca e que a empresa precisa entregar para conquistar negócios.

O trabalho de Hogan e Coote (2014) sugere uma série de normas e valores culturais importantes que precisam estar em vigor para apoiar a inovação, e podemos ver que muitos deles ressoam com os elementos de competência que delineamos nos capítulos anteriores:

- abertura e flexibilidade;
- boa comunicação interna;
- boa cooperação interfuncional;
- assumir a responsabilidade de agir;
- assumir riscos sensatos;
- ser comercialmente astuto.

A inovação se aplica a todos os aspectos de vendas e marketing, desde a criatividade visual e textual, até a inovação de produtos/serviços e modelos de negócios (Chesborough, 2007). Além disso, a inovação se baseia em fazer coisas que criam valor ao cliente ao mesmo tempo em que são comercialmente fundamentadas. As ideias devem ser relevantes para o cliente e comercialmente viáveis.

A importância da fundamentação comercial é algo que Bob, diretor comercial de uma empresa de materiais de construção, nos contou:

> A pergunta a ser feita é: por que será que normalmente não há profissionais de marketing operando a nível de diretoria dentro da organização ou partindo para administrar um negócio? Isso ocorre porque a maioria dos profissionais de marketing não entende a realidade comercial dos negócios da mesma forma que os profissionais que têm formação em finanças ou vendas. As pessoas com background comercial entendem o ritmo e o que está realmente acontecendo dentro do negócio, mas a maioria dos profissionais de marketing não entende.

O que Bob está nos dizendo quando fala em entender o ritmo é que uma cultura de competência V.A.L.U.E. precisa de um mindset comercial na empresa. Sem isso, as propostas de valor se tornam apenas imagens e palavras criativas. Isso significa que, para ser verdadeiramente diferenciado em um contexto B2B, você deve ser capaz de quantificar a proposta, não apenas criar distintividade e um propósito de marca abstrato. Esta crença tem que estar embutida na cultura do negócio.

Com estes pensamentos em mente, podemos imaginar as camadas de uma cultura de competência V.A.L.U.E., como mostrado na Figura 10.1.

Podemos ver, como Robson enfatizou, que a base de uma cultura organizacional que busca o marketing de destaque repousa sobre uma ideia de liderança e compromisso sobre os comportamentos, normas e valores certos que apoiam as competências V.A.L.U.E.

A esta altura, já está claro que nós acreditamos que a diferenciação no mercado e a fuga da mesmice, portanto, depende da orientação de mercado do CEO, da diretoria e, por sua vez, dos colegas de trabalho da empresa, e que essa orientação (norma de trabalho) indica a cultura da empresa. De fato, Narver e Slater (1990) descreveram este tipo de cultura organizacional enfatizando os três elementos de orientação ao cliente, orientação à concorrência e coordenação interfuncional como valores, normas e comportamentos essenciais da empresa (Homburg e Pflesser, 2000).

FIGURA 10.1 Condições culturais apropriadas apoiam a competência V.A.L.U.E. e a realização de marketing de destaque

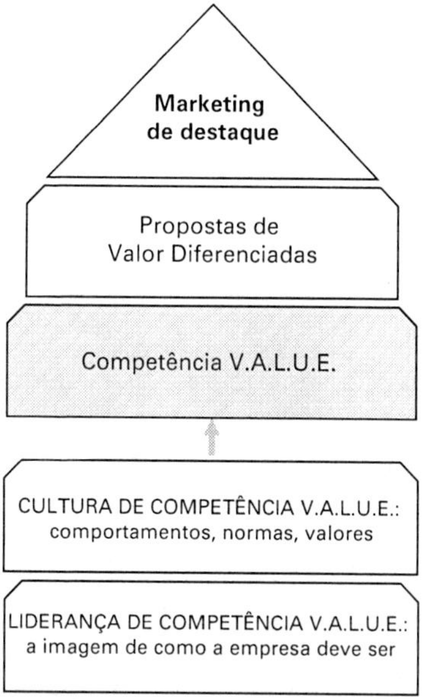

Em suma, a competência V.A.L.U.E. é gerada e prospera em uma cultura V.A.L.U.E. que depende do engajamento dos funcionários e de como eles aprendem e respondem às necessidades dos clientes. Tudo isso se baseia na visão e no comportamento da liderança orientada para o mercado que valoriza a compreensão profunda das propostas de valor diferenciadas e relevantes para o cliente e os meios para produzi-las.

TEMPO PARA REFLEXÃO

Tire cinco minutos para refletir sobre o que falamos até agora. A sua empresa tem uma cultura inovadora? Em uma escala de 1 a 5, em que 1 é ruim e 5 é excelente, como você classificaria sua empresa nos fatores de cultura inovadora de abertura, comunicação, cooperação, responsabilidade, tomada de riscos e comercialidade?

A importância do engajamento dos funcionários e do aprendizado organizacional

A chave para criar uma cultura organizacional inovadora é garantir que os funcionários estejam engajados e que a empresa seja eficaz em aprender com o mercado. Intuitivamente, parece correto afirmar que há uma ligação entre o engajamento dos funcionários e o desempenho da empresa; de fato, os pesquisadores empresariais Liat Eldor e Eran Vigoda-Gadot (2017) identificaram que:

> Os funcionários têm um impacto crítico na inovação, flexibilidade, competitividade e sucesso de uma organização... e aqueles que estão fortemente engajados são proativos, promovem a inovação e investem esforços para melhorar os resultados de sua organização.

Outros pesquisadores como Bailey et al (2017) ressaltam essa conexão entre funcionários engajados e trabalho inovador. Portanto, as características, comportamentos e atitudes de que precisamos para uma cultura inovadora engajada devem incluir o seguinte:

- proativos que têm resiliência diante das dificuldades;
- apoio de colegas e supervisores;
- feedback e diálogo contínuos;
- confiança na liderança e uma voz que é ouvida;
- formas de trabalho flexíveis e imaginativas, não rotineiras.

Esses fatores indicam indivíduos que normalmente vão além do básico para alcançar o sucesso, o que, por sua vez, leva a um melhor desempenho da empresa. O ato de ir além do esperado acaba sendo notado, como a CMO de serviços financeiros Heather apontou:

> Tem uma mulher na minha equipe que está aqui há quatro ou cinco anos no velho modelo empresarial de ser apenas uma estrutura de apoio. Ela era uma realizadora. Então, tudo que chegasse até ela, ela resolvia. Ela tinha uma grande reputação de conseguir resolver as coisas e ela realmente fazia isso. E eu podia contar com ela para qualquer coisa.

Claramente, essa pessoa estava altamente comprometida e seu engajamento estava inextricavelmente ligado à cultura do negócio.

Em paralelo ao envolvimento dos funcionários, precisamos de uma cultura na qual a organização como um todo aprenda. Isso é fundamental para apoiar a competência de aprendiz que introduzimos no Capítulo 7 com os principais traços, comportamentos e atitudes que são:

- uma abordagem da empresa com um todo;
- ser próximo a clientes e mercados;
- feedback e diálogo continuados;
- mindset aberto;
- adaptabilidade.

O vice-presidente de vendas Kirk compartilhou sua opinião sobre a importância disso quando observou:

Na Empresa X, eles nunca foram arrogantes ao ponto de se sentirem como se estivessem com tudo em ordem.

É importante valorizar que uma empresa de aprendizado é aquela que tem uma cultura de aprendizado orientada ao mercado e ao cliente.

Coisas que enfraquecem uma cultura V.A.L.U.E.

O desafio que enfrentamos quando falamos em alcançar a cultura certa é que tudo isso pode parecer um pouco utópico e idealista. Na realidade, as pessoas nem sempre se encaixam na cultura, os líderes dão o tom errado, os departamentos nem sempre trabalham em harmonia. Portanto, se você tem qualquer forma de comportamento e atitudes ruins em sua organização, não deve surpreender que suas chances de desenvolver uma cultura e competência V.A.L.U.E. que leva à diferenciação de propostas de valor sejam reduzidas. Estes são alguns problemas-chave a serem identificados e evitados:

- liderança dogmática;
- função de vendas e marketing disfuncional;
- falta de comercialidade e perspectiva da empresa como um todo.

Robson, presidente de uma empresa de telecomunicações, é categórico em termos de culpabilização por maus comportamentos e atitudes, que ele afirma estar bem no topo da organização. O dogmatismo também pode ser reforçado através do recrutamento à imagem de si. O consultor Herbert explicou como valores culturais, normas e comportamentos simplesmente são importados de uma organização para outra para que as perspectivas de inovação e diferenciação sejam bastante reduzidas:

> Eu acho que há uma certa institucionalização. Quanto mais você trabalha em um determinado ambiente, mais você se torna parte dele.

O termo técnico para esta questão é "enculturação", em que você carrega os valores, normas e comportamentos da cultura da qual fez parte para a cultura organizacional à qual está se unindo e relutante em se adaptar. O oposto é "aculturação", em que gradualmente você adota uma nova cultura.

Para concluir, podemos observar que a cultura cria uma série de expectativas sobre a forma como as coisas devem ser feitas. Estas ideias se baseiam no que as pessoas acreditam ser fatores-chave para o sucesso. Normalmente, o CEO determina, em última instância, o que vai na cartilha. Essas ideias não estão necessariamente escritas e todas elas se relacionam com valores, normas e comportamentos. A busca por diferenciação significativa precisa ser reconhecida como culturalmente importante e depois refletida nos valores e comportamentos da organização.

Então agora é com você. O exercício a seguir é uma maneira de diagnosticar a cultura de sua empresa para ver se ela se alinha com uma cultura de competência V.A.L.U.E.

ATIVIDADE PARA O LEITOR

Você tem uma cultura que apoia as competências V.A.L.U.E.? Pensando em sua cultura organizacional, como você classificaria sua empresa em relação aos fatores listados, em que 1 é ruim e 5 é excelente?

TABELA 10.2 Inventário de autoavaliação da cultura V.A.L.U.E.

Fator Cultural	1	2	3	4	5
Liderança com mente aberta					
Orientação para o mercado					
Orientação ao cliente					
Abertura a novas informações					
A informação é compartilhada livremente					
Decisões fundamentadas comercialmente					
Assume riscos sensíveis					
A liderança é de confiança					
Estrutura de apoio à gestão					

TABELA 10.2 Inventário de autoavaliação da cultura V.A.L.U.E. (continuação)

Fator Cultural	1	2	3	4	5
Colegas apoiadores					
Flexibilidade de trabalho					
Valores claros					
Valores comuns					
As pessoas vão além do esperado					
O desenvolvimento pessoal é incentivado					
O mau comportamento não é tolerado					
É feito um esforço para alinhar as atividades					
Os colegas se sentem comprometidos					
A inovação é a norma					
Culpar alguém é incomum					

Referências e leituras adicionais

ALFES, K. et al. The relationship between line manager behavior, perceived HRM practices, and individual performance: examining the mediating role of engagement, *Human Resource Management*, 52, pp 839-59, 2013.

BAILEY, C. et al. The meaning, antecedents and outcomes of employee engagement: a narrative synthesis, *International Journal of Management Reviews*, 19, pp 31-53, 2017.

BERSIN, J. et al. The employee experience: culture, engagement, and beyond. 2017 Global Human Capital Trends: Improving the employee experience, Deloitte Insights, 2017.

CHESBOROUGH, H. Business model innovation: it's not only about technology anymore, *Strategy & Leadership*, 35 (6), pp 12-17, 2007.

DESHPANDE, R., FARLEY, J. e WEBSTER Jr., F. E. Organizational culture and marketing: defining the research agenda, *Journal of Marketing*, 53 (1), pp 3-15, 1989.

DESHPANDE, R., FARLEY, J. e WEBSTER Jr., F. E. Corporate culture, customer orientation and innovativeness in Japanese firms: a quadratic analysis, *Journal of Marketing*, 57 (1), pp 23-37, 1993.

ELDOR, L. e VIGODA-GADOT, E. The nature of employee engagement: rethinking the employee-organization relationship, *The International Journal of Human Resource Management*, 28 (3), pp 526-52, 2017.

ELLIS, P. D. Market orientation and performance: a meta analysis and cross-national comparisons, *Journal of Management Studies*, 43 (5), pp 1089-107, 2006.

FROSEN, J. et al. What counts versus what can be counted: the complex interplay of market orientation and marketing performance measurement, *Journal of Marketing*, 80, pp 60-78, 2016.

GEBHARDT, G. F., CARPENTER, G. S. e SHERRY Jr., J. F. Creating a market orientation: a longitudinal, multifirm, grounded analysis of cultural transformation, *Journal of Marketing*, 70 (out.), pp 37-55, 2006.

HANDY, C. *Understanding Organisations*, Penguin, 1993.

HOGAN, S. J. e COOTE, L. V. Organizational culture, innovation and performance: A test of Schein's model, *Journal of Business Research*, 67, pp 1609-21, 2014.

HOMBURG, C. e PFLESSER, C. A multiple-layer model of market-orientated organizational culture: measurement issues and performance outcomes, *Journal of Marketing Research*, XXXVII, pp 449-62, 2000.

HUNT, S. D. e MADHAVARAM, S. The service dominant logic of marketing: theoretical foundations, pedagogy, and resource advantage theory, In *The Service Dominant Logic of Marketing: Dialog, debate and directions*, eds R E Lusch e S L Vargo, M E Sharpe, 2006.

JOHNSON, G. et al. *Exploring Strategy*, 11ª ed. Edimburgo: Ed. Pearson Education, 2017.

KHAN, W. A. Psychological conditions of personal engagement and disengagement at work, *Academy of Management Journal*, 33 (4), pp 692-724, 1990.

KIRCA, A. H., JAYACHANDRAN, S. e BEARDEN, W. O. Market orientation: a meta-analytic review and assessment of its antecedents and impact on performance, *Journal of Marketing*, 69 (2), pp 24-41, 2005.

KOHLI, A. K. e JAWORSKI, B. J. Market orientation: the construction, research propositions and managerial implications, *Journal of Marketing*, 54 (2), pp 1-18, 1990.

MACEY, W. H. e SCHNEIDER, B. The meaning of employee engagement, *Industrial and Organizational Psychology*, 1, pp 3-30, 2008.

MCDONALD, M. e MOUNCEY, P. *Marketing Accountability: A new metrics model to measure marketing effectiveness*. Londres, Ed. Kogan Page, 2011.

MCLURE, R. E. The influence of organizational culture and conflict on market orientation, *Journal of Business and Industrial Marketing*, 25 (7), pp 514-24, 2010.

NARVER, J. C. e SLATER, S. F. The effect of market orientation on business profitability, *Journal of Marketing*, 54 (out.), pp 20-35, 1990.

QUINN, R. E. e CAMERON, K. S. Di*agnosing and Changing Organizational Culture, Third edition: based on the competing values framework*. São Francisco: Ed. Jossey Bass, 2011.

SCHEIN, E. *Organizational Culture and Leadership*, 5ª ed. Nova Jersey: Ed. Wiley, 2016.

SENGE, P. *A Quinta Disciplina: A arte e a prática da organização que aprende*. Rio de Janeiro: Ed. Best Seller, 2013.

SHUCK, B. Four emerging perspectives of employee engagement: an integrative literature review, *Human Resource Development Review*, 10 (3), pp 304-28, 2011.

SPECTOR, P. E. et al. The dimensionality of counterproductivity: are all counterproductive behaviors created equal? *Journal of Vocational Behavior*, 68, pp 446-60, 2006.

WERNERFELT, B. A resource-based view of the firm, *Strategic Management Journal*, 5 (2), pp 171-80, 1984.

11

Usando as competências V.A.L.U.E. para se destacar de seus concorrentes

Neste capítulo, nós vamos:

- revisitar o propósito e os objetivos deste livro;
- introduzir a competência dos fios condutores que leva ao alto desempenho;
- fornecer uma estrutura de competência para atingir o marketing de destaque;
- demonstrar como a competência V.A.L.U.E. pode ser usada para recrutamento, seleção e desenvolvimento de pessoal.

Iniciamos este livro com um propósito. Nosso objetivo era identificar as competências de que as organizações B2B precisam para se destacar de sua concorrência. Descobrimos que as competências de excelentes profissionais de vendas e marketing que levam a um desempenho organizacional e departamental superior poderiam ser categorizadas na estrutura V.A.L.U.E. A habilidade pessoal estabelecida nesta estrutura é vital para produzir diferenciação no mercado e a capacidade de nadar para longe do Mar de Mesmice. A competência V.A.L.U.E. sustenta a tarefa de diferenciação da proposta de valor B2B e é particularmente relevante para:

- direcionar os comportamentos para resultados de destaque;
- medir o desempenho individual de vendas e marketing;
- recrutamento, seleção e desenvolvimento;

- alinhar a competência do marketing de destaque com a competência genérica;
- comunicar as normas e valores da organização.

A competência V.A.L.U.E. não é uma teoria "água com açúcar". Trata-se de comportamentos demonstráveis que se relacionam com a capacidade de tomar boas decisões, resolver problemas de forma criativa, navegar na organização para resolver as coisas, interagir de forma positiva, ajustar suposições e comportamentos às circunstâncias em mudança quando necessário, demonstrar a capacidade de ouvir e aprender, mostrar a capacidade de mudar as regras se necessário e de fazer julgamentos equilibrados. Estas são competências diferenciadoras de alto nível que funcionam além do conhecimento das técnicas de vendas e marketing e do conhecimento do setor de mercado.

Ao pensarmos em marketing em termos de competência V.A.L.U.E., queremos chamar a atenção e desafiar a obsessão contemporânea de acreditar que o futuro do marketing está no digital. *Não* estamos dizendo que as habilidades de marketing digital, tais como SEO, SEM e compreensão dos "pontos de atrito de busca" no design de páginas web, automação de marketing etc., não importam. É claro que importam. O que *estamos* dizendo é que elas estão relacionadas à competência de nível um e não de nível três. Pense desta forma. Muitos de nós teremos a experiência de visitar amigos ou familiares no hospital. O médico é evidentemente altamente qualificado em diagnóstico, cirurgia e especialização médica; no entanto, é a competência do médico em termos da forma como ele lida com as pessoas e situações que o diferencia e o faz sobressair. Neste sentido, falamos das ações e comportamentos do médico e não de sua capacidade técnica. Os médicos têm que lidar com o paciente, seus amigos e familiares, assim como com a doença (Hariharan e Padhy, 2011).

Como Daniel Goleman (1998) destacou:

> as habilidades que distinguem os melhores em *todas as áreas* não são o QI, diplomas avançados ou *especialização técnica*, mas [...] o autoconhecimento [...] a integridade; a capacidade de se comunicar e de influenciar, de iniciar e aceitar mudanças — essas competências são muito valorizadas no mercado de trabalho de hoje (grifos nossos).

Isso é o que queremos dizer com "marketing de destaque". O desempenho do marketing de destaque depende de muito mais do que ser bom em termos técnicos.

A relação entre habilidades, competência, cultura e liderança

Um tema central neste livro é a distinção entre habilidades e competência, e nós queremos enfatizar que nosso foco tem sido a identificação e desenvolvimento de competências de nível sênior que vão além das tarefas operacionais de planejamento de marketing, segmentação direcionada, posicionamento e gestão do mix de marketing. Excelentes habilidades operacionais de marketing em si não indicam a presença de um mindset empresarial comercialmente consciente que ganharia respeito e reconhecimento como executivo.

Também deve ser reconhecido que os profissionais de marketing obviamente não operam isoladamente, eles trabalham dentro de uma cultura particular e são guiados por um tipo específico de liderança. Acreditamos que esta cultura e liderança precisa ser orientada por valores. Isso significa que precisa haver um claro compromisso organizacional para um profundo entendimento e busca de diferenciação comercial orientada ao cliente. Em particular, a cultura da organização precisa ter a prática profissional baseada na competência V.A.L.U.E. embutida em seus valores, normas e comportamentos.

Fios condutores do marketing de destaque

Quando olhamos para os elementos de competência V.A.L.U.E., ficou claro que existem alguns fios condutores que os ligam entre si. Nossos fios condutores puxam essa competência e são prova da capacidade de se trabalhar com os elementos da estrutura V.A.L.U.E. como um todo; eles indicam um alto grau de autoconsciência, pragmatismo e criatividade. Nossos fios condutores também demonstram julgamento, intuição e perspicácia. Nesse sentido, eles são diferenciadores de desempenho e são identificados como tal:

- Contextualização — comunicação e adaptação a diferentes contextos.
- Curiosidade — ter um interesse proativo e contínuo no mundo.
- Conexão dos pontos — conectar informações díspares para transformá-las em temas coerentes.
- Equilíbrio — manipular perspectivas alternativas para fazer julgamentos sadios.

Nossos fios condutores estão incluídos nos mapas individuais de competências V.A.L.U.E. que fornecemos no final deste capítulo. Eles podem ser usados como uma forma de "desempate" ao marcar indivíduos que tenham o mesmo desempenho em uma competência V.A.L.U.E. em particular. Elas são os diferenciais que fazem a diferença. São elas que fazem alguém se destacar.

Reunindo tudo isso, podemos mostrar competência V.A.L.U.E., com liderança de valores e dentro de uma cultura de valores. O marketing de destaque só existirá em sua organização se ele se espelhar neste modelo.

FIGURA 11.1 Marketing de destaque, competência, liderança e cultura

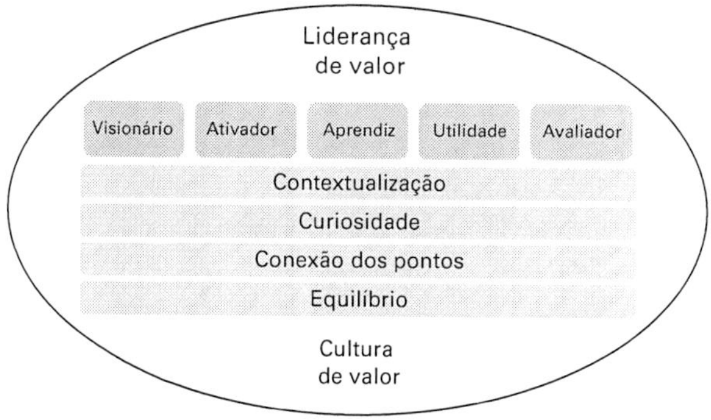

Este modelo mostra como a competência V.A.L.U.E. se situa dentro de um ambiente organizacional positivo. Este ambiente é composto por uma cultura de valor e liderança de valor que dá importância à criação de valor para o cliente na busca de diferenciação significativa. Os elementos individuais de competência V.A.L.U.E. são nossos quatro fios condutores vitais para que cada elemento da estrutura alcance todo o seu potencial para a realização da prática do marketing de destaque.

Quem é responsável pelo mapeamento de competências?

A responsabilidade de decidir e mapear a competência na área especializada de diferenciação de mercado e criação de valor no setor B2B deve ser liderada e dirigida pela equipe sênior de vendas e liderança de marketing com aconselhamento e apoio da equipe de RH. Seria um erro delegar esta tarefa exclusivamente à equipe de RH, pois eles estarão um passo atrás de sua realidade de marketing B2B. A estrutura que estabelecemos fornece a base de um mapa de competência crítica que pode ser integrado e alinhado à competência mais genérica procurada por sua organização.

Localizando indicadores comportamentais de competência

Indicadores comportamentais são provas de competência. Para estabelecer evidências de competência, um candidato ou funcionário atual precisa fornecer exemplos específicos de seu pensamento e ação. Uma boa maneira de fazer isso é conseguir que as pessoas cuja competência você deseja avaliar expliquem suas experiências e habilidades seguindo o que é conhecido como abordagem S.T.A.R. em suas respostas às suas perguntas. Isso significa que as pessoas avaliadas devem ser capazes de demonstrar sua competência explicando a situação geral ou o contexto da ação, a tarefa específica que foi requerida, as ações específicas que foram empreendidas e o resultado disso tudo. Por exemplo, uma situação poderia ser uma reunião semestral de revisão do cliente, uma tarefa poderia ser introduzir e desenvolver uma nova proposta de valor com o cliente, uma ação poderia ser apresentar uma proposta inicial e se engajar em diálogo para personalizar aspectos dela, e o resultado poderia ser fechar negócio com o cliente.

Mapeamento de competência V.A.L.U.E.

Cada competência V.A.L.U.E. é mapeada com um sistema de avaliação. Esse sistema classifica as respostas dos participantes em uma escala de 1 a 5, em que 1 indica rejeição definitiva e 5 indica excelência. É importante ter um propósito e um objetivo claro para o mapa de competência. Neste caso, estamos interessados em uma competência que apoie a busca da diferenciação e criação de valor e demonstre um marketing de qualidade.

Propósito: Garantir que as atividades de vendas e marketing resultem em um marketing de destaque, produzindo propostas de valor diferenciadas que aumentem a participação no mercado e a lucratividade da empresa.

Objetivo: Identificar provas de competência de nível superior em vendas e marketing necessárias para nadar longe do Mar de Mesmice.

Método: Os avaliadores e entrevistadores fazem perguntas que examinam cada área de competência através de sondagens em busca de evidências dos comportamentos exigidos.

Seis modelos de mapa de competências individuais com indicadores comportamentais são apresentados a seguir (ver Tabelas 11.1-11.6).

TABELA 11.1 Mapa de competências de visionário

	Rejeição definitiva	Abaixo da média	Na média	Acima da média	Excelência
Competência *Visionário*	1	2	3	4	5
Vê o mercado e o panorama organizacional como um todo, demonstra visão de futuro, tomada de perspectiva, antecipa questões e problemas, usa a imaginação para fornecer novas perspectivas.					
Indicadores comportamentais *Visão de fora para dentro*					
Tem consciência das implicações a longo prazo e das tendências de mercado. Compreende os pontos de dor e as necessidades dos clientes. Compreende nosso papel como fornecedor no mundo do cliente.					

Visão de futuro

Compreende a posição competitiva do negócio e as implicações das ameaças e oportunidades em um horizonte de mais de dez anos. Identifica com sucesso as questões-chave e resiste ao pensamento de curto prazo e reatividade.

Zooming

Visualiza eventos de diferentes perspectivas e conecta instâncias específicas com o panorama geral.

Previsão

Antecipa ações futuras de clientes e concorrentes.
É sensível a sinais fracos de clientes e mercados que outros não percebem.
Gera cenários de futuros plausíveis possíveis.

Imaginação

Desenvolve e comunica cenários de futuros plausíveis possíveis. Pergunta e explora possibilidades, encoraja o ato de supor, cria e direciona ideias entre diferentes contextos.

TABELA 11.2 Mapa de competências de ativador

	Rejeição definitiva	Abaixo da média	Na média	Acima da média	Excelência
Competência *Ativador*	1	2	3	4	5
Faz as coisas acontecerem. É proativo e assertivo. É sensível à política organizacional e usa o conhecimento sobre as organizações para garantir que as metas sejam atingidas.					
Indicadores comportamentais *Defesa equilibrada*					
Considera a probabilidade de apoio e resistência às propostas. Avalia de forma precisa as prioridades em relação aos objetivos organizacionais. Fornece uma perspectiva equilibrada da empresa e das necessidades e expectativas dos clientes.					

Escuta

Obtém informações e opiniões de interações frente a frente. Traz à tona as suposições.
Ouve opiniões diferentes sem preconceitos.

Negociação

Confere com outros para chegar a uma solução. Explora possibilidades e alternativas que funcionam para todas as partes.

Tenacidade

Mantém uma posição ou plano até que seja alcançado, ou que possa ser abandonado de forma sensata. Mantém a direção independentemente dos obstáculos e permanece no objetivo.

Foco nas pessoas

Consciente dos sentimentos e perspectivas dos outros. Valoriza-os como pessoas, não apenas pelos cargos que elas ocupam no trabalho.

Contextualização

Compreende as circunstâncias particulares da pessoa com quem está lidando. Forma propostas de valor que repercutem, seja com um cliente externo, seja com um executivo interno.
Mostra capacidade de compreender a dinâmica de diversos grupos de interesse e bases de poder.

TABELA 11.3 Mapa de competências de aprendiz

	Rejeição definitiva	Abaixo da média	Na média	Acima da média	Excelência
Competência *Aprendiz*	1	2	3	4	5
Mostra um desejo de aprender coisas novas e busca o autodesenvolvimento. Compartilha o conhecimento livremente. É um pensador crítico que está ciente das suposições feitas por si mesmo e pelos outros.					
Indicadores comportamentais *Curiosidade*					
Procura novas ideias. Procura mais profundamente por causas e influências. Faz perguntas. Não tira conclusões precipitadas.					

TABELA 11.3 (continuação)

Proativo e engajado

Comprometido com o aprendizado contínuo. Capta os problemas rapidamente, envolve outros na estruturação e resolução de problemas. Atenta-se aos novos desenvolvimentos.

Reflexivo

É autocrítico. Analisa o próprio desempenho e busca melhorias. Pensa de forma conceitual para desenvolver soluções.

Experimentação sem medo

Tem capacidade de sair da zona de conforto. Tem uma perspectiva madura e aprende lições com os fracassos. Cria soluções inovadoras e experimentos com novas formas de fazer as coisas.

TABELA 11.3 (continuação)

Mindset de crescimento
Tem interesses ecléticos. É inquisitivo sobre novas ideias de gestão. Pensa em novas soluções de diversas fontes. Reúne informações de uma ampla variedade de fontes.
Receptivo
É aberto a novas ideias e formas de trabalho. *Aceita de bom grado o feedback crítico.*

TABELA 11.4 Mapa de competências de utilidade

	Rejeição definitiva	Abaixo da média	Na média	Acima da média	Excelência
Competência *Utilidade*	1	2	3	4	5
Demonstra forte foco e compreensão por parte do cliente. Faz perguntas difíceis sobre a relevância das ideias e soluções para o cliente.					
Indicadores comportamentais *Conecta os pontos*					
Identifica padrões e conexões em diversas necessidades dos clientes e atividades de mercado. Vê as semelhanças entre as diferentes atitudes, comportamentos e situações dos clientes. Faz conexões entre as necessidades e as soluções encontradas em uma situação com novas situações.					

Aprendiz

Faz uso de habilidades de investigação para compreender os problemas e o contexto do cliente.
Cria modelos e diagramas úteis para explicar situações ou problemas complexos do cliente e do mercado.

Foco no cliente

Demonstra preocupação e compreensão pelas necessidades dos clientes.
Mantém e desenvolve relações positivas com os clientes.
Foca a prestação de serviços de alta qualidade.

Disciplinado

É tenaz e minucioso. Vê as coisas até a conclusão delas.

Flexível e adaptável

Muda de abordagem e estilo para se adequar ao contexto.
É aberto a formas alternativas de fazer as coisas.

TABELA 11.5 Mapa de competências de avaliador

	Rejeição definitiva	Abaixo da média	Na média	Acima da média	Excelência
Competência *Avaliador*	1	2	3	4	5
Faz julgamentos realistas e precisos. Reconhece e trabalha com os pontos fortes e fracos.					
Indicadores comportamentais *Integridade*					
Define altos padrões de comportamento e transparência. Demonstra honestidade.					
Defesa equilibrada					
Escuta ativamente outros pontos de vista. Está disposto a mudar de posição sobre questões à luz de novas informações. Apoia a coisa certa e não o interesse pessoal.					

TABELA 11.5 (continuação)

Conectando os pontos

Faz conexões comercialmente sensatas entre custos e ações. Compreende as consequências das decisões para diferentes funções organizacionais.

Persuasão e bom senso político

Conquista o comprometimento de outros por meio de um espectro de interesses e níveis de autoridade.

TABELA 11.6 Fios condutores para o marketing de destaque

	Rejeição definitiva	Abaixo da média	Na média	Acima da média	Excelência
Competência *Fios Condutores*	1	2	3	4	5
Tem competência de alto nível que conecta elementos individuais de competência V.A.L.U.E. Indica um alto nível de julgamento geral, intuição e perspicácia.					
Indicadores comportamentais *Contextualização*					
Reconhece a natureza idiossincrática de cada situação empresarial e adapta a abordagem de acordo. Resiste à aplicação de soluções prescritivas em todas as circunstâncias. Demonstra uma capacidade de alterar o comportamento pessoal e a abordagem para se adequar à situação.					

Curiosidade

Nunca presume saber todas as respostas. Passa muito tempo fazendo perguntas.

Conexão dos pontos

Faz conexões perspicazes. Pensa sistemicamente e capta as implicações dos impactos em uma área sobre outra.

Faz com que coisas complexas sejam sensatas para que outros as vejam e entendam.

Equilíbrio

Reconhece tensões concorrentes entre ideias, pessoas e propostas. Gerencia habilmente os melhores resultados.

Considera todos os aspectos de uma situação com imparcialidade e objetividade e leva em conta a si mesmo, aos outros e à organização.

POSFÁCIO

A competência de marketing de destaque se baseia em ideias antigas que ainda são relevantes para as organizações B2B de hoje.

Na Grécia Antiga, Atena, a deusa da sabedoria, era acompanhada por uma coruja e é por isso que hoje falamos da sábia coruja velha. Competência é sabedoria em ação. Em última análise, é exatamente disso que se trata o marketing de destaque. Sabedoria. O marketing de destaque se baseia na sabedoria sobre o mundo do marketing B2B que se ganha na escola e na vida. É o conhecimento de negócios adquirido ao fazer o trabalho e não apenas a leitura sobre teoria.

A ideia de competência também está ligada a algo que o antigo filósofo grego Aristóteles chamou de "Métis". Métis é descrita pelos acadêmicos Andrew Pressey, Alan Gilchrist e Linda Peters como um "triunvirato de virtudes intelectuais" (Pressey, Gilchrist e Peters, 2016). Para Aristóteles, Métis era composta de três aspectos: técnica (técnica ou habilidade prática — saber o quê), episteme (conhecimento — saber como e por quê) e frônese (julgamento sábio). Frônese tem tudo a ver com a chamada experiência de "cabelos brancos" (Maister, 1993). O marketing digital se enquadra no âmbito da técnica. O marketing de destaque trata-se de episteme e frônese.

FIGURA 11.2 Coruja de Atena

Para realmente entender a ideia de competência profissional, devemos também explicar o que queremos dizer com o termo "profissão". Uma profissão opera em um sistema ou "ecologia" "que é sensível às ações dos concorrentes, bem como a eles mesmos" (Murphy, 2014). No marketing B2B, isso significa que a prática de marketing profissional é profundamente conhecedora do mercado ou setor, orientada ao cliente e consciente da concorrência. As profissões também são definidas pela ideia de diferenciação em termos de diferenciação de tarefas ou especialidade. Nesse sentido, o marketing B2B é uma especialidade que se distingue do marketing B2C. Por exemplo, a especialidade do setor de telecomunicações é diferente da especialidade do setor aeroespacial. As profissões também são sensíveis à diferenciação de clientes ou consumidores. Isso significa que é reconhecido que cada cliente ou consumidor é único e requer uma resposta personalizada às suas necessidades e contextos únicos. Portanto, a competência de marketing de destaque é evidenciada por uma clara compreensão da tarefa de criação de valor do cliente B2B e a aplicação da Pilha de Valor (Kelly, Johnston e Danheiser, 2017). O modelo de Pilha de Valor que introduzimos no Capítulo 2 chama a atenção para as necessidades únicas de cada cliente, diferentes verticais da indústria e indivíduos no grupo de decisão de compra.

Em suma, as profissões são definidas por pessoas com uma visão comum do mundo, de tal forma que uma profissão pode ser reconhecida como:

> um conjunto de práticas pelas quais os profissionais têm um certo trabalho a fazer e o fazem de uma certa maneira. Isso envolve tanto seu "pensar" quanto seu "fazer" (Murphy, 2014, p 14).

Uma profissão é caracterizada por pessoas que possuem um corpo proprietário de habilidades, uma cultura única, uma ênfase no serviço que inclui uma subordinação do interesse próprio ao interesse geral, uma autonomia que não é uma regra fixa e provas de especialização. A competência profissional reflete uma expectativa de como as coisas devem ser feitas e está diretamente ligada a um "resultado antecipado relacionado ao desempenho" (Waseem et al, 2018).

Marketing de destaque

Há uma diferença entre a competência de que precisamos para gerar marketing de destaque e a competência que utilizamos durante as interações com o cliente e a prestação de serviços. Nosso objetivo neste livro era focar a competência necessária para sustentar a saída do Mar de Mesmice. Para isso, nós nos propusemos a identificar a competência que possibilitou a criação de propostas de valor e soluções para o cliente que se destacam.

Evitamos listar os atributos de serviço, competência relacional e consultiva procurados pelos clientes B2B em suas interações diárias com fornecedores. Vender competência relacional como um serviço ao cliente de valor agregado é o tema da comunicação baseada na competência apresentada no trabalho de Golfetto (2016; Golfetto e Gibbert, 2006) e Ritter (2006).

A capacidade de nadar para longe do Mar de Mesmice e criar valor diferenciado para o cliente depende inteiramente da capacidade de compreender E apreciar a vida empresarial e as experiências dos clientes. Os profissionais de vendas e marketing devem entender e responder ao que está acontecendo no mundo do cliente e o papel que eles, como fornecedores, desempenham para melhorar a vida comercial do cliente. Isso significa que as vendas e o marketing devem estar preocupados em compreender a experiência subjetiva, assim como a análise objetiva e a tomada de decisões. Os profissionais de marketing precisam estar mais criticamente conscientes do paradigma invisível que orienta sua prática de gestão de marcas e comunicações de marketing para evitar ficar presos a uma visão de mundo gerencial que enfatiza excessivamente a confiança na análise de dados, indicadores de atraso como pesquisas de satisfação, abstrações como propósito da marca e fé indevida na objetividade da pesquisa cliente/consumidor.

Os profissionais de marketing também devem prestar atenção a seus colegas de vendas. Isso é necessário para criar um círculo virtuoso que vincula o desempenho do mercado externo e a eficácia interna. Os profissionais de marketing precisam se envolver proativamente com clientes reais e vendedores reais. Os relatórios de vendas sobre a vida e a experiência dos clientes precisam ser levados a sério e não descartados como anedotas pontuais pelo marketing. Estes relatórios e histórias precisam ser entendidos de forma qualitativa e sistemática, pois contêm pistas sobre mudanças emergentes que serão da maior importância para seu negócio.

A competência de marketing de nível sênior é a demonstração de liderança e empreendedorismo. Para se destacar e ter qualquer chance de obter respeito e um lugar na diretoria-executiva você tem que ser mais como um antropólogo do que um técnico digital. Alguém que entende de pessoas e organizações comerciais em vez de alguém que é hábil no uso de softwares. Norman, líder de marketing, enfatizou esta distinção quando nos disse que profissionais experientes em vendas e marketing são pessoas que podem explicar o "porquê":

Nada além da experiência me ensinou o que são esses porquês.

Oferecer um "porquê" é a capacidade experiente de ajustar e explicar as coisas que estão acontecendo no mundo do cliente, por que elas são importantes e como as coisas podem ser no futuro. O marketing de destaque acontece porque as pessoas certas, com a competência certa, estão fazendo as coisas certas em sua organização.

Referências e leituras adicionais

Burgoyne, J. G. e Stuart, R. The nature, use and acquisition of managerial skills and other attributes, *Personnel Review*, 5 (4), pp 19-29, 1976.

Goleman, D. *Working with Emotional Intelligence*. New York: Ed. Bantam Books, 1998.

Golfetto, F. Communicating competence: an experiential communication approach for business, IMP 2016 Conference Paper, 2016.

Golfetto, F. e Gibbert, M. Marketing competencies and the sources of customer value in business markets, *Industrial Marketing Management*, (35), pp 904-12, 2006.

Hariharan, M e Padhy, M. Emotional intelligence of doctors, *Social Science International*, jan-jun. 27 (1), pp 15-22, 2011.

Kelly, S., Johnston, P. e Danheiser, S. *Value-ology: Aligning sales and marketing to shape and deliver profitable customer value propositions*. Londres: Ed. Palgrave Macmillan, 2017.

Le Deist, D. F. e Winterton, J. What is competence? *Human Resource Development International*, 8 (1), pp 27-46, 2005.

Maister, D. *Managing the professional service firm*. Londres: Ed. Simon & Schuster, 1993.

Murphy, B. From novice to expert: a phenomenographic study of chartered accountants in Ireland, Tese de Doutorado, Universidade Sheffield Hallam (Reino Unido), 2014.

Pressey, A., Gilchrist A. e Peters, L. Managing Metis: Using Aristotle's Nicomachean ethics to understand the expert professional services buyer, Conference Paper. 32ª Conferência IMP, Poznan, Polônia, 2016.

Ritter, T. Communicating firm competencies: marketing as different levels of translation, Industrial Marketing Management, (35), pp 1032-36, 2006.

Sanghi, S. *The Handbook of Competency Mapping*, 3ª ed. Londres:Ed. Sage, 2016.

Waseem, D., Biggemann, S. e Garry, T. Value co-creation: the role of actor competence, *Industrial Marketing Management*, 70, pp 5-12, 2018.

AGRADECIMENTOS

Gostaríamos de agradecer aos muitos líderes excepcionais de marketing e vendas com os quais tivemos o prazer de trabalhar e de aprender ao longo dos anos. Aos nossos colegas de trabalho e amigos por compartilharem seu tempo, pensamentos e observações — suas ideias e histórias nos inspiraram a dar vida a este livro.

A todos os estrategistas e pesquisadores de renome pela publicação de dados respeitáveis sobre o panorama de nossa indústria. E aos autores cujos trabalhos nos despertam ideias e nos motivam a escrever. Agradecemos a todos vocês.

Mais importante ainda, a nossos cônjuges e famílias — agradecemos seu apoio e incentivo incondicional durante toda esta jornada de escrita.

Obrigado à Kogan Page por possibilitar a publicação deste livro.

Por último, e não menos importante, a nossos antigos, atuais e futuros alunos, por sua vontade de aprender novos conceitos e abordagens.

Nota da editora original:

Todos os esforços possíveis foram feitos para assegurar que as informações contidas neste livro sejam precisas no momento da impressão, e os editores e autores não podem aceitar a responsabilidade por quaisquer erros ou omissões, entretanto causadas. Nenhuma responsabilidade por perdas ou danos ocasionados a qualquer pessoa agindo, ou abstendo-se de agir, como resultado do material desta publicação pode ser aceita pelo editor, pela editora ou pelo autor.